W0085249

«Auch wenn ich am Anfang meiner Reise ganz allein dastehe, ohne Mitstreiter, ohne andere Läufer und ohne Publikum, das fieberhaft auf den Startschuss wartet: Es ist trotzdem ein ganz besonderer Moment für mich, denn ich beginne hier und jetzt mein zweites Solo-Abenteuer nach meinem Deutschlandlauf ein Jahr zuvor. Ab sofort bin ich wieder komplett auf mich allein gestellt – nur ich selbst kann entscheiden, ob ich an irgendeiner Stelle kapitulieren werde, wie viel Zeit ich brauche, ob ich weitergehe oder resigniere, mich vor meiner eigenen Courage verstecke oder den Biss haben werde, bis zum Ziel weiterzumachen. Ich habe keine Ahnung, was mich erwartet.»

JOEY KELLY, 1972 in Spanien geboren, wurde zunächst als Bandmitglied der Kelly Family bekannt. Die Erfolge der irisch-amerikanischen Großfamilie, die als Straßenmusiker ihre Karriere begannen, sind legendär. Heute tritt er als begeisterter Sportler in Erscheinung und reist in die exotischsten Ecken der ganzen Welt, um sich den härtesten Ultrawettkämpfen zu stellen: Allein in den USA bewältigte er Extremläufe wie den Badwater-Run durch das Tal des Todes, den Iditasport-Ultramarathon durch die Eiswüste von Alaska, den Ironman auf Hawaii und über fünftausend Kilometer das weltberühmte Radrennen Race Across America. Unzählige Rekorde hat er bereits in seiner Sportlerkarriere gebrochen, u.a. absolvierte er die acht größten Ironman innerhalb von zwölf Monaten.

JOEY KELLY

AMERICA
★ FOR SALE ★

Von L.A. nach New York:
ohne Geld in weniger als drei Wochen
einmal quer durch die USA

Aufgezeichnet von
Ralf Hermersdorfer

Rowohlt Taschenbuch Verlag

Originalausgabe

Veröffentlicht im Rowohlt Taschenbuch Verlag,
Reinbek bei Hamburg, Oktober 2014
Copyright © 2014 by Rowohlt Verlag GmbH,
Reinbek bei Hamburg
Alle Fotos Thomas Stachelhaus
Karten im Anhang Peter Palm, Berlin
Umschlaggestaltung ZERO Werbeagentur, München
(Umschlagfotos: Thomas Stachelhaus)
Satz Swift und Franklin Gothic, InDesign,
bei Pinkuin Satz und Datentechnik, Berlin
Druck und Bindung CPI books GmbH, Leck
Printed in Germany
ISBN 978 3 499 62931 0

Inhalt

PROLOG

Es war tiefster Winter in New York. Zehn Grad minus und ein halber Meter Schnee. Unser Onkel erwartete uns bereits am Flughafen mit einem großen Kastenwagen. Klappe auf und alle Kinder rein. Wir kamen uns vor wie illegale Einwanderer. Sieben Stunden dauerte die Fahrt in dem unbeheizten Transporter nach Boston. Den Holzboden bedeckten wir mit unseren Taschen, damit wir nicht direkt auf den harten Planken liegen mussten, dann kuschelten wir uns in ein paar seltsam riechende Decken.

Wir blieben fast zwei Jahre in den USA, reisten durch zwanzig Staaten und klapperten singend mit unserer Kelly Family die gesamte Ostküste ab. Schließlich arbeiteten wir noch vier Monate in New York auf der Straße. Unsere Haare waren lang und ungezähmt, wir trugen kunterbunte Kleider und sangen von Engeln und dem wunderschönen Irland.

Irgendwann hatte unser Vater genug von dem neuen amerikanischen Lebensstil, dem grenzenlosen Überfluss und der scheinbaren Selbstzufriedenheit, die sich dort breitmachte. 1987 ging es wieder zurück nach Europa.

Mein Vater war davon überzeugt: Glück ist kein Zufall, Glück ist nur eine Frage der Zeit. Und die lange Zeit, die wir hart schufteten, brachte uns auch letztendlich das ersehnte Glück. Unser ganz großer Durchbruch kam Anfang der 1990er Jahre, wir tourten durch die großen Stadien Europas. Als Kelly Family veröffentlichten wir das Album «Over The Hump», das mit sechseinhalb Millionen Exemplaren in Europa auch in Deutschland die meistverkaufte Platte aller Zeiten ist.

Mein Großvater, mein Vater und meine älteren Geschwister sind in den USA geboren. Dadurch habe ich neben meinem irischen sogar einen amerikanischen Pass, obwohl ich in Spanien zur Welt kam. Zahlreiche Wettkämpfe bestritt ich in den Staaten, darunter zweimal den «Badwater», einen Ultramarathon durch das Tal des Todes, dazu den Ironman auf Hawaii und den Iditasport-Ultramarathon, einhundertsechzig Kilometer nonstop in einem Limit von achtundvierzig Stunden durch die Eiswüste von Alaska. Außerdem absolvierte ich dreimal das Fahrradrennen «Race Across America», mit einer Strecke von über fünftausend Kilometern am Stück. Doch zu keiner Zeit fühlte ich mich wieder wirklich angekommen in den Staaten. Wenn ich einreiste, dann zu einem Wettkampf. Und sofort nach dem Zieleinlauf ging es zurück nach Hause.

Ein Vierteljahrhundert nach unserer Straßen-Tour wollte ich mir einen neuen Eindruck vom Land der scheinbar unbegrenzten Möglichkeiten verschaffen. Und so etwas geht nur, wenn man ganz allein unterwegs ist, damit man auch direkten Kontakt zu den Einheimischen bekommt. Meine Idee war die komplette Durchquerung der USA an einem Stück von West nach Ost, von Los Angeles am Pazifik bis nach New York am Atlantik. Um zu vermeiden, dass es eine Urlaubsreise wird, stellte ich mir eine ganz eigene Herausforderung: Ich würde ohne einen Cent in der Hosentasche starten und mich allein durch Spenden vor Ort oder bezahlte Kurzarbeit finanzieren, übernachten würde ich nur im Freien. Zusätzlich erlegte ich mir die Nutzung verschiedenster Fortbewegungsmittel auf: Mit dem erwirtschafteten Geld würde ich ein Fahrrad und ein Auto kaufen und jeweils eine Strecke damit zurücklegen, außerdem einmal mit einem Überlandbus reisen, mit wildfremden Menschen trampen, auf einem Truck und mit der Eisenbahn fahren sowie eine Strecke laufen.

Ich habe es geschafft, schneller als gedacht.

MITTELLOS IN SANTA MONICA

Es ist Punkt neun Uhr, ich drehe mich um und schaue auf den Horizont des Ozeans, der von der Sonne beleuchtet wird wie eine glänzende Scheibe. Auch wenn ich am Anfang meiner Reise ganz allein dastehe, ohne Mitstreiter, ohne andere Läufer und ohne Publikum, das fieberhaft auf den Startschuss wartet: Es ist trotzdem ein ganz besonderer Moment für mich, denn ich beginne hier und jetzt mein zweites Solo-Abenteuer nach meinem Deutschlandlauf ein Jahr zuvor. Ab sofort bin ich wieder komplett auf mich allein gestellt – nur ich selbst kann entscheiden, ob ich an irgendeiner Stelle kapitulieren werde, wie viel Zeit ich brauche, ob ich weitergehe oder resigniere, mich vor meiner eigenen Courage verstecke oder den Biss haben werde, bis zum Ziel weiterzumachen. Ich habe keine Ahnung, was mich erwartet. Das macht mich einerseits unruhig, aber es gibt mir im Gegenzug genau diese gewisse Motivation, die ich brauche: einfach loszulaufen und zu sehen, was passiert, um dann situativ zu reagieren. Alles in der Gewissheit, sich bestens vorbereitet zu haben, damit man nichts bereuen muss, was einen ereilen könnte. Dann braucht man sich im Nachhinein keine Vorwürfe zu machen und kann sich mit einer Niederlage besser abfinden, wenn man alles probiert hat. Diese Lebensform ist mir durch unsere Kelly Family nicht fremd, das ist ein nicht zu unterschätzender positiver Aspekt bei meiner anstehenden Reise. Irgendwie wird alles gut. Das war schon immer so, und das wird auch bei meinem Trip durch die USA wieder so laufen, hoffe ich.

Mein Startpunkt ist die bekannteste Landungsbrücke von Los Angeles, der Santa Monica Pier, wo so gut wie jeder zweite Hollywood-Streifen gedreht wurde. Hier, an dem letzten

Holzbalken vor der Wasserkante, wo Hobbyangler ihre Ruten ins Wasser werfen, endet die Route 66, die berühmte «Mother Road», die erste durchgehende Straße der USA von Chicago bis an die Westküste. Auf dem Pier tummeln sich Tausende Menschen, schlecken Eis, fahren mit nostalgischen Karussells und dem Riesenrad, essen Jumbo-Portionen Pommes frites. Es ist ein genussvoller Anblick der sommerlichen Gelassenheit an einem ganz normalen Montag.

Ich bin guter Dinge, blinzele noch mal in die Sonne und schiebe meinen Buggy an. Jetzt geht es los.

Die erste Etappe nach meinem selbst getätigten, imaginären Startschuss ist die scheinbar einfachste Aktion meiner Tour: Ich muss mir Geld besorgen, damit ich von Los Angeles überhaupt wegkomme. Dazu habe ich mir ein schönes Basispaket geschnürt, um die Sache voranzutreiben: einen bunten Reiseprospekt mit meiner geplanten Route, darin die persönlichen Highlights meiner besten Wettkämpfe, illustriert mit Fotos und lustigen Platten-Covern, um zu erklären, dass ich zu Hause mein Leben als sportlicher Musikant bestreite. Wenn mir dann jemand ein paar Dollar schenken sollte, bekommt der Spender von mir als Dankeschön meine Visitenkarte und ein eingeschweißtes vierblättriges Kleeblatt. Die habe ich in mühevoller Kleinarbeit daheim auf der Viehweide gesammelt, auf Zeitungspapier luftgetrocknet, jedes einzelne mit einer Nagelschere ausgeschnitten und zwischen durchsichtige Folie geklebt. Damit ich den Überblick über meine möglichst zahlreichen Wohltäter nicht verliere, habe ich noch ein Schreibheft dabei, um die hoffentlich horrenden Summen und die dazugehörigen Adressen der Geldgeber notieren zu können.

Um möglichst flott von einem Ort zum anderen zu kommen, musste der Familien-Buggy meiner Schwester Patricia dran glauben. Das Teil stand vergessen in ihrer Garage, bis ich mir die ersten Gedanken um eine optimale Transportmöglichkeit für mein ganzes Amerika-Equipment machen musste. Der Buggy war dafür wie geschaffen: Er hat ein Wetterdach, Plastikreißverschlüsse, ein Sichtfenster, jede Menge Stauraum und dazu kaum Eigengewicht. Meine tollste Idee aber sind die zwei Teleskop-Aluminiumstangen, die ich jeweils links und rechts in den Lenker schieben kann. Da kommen dann eine USA-Flagge und die Deutschland-Fahne oben dran. Damit werde ich garantiert für Aufsehen sorgen und hoffentlich auch spenderwillige Zeitgenossen aktivieren.

Ich werde mein Talent als Bettler gleich mal testen, und zwar auf der Touristenmeile, dem «Ocean Front Walk», einem asphaltierten Strandweg, von haushohen Palmen gesäumt, der zwischen die letzten Gebäude der Stadt und die ersten Sandkörner am Pazifik hingegossen ist. Bis zum Meeresufer sind es ungefähr zweihundert Meter feinster Sand, auf dem sich Familien mit vollgepackten Picknickkörben tummeln, als ob gleich noch eine ganze Armee zum Mittagessen erwartet würde. Mein Weg führt mich nach Süden bis runter zum «Venice Beach», das sind ungefähr vier Kilometer, also ein entspannter Tagesspaziergang mit hoffentlich voller Kasse am Abend. Die Sonne knallt mächtig runter, es sind dreißig Grad. Die meisten Menschen, die mir begegnen, spazieren locker durch den Tag. Das liegt nicht nur am Wetter, die Kalifornier sind bekannt für ihre durchgehend gute Laune. Wenn ich hier wohnen würde und keine Angst vorm Winter haben müsste, würde es mir wahrscheinlich ähnlich gehen.

Das Gute ist, dass ich die ersten Stunden nicht einmal die Leute ansprechen muss. Mein Geschäftstrick mit der Deutschlandflagge funktioniert prächtig, denn eine Menge deutscher Urlauber erkennen mich, wollen ein Foto machen, mich kurz fragen, was ich denn hier Verrücktes mache oder ob ich gerade einen Werbefilm drehe, was angesichts der Sponsorensammlung auf meinem Trikot durchaus eine berechtigte Frage ist. Viele sind ungläubig, als sie von meinem geplanten Trip ans andere Ende der USA hören, und schieben mir begeistert ein paar Dollar rüber. Die eingeschweißten Kleeblätter gehen weg wie warme Semmeln.

Mein Umsatz steigt stündlich, ich bin überrascht, wie gut das läuft. Ich bekomme von einigen Leuten sogar Essen angeboten, mal einen Riegel oder ein Eis, ein Typ bringt mir sogar einen Burger aus einem Restaurant. Eine Familie aus Schleswig-Holstein fragt mich, wohin ich denn als Nächstes will, sie würden morgen früh weiter nach Las Vegas fahren, und wenn ich will, könnte ich gern umsonst mitkommen. Wir machen einen Treffpunkt aus, zum Abschied drücken sie mir noch zwanzig Dollar in die Hand.

Zahllose Überlebenskünstler aller Schattierungen hängen auf der Promenade ab: verkappte Musiker mit acht Umdrehungen im Schädel, Hobby-Maler mit sonnengegerbter Haut, die beweist, dass sie bereits ihr ganzes Leben hier abgesessen haben müssen, aberwitzige Figuren in Phantasiekostümen, die für namenlose Shops auf Werbetour sind, und Hippies, die nicht wissen, dass man Woodstock nur noch als entwertete Eintrittskarte auf eBay ersteigern kann. Beach Boys mit einem aufreißerischen Lächeln, bei dem selbst Groupies die Beine in die Hand nehmen würden, übermütige Artisten mit Clownsnase im Gesicht, die sogar noch im Handstand Feuer spucken, ohne sich zu verschlucken, und in die Jahre gekommene Obdachlose, die versuchen, durch hippe Sportanzüge nicht aufzufallen, damit die Beach-Polizei sie nicht vom Strand verjagt. Dazwischen trudelt eine große Traube von Touristen, die von Lärm und Hitze völlig überfordert sind. Es gibt hier ständig etwas zu sehen, selbst mit einem Fremdschäm-Effekt ist es durchaus unterhaltsam. Wenn man nicht den Zeitdruck hat wie ich gerade, ist das sicher ein großartiger Platz, um sich einfach hinzusetzen und die Leute zu bestaunen. Das könnte man den lieben langen Tag machen, ohne dass es auch nur eine Spur langweilig wird.

Ein ganz besonderes Highlight ist der sogenannte «Muscle Beach», ein Open-Air-Trainingsgelände für Bodybuilder, direkt am Wegesrand gelegen, an dem man all die Kraftpakete schön von nahem bewundern kann. Der Strandname hat durchaus seine Berechtigung, denn die Leiber der Testosteron-Monster bestehen aus geschätzten neunzig Prozent Muskeln. Die Typen schaukeln Hanteln mit freiem, frisch eingeöltem Oberkörper, als ob sie sich gerade erst warm machen würden. Ich bin nicht der Einzige, der vor den Stahlkäfigen stehend mit offenem Mund zuschaut.

Die Amerikaner, die mich ansprechen, können mich logischerweise nicht kennen, aber sie wollen alle Details wissen – wer ich bin, wohin ich fahre, welche Route ich plane – und zollen mir Respekt für mein Vorhaben. Ich glaube, ich besitze für sie einen Exoten-Bonus. So eine Tour würde wahrscheinlich kaum einer von ihnen machen, weil es für sie zu absurd klingt. Viele US-Bürger verlassen in ihrem ganzen Leben nicht ein einziges Mal ihren eigenen Staat, manche nicht einmal die Stadt oder das Dorf, wo sie geboren wurden. Wenn sie mit mir sprechen, sind sie alle durch die Bank weg freundlich und zuvorkommend, es fällt kein abschätziges Wort oder etwa eine ironische Bemerkung. Das liegt ihnen in der Wiege, sie können nicht anders, als höflich zu sein.

Den Nordamerikanern eilt ja grundsätzlich der Ruf voraus, durch Oberflächlichkeit zu glänzen, weil keiner, außer ihnen selbst, mit der ihnen eigenen Art umgehen kann. Kommt man mit einem US-Amerikaner ins Gespräch, bleibt immer dieser komische Beigeschmack von geheucheltem Interesse im Raum stehen, als ob dein Gegenüber sich nicht wirklich für dich als Person interessieren würde. Dazu gesellt sich der Eindruck, hier meine jeder, alles zu wissen – thematische Unklarheiten werden einfach mit Schwatzen kaschiert. Schuld daran sind die meistens euphorisch geführten Monologe, die unsereinem nicht gerade Bescheidenheit vermitteln. Begrüßt dich ein US-Bürger – egal, ob er dich das erste Mal in seinem Leben sieht oder ein uralter Schulfreund ist, der mit dir vor ewigen Zeiten ein paar Pferde geklaut hat –, sagt er immer kurz und knapp «How are you?». Das ist für den Außenstehenden durchaus als Frage zu erkennen, aber nicht wirklich so gemeint. Der Fragende ist in diesem Augenblick nicht wissbegierig zu erfahren, wie es dir geht. Das ist ein einfaches «Hallo», nicht mehr und nicht weniger, ein unverbindlicher Einstieg in einen Smalltalk. Aber du denkst unweigerlich, du müsstest jetzt gleich im Detail eine kurze Zusammenfassung darüber abgeben, was aktuell in deinem Leben so passiert. Ich habe mir über die Zeit meiner USA-Reise damit durchaus ein paar Scherze erlaubt und einfach mal ganz ehrlich geantwortet mit «Nicht so gut» oder auch «Mir ging es schon mal besser». Jedes Mal blickte ich dann in erstaunte Gesichter. Das kennen die meisten Amerikaner nicht. Sie erwarten als Antwort immer ein knackiges «I'm fine!» oder «Great!» mit angeschlossener Gegenfrage «And, how are you?». Falls das nicht kommt, sind sie sofort verwirrt. Eigentlich total bekloppt, aber das hat sich hier so eingebürgert. Frage ich dagegen in Deutschland einen Bekannten oder Kollegen «Wie geht's dir?», weiß er sofort, dass mir wirklich etwas an ihm liegt. Sonst hätte ich nämlich nur «Hallo» gesagt.

Genauso verschieden ist auch die Art und Weise, wie sich gute Laune im Gespräch äußern kann. Denn die typische amerikanische Begeisterung macht sich in zwei Empfindungsstufen Luft: Sagt man «It's really cool!», meint man damit, dass man das Ding, die Sache oder die Person, um die es gerade im Gespräch geht, ganz in Ordnung findet, es einem aber ansatzweise auch egal ist. Eine reine Höflichkeitsfloskel. Brüllt dir dein Gegenüber aber ein «It's so great!» ins Gesicht, dann hat sich sein Blutdruck schon drastisch nach oben bewegt. Jetzt findet er das schon so grandios, dass er es dem anderen gar nicht mehr gönnt. Der Kalifornier am «Venice Beach» mag diese Empfindungsäußerung noch ein wenig ausdrucksstärker, das bekräftigt er mit dem schönen Satz: «It's absolutely fucking unbelievable!» Dabei ist es wichtig, die Stimme in der Frequenz einer schrillen Operndiva bis zum Satzende aufrechtzuerhalten. Wenn man dann als Empfänger dieser bombastischen Nachricht das Ganze lässig mit einem Grinsen quittiert, ist man wirklich im inneren Kreis angekommen.

Ein weiteres Zeichen dafür, dass du dazugehörst, ist ein ungefragtes und kräftiges Schulterklopfen als Zustimmung. Danach wirst du «Buddy», also schon Kumpel oder vielmehr Weggefährte, genannt, wie jemand, den man eigentlich schon Jahre ken-

nen müsste, wenn man sich nicht zufällig gerade im Moment das erste Mal im Leben begegnet wäre. In diesem schnell und einseitig geschlossenen Freundschaftsbund werden dann sehr direkte Fragen gestellt und im Gegenzug sämtliche privaten Geschichten erzählt, die man eigentlich gar nicht wissen möchte. Für uns macht das einen eher distanzlosen Eindruck, denn man hat keine Zeit, so richtig miteinander warm zu werden. Aber für die Amerikaner ist das ein Vertrauensbeweis. Ich habe das mehrmals ausprobiert. War ich einmal in den Kumpel-Status aufgenommen, konnte ich meine sogenannten neuen Freunde sogar Wochen später zum ersten Mal anrufen, und sie erinnerten sich trotzdem sofort an mich und boten ohne große Bedenken ihre Hilfe an, und zwar in sämtlichen Belangen. Denn ich war jetzt ihr «Buddy», und das wird auch immer so bleiben. Auch wenn uns bisher nichts weiter verbindet als ein belangloses Gespräch an einer Straßenecke.

Stolz sind die Amerikaner alle auf ihr Land, ihren Pass und ihre vermeintliche Freiheit. Und kaum reden sie mit mir, rattern sie voller Stolz ihren Stammbaum herunter. Wenn ich auf ihre Frage «Where are you from?» entweder meinen irischen oder deutschen Hintergrund ins Spiel bringe, bekomme ich gleich ihre ethnische Geschichte präsentiert: «Yeah? Really? My grandpa is from Ireland!» Spätestens bei diesem Thema hat man sofort eine gemeinsame Gesprächsbasis, denn Ahnenforschung ist ein weitverbreitetes Hobby in den Staaten. Logischerweise kommen die Vorfahren fast aller weißen US-Bürger aus dem alten Europa. Und selbst ein noch so geringer Prozentsatz ursprünglicher Engländer, Spanier, Portugiesen oder Deutscher findet sich in jeder Familie. Am Ende sind sie alle hin und her gerissen: Zwar sind die USA ihre Heimat, aber eigentlich auch nicht. Denn die meisten sind erst in dritter oder vierter Generation hier in diesem Land zu Hause.

Gegen neunzehn Uhr beginnt die Dämmerung, der Trubel auf dem Strandweg kommt allmählich zum Erliegen. Die Leute schlendern heimwärts, machen sich noch mal frisch, um etwas Leckeres essen zu gehen. Das fällt für mich heute alles aus. Ich werde mich jetzt umschauen, wo ich meine erste Nacht unter dem Sternenbanner der Vereinigten Staaten verbringen kann, außerdem muss ich mir noch den Straßenstaub vom Körper spülen. Die öffentlichen Toiletten am Strand von Santa Monica bieten dafür exzellente Bedingungen. In einer abgeschlossenen WC-Kabine hole ich meine Tagesausbeute aus dem Bauchgurt und zähle sie durch. Nachdem ich mir zweimal unsicher bin, ob es wirklich so viel sein kann, sortiere ich die Scheine noch mal nach den aufgedruckten Werten, ganz langsam und ohne Hektik. Es bleibt dabei, auch wenn ich es nicht glauben kann: Ich halte fünfhundertsiebenundfünfzig Dollar in der Hand.

Ich brauche ein paar Minuten, bis ich vor lauter Aufregung wieder klar denken kann. Gerade mal einen Tag bin ich unterwegs und habe schon eine unfassbare Spendensumme erwirtschaftet. Vielleicht wird das noch ein Geschäftsmodell, wenn ich wieder in Deutschland bin. Im Tagesdurchschnitt würde ich dann eventuell sogar noch mehr verdienen als zu unseren besten Kelly-Zeiten.

Die Scheine packe ich zurück in meinen unscheinbaren Bauchgurt, nicht zu dick, damit er Taschendieben nicht auffällt, was bei meiner korpulenten Erscheinung sowieso kaum möglich ist. Als ich beim Waschen in den Spiegel schaue, sehe ich einer krebsroten Birne entgegen. Meine Wangen, die dazugehörigen Ohren und der Hals sind verbrannt, die Trennlinie zur weißen Kopfhaut ist klar durch mein getragenes Basecap markiert. An den Füßen sieht es nicht besser aus: Meine nackten Knöchel machen den optischen Eindruck, als ob ich schneeweiße Socken tragen würde. Der Rest der Beine ist rosarot bis zu meinen Shorts hoch. Ich hätte das Sonnenöl vielleicht mehrmals benutzen sollen.

Zwei Stunden und eine Creme-Behandlung später baue ich mir eine behelfsmäßige Unterkunft. In Sichtweite vom Santa Monica Pier, direkt unter einer Baywatch-Station, von wo aus die berühmten TV-Lebensretter Pamela und David früher in Zeitlupe ins Wasser rannten, liegt ein umgedrehtes, hölzernes Fischerboot, von allerlei Gerümpel umgeben. Ich lege meine Plastikplane auf den Sand, schiebe sie unter den Schutz des Bootes und rolle mich in meinen Schlafsack. Jetzt warte ich nur noch drauf, dass das brennende Ziehen meiner Haut langsam nachlässt, damit ich endlich wegnicken kann. Ich muss ein wenig Schlaf nachholen, denn als ich gestern Nacht nach meiner Ankunft in den Staaten das letzte Mal für längere Zeit in einem wohligen Hotelbett lag, war ich durch den ewig langen Flug so überdreht, dass ich zur prophylaktischen Bekämpfung des Jetlags erst mal stundenlang meine E-Mails abgearbeitet hatte. Als ich endlich die Augen zubekam, bemerkte ich das Völlegefühl, dass nicht aus meinem Magen weichen wollte. Ich hatte mir zuvor noch ein saftiges Rindersteak gegönnt, für neunzehn Dollar, medium. Das lag mir nun wie ein Stein im Magen, was zur Folge hatte, dass ich nicht ansatzweise durchschlafen konnte.

Sobald es dunkel ist, kommen die illegalen Einwanderer an den breiten Strand und suchen sich weit weg von den Lichtern des Piers ein Versteck, um die Nacht zu überbrücken. Von meinem Unterschlupf aus beobachte ich ganze Familien, die mit ihrer Habe am Leib umherirren. Ein Latino mit Rucksack macht sich nur einen Steinwurf von mir entfernt breit, wir werfen uns ein paar Brocken Spanisch zu. Nach zehn Minuten verzieht er sich schnell und leise, wahrscheinlich ist er sich nicht sicher, ob ich ihn an die nächste Streife verpfeifen werde. Übernachten am Strand ist strengstens verboten, genauso wie das Trinken von Alkohol in der Öffentlichkeit. Wer sich hier erwischen lässt, muss mit empfindlichen Strafen rechnen oder wandert gleich mal in den Knast.

Die USA sind bekannt für ihre zum Teil absurden Bestimmungen, einige Gesetze kann man nur schwer nachvollziehen. Besonders in Kalifornien trieb man es die letzten Jahre echt auf die Spitze. So ist es zum Beispiel verboten, Kinder am Überspringen einer Pfütze zu hindern, zwei Babys zur gleichen Zeit in einer Wanne zu baden oder Motten unter einer Straßenlaterne zu jagen. Mehr als zweitausend Schafe darf man nicht gleichzeitig den Hollywood Boulevard runtertreiben, wer auch immer das mal ausprobiert hat. Außerdem dürfen sich Tiere nur paaren, wenn sie das mindestens fünfhundert Meter von einer Kneipe, Schule oder Kirche entfernt erledigen. Frauen ist es zwar gestattet, Auto zu fahren, aber wenn, dann nicht im Hausmantel. Und der Ehemann darf seine Frau mit einem Lederriemen schlagen, allerdings mit einer minimalen Einschränkung: Ist der Riemen breiter als fünf Zentimeter, dann muss die Ehefrau vorher zustimmen. Wer in Kalifornien eine Mausefalle aufstellt, benötigt eine gültige Jagdlizenz. Einen Frosch zu küssen, ist dagegen erlaubt. Man sollte es aber nicht zu weit treiben, denn das Ablecken ist schon wieder verboten. Wer solche Missetaten beobachtet und als Kronzeuge vor Gericht geladen wird, sollte tunlichst vermeiden, im Zeugenstand zu weinen. Denn das ist auch verboten.

Allerdings muss man den Kaliforniern zugutehalten, dass sie weltweit in Sachen Nichtrauchergesetze den Ton angeben. Als erster Staat in den USA verbannten sie das Rauchen aus sämtlichen öffentlichen Gebäuden, die Europäer haben die Regelung mehr oder weniger erfolgreich übernommen. Als Raucher gehört man hier in Kalifornien inzwischen zu einer sozialen Randgruppe, die verächtlich beäugt wird. Sogar im Freien darf man sich nicht mehr ungestraft eine Zigarette anzünden: Wer an den Stränden oder in Naturparks beim Rauchen erwischt wird, muss hundert Dollar blechen.

In meiner Familie gab es nur einen Einzigen, der mal geraucht hat, und das ganz ordentlich. Bis zu vier Päckchen am Tag zog mein Vater durch, und zwar richtiges krautiges Zeug, nämlich die kurzen Pall-Mall-Kippen ohne Filter. Als sich sein erster Nachwuchs ankündigte, war für ihn mit Mitte dreißig Schluss. Keines von uns Kindern hat ihn jemals rauchen sehen, wir haben das erst viel später von einer Tante erfahren. Er hörte von einem Tag auf den anderen auf und fasste nie mehr auch nur eine Kippe an. Mein Vater war danach ein knallharter Verfechter des Nichtrauchens, das blieb für ihn ein ganz sensibles Thema.

Wir Kellys sind zwölf Geschwister, vier Kinder brachte mein Vater aus seiner ersten Ehe mit. Keiner von uns hat jemals geraucht, und falls doch, habe ich es nie erfahren. Nur mein Bruder Johnny ist mal durch Zufall erwischt worden. Wir wohnten zu der Zeit in Spanien, dort haben alle kleinen Jungs heimlich geraucht. Die fanden das cool, weil es völlig normal war, dass alle erwachsenen Männer ständig mit einer Fluppe im Mund umherspazierten. Mein älterer Bruder Paul petzte meinem Vater, dass Johnny hinten im Hof mit zwei Kumpels geraucht hat. Das hätte er mal schön lassen sollen, denn so etwas blieb niemals ungestraft.

Unser Familienoberhaupt war streng, machte nie Kompromisse und hatte die seltene Begabung, Übeltäter regelrecht an die Wand brüllen zu können. Mein Vater gab dann vor versammelter Runde eine stundenlange Moralpredigt mit anschließender Urteilsverkündung. Und das Strafmaß selbst ließ er sich meistens spontan einfallen. Besonders beliebt war bei ihm Hausarrest an möglichst ungemütlichen Orten, wie zum Beispiel im Winter in der zugigen Garage und im Sommer auf dem stickigen Dachboden. War das Vergehen nicht ganz so schlimm, durfte man sich auch mal in der Wohnküche für einen halben Tag eine Zimmerecke ansehen, und das selbstverständlich im Stehen.

Dieses Mal kam jedoch alles ganz anders. Mein Vater rief uns Kinder zu sich, und Johnny ahnte schon, dass er ein richtiges Problem bekommen würde. Vater sagte: «Johnny, ich habe gehört, du kannst mit deinen neun Jahren schon rauchen?» Und dann durchbohrte er ihn schweigend mit seinen stechenden Augen. «Und du sollst das sogar richtig gut können!» Der Ertappte überlegte eine Weile und antwortete ganz einfach mit «Ja.» Alle fragten sich insgeheim, ob er sich vielleicht für einen Tag in die Toilette oder doch in die dunkle Abstellkammer stellen müsste. Aber mein Vater war wie immer vorbereitet. «Na gut», sagte er, «setz dich mal hier hin.» Aus dem Sekretär zauberte er eine Schachtel Zigaretten hervor und gab sie Johnny. «Hier, die Packung ist für dich, und die kannst du gern paffen. Und das nicht irgendwann, sondern jetzt.» Es war ein absurdes Szenario: Auf der einen Seite Johnny, wie er ganz stolz die Zigarettenschachtel aufriss, um uns zu zeigen, wie er qualmen kann. Und auf der anderen die ganze Familie, die ungläubig zuschaute und sich vor Lachen kaum halten konnte, als er sich hypernervös mit zittrigen Fingern die erste Kippe anzündete. Es dauerte keine halbe Zigarettenlänge, da war er schon blass und grün im Gesicht. Eine Minute später übergab er sich. Den Rest des Tages verbrachte er heulend im Bett.

Johnny hat nie wieder geraucht. Und diese familieninterne Vorführung reichte allen anderen Geschwistern als abschreckendes Beispiel dafür, mit dem Rauchen niemals anzufangen. Auch weil wir Angst hatten, dass der Nächste, der sich erwischen ließ, von unserem Vater nicht nur bloßgestellt, sondern eventuell für immer verstoßen werden würde.

EIN BRUDER IN HOLLYWOOD

Es war ziemlich unruhig heute Nacht. Jede Menge Frisch-verliebte machten es sich am Strand bequem, dazu noch viele Trunkenbolde und Junkies, die im Dunkeln lautstark feierten oder sich den Schuss in ihre eigene Matrix verpassten. Dadurch schreckte ich jedes Mal aufs Neue hoch, immer mit leicht erhöh-tem Puls und der Angst, dass mich ein paar Halbstarke entdeckt haben könnten und aus Jux vermöbeln wollten. Das letzte Mal schaute ich um kurz vor zwei Uhr auf mein Ziffernblatt. Dann drehte ich mich um und war sofort weg.

Um fünf Uhr morgens ist die Nacht für mich bereits wieder vorbei. Es dämmert langsam, und auch wenn ich mich noch total erschlagen fühle, möchte ich doch nicht von den Strandrei-nigern oder gar von der Polizei geweckt werden. Dann wäre mein Trip zu Ende, bevor er richtig begonnen hatte. Ich baue also mein Lager zusammen und schiebe meinen Buggy aus dem Versteck. Es ist erstaunlich ruhig, nur die Möwen kreischen. Bloß ein paar Jogger laufen um diese Uhrzeit den Beach entlang, Kleinhändler liefern Lebensmittel in ihre eigenen Geschäfte oben auf dem Pier. Ich nutze meine Stammtoilette von gestern Abend und sortiere meine Klamotten neu in mein Gefährt, damit ich wieder alles griffbereit habe. Eine Bank neben dem Toilettenhäuschen wird mein Frühstückstisch. Ich gönne mir ein paar Snacks, die mir Touristen gestern geschenkt haben. Durch den aufkommenden Jetlag beginnt mein Körper leicht zu frösteln, die drei Stunden Schlaf von heute Nacht tun ihr Übriges dazu.

Es ist richtig frisch.

Ich stehe an der Zufahrt zum Santa Monica Pier und warte auf die Familie, die mich bis nach Las Vegas mitnehmen will. Wir sind für acht Uhr verabredet. Und da es Deutsche sind, biegt der Wagen selbstverständlich fünf Minuten vorher um die Ecke. Meinen Buggy quetschen wir noch mit vereinten Kräften in den vollgepackten Kofferraum und rollen los.

Steffen und Beanka sitzen vorn, Sohn Torben auf der Rückbank neben mir und meinem Rucksack. Durch die Rushhour, den Berufsverkehr, dauert es eine ganze Weile, bis wir über die zwölfspurige Stadtautobahn aus L.A. rauskommen. Sobald wir aber auf der Interstate 15 auf dem Weg nach Norden sind, wird es auf einmal merklich leer auf der Piste, nur ein paar Autos rauschen nach Nevada.

Familie Sommer kommt aus Elmshorn, sie sind insgesamt vierzehn Tage in Los Angeles. Zwei Tage davon wollen sie sich Las Vegas anschauen. Torben ist augenscheinlich der Reiseleiter, er hat den Familienurlaub knallhart durchgeplant: «Als Erstes schauen wir uns heute die Fontäne vor dem Bellagio an, danach das Luxor-Hotel, das von außen aussieht wie eine originale Pyramide! Und nach dem Abendessen schlendern wir dann noch durch das Caesars Palace. Das Hotel hat eine eigene kilometerlange Einkaufspassage, das dauert bestimmt drei Stunden.»

«Und wo wohnt ihr die zwei Tage?», will ich wissen.

«Wir sind im Imperial, nicht das allerneueste Hotel, aber immer noch eines der besten!» Torben schiebt direkt den Preis hinterher. «Das war ein richtiges Schnäppchen: Wir wohnen in einem Fünf-Sterne-Hotel für läppische fünfundachtzig Dollar die Nacht!»

Wie er mir erklärt, ist es in der Woche immer billiger als am Wochenende, wenn nämlich die Kalifornier die Stadt überrennen. Dann zahlt man für dasselbe Zimmer gleich mal vierhundert Dollar. Um einen guten Preis zu bekommen, sollte man seinen Trip also am besten zwischen Dienstag und Donnerstag planen und vorher online buchen. Dann klappt es mit dem Schnäppchen garantiert.

Der achtzehnjährige Torben hat ewig lange Beine und blockiert damit den kompletten Fußraum bei uns hinten. Ich ziehe meine Füße hoch auf die Sitzbank, lehne mich an meinen Rucksack und schaue mir die Landschaft an, die an uns vorbeifliegt. Kurz hinter der Abzweigung nach San Bernardino beginnt eine unendliche Weite, und die wirkt irgendwie leicht deprimierend. Schottersand so weit das Auge reicht, alle paar Meter ein verdorrter Busch, am Horizont steinerne Hügel mit einer Höhe, welche man durch das Hitzeflimmern nicht schätzen kann.

Die Interstate hat auf diesem Abschnitt nach Nevada keine Leitplanken, die die Gegenfahrbahn abgrenzen. Das ist aber auch nicht nötig, weil der Mittelstreifen – bestehend aus Geröll und widerspenstigen Büschen – ungefähr dreißig Meter breit ist. Und weil er leicht abschüssig in die Mitte verläuft, hat man immer noch genügend Auslauf und damit eine Menge Zeit, seinen Wagen zum Stehen zu bekommen, falls man doch mal von der Fahrbahn abdriften sollte. Wie das aussieht, wenn es einer mal ausprobiert, können wir begutachten, als wir an zwei ineinander verkeilten Trucks vorbeifahren, die sich gegenseitig in den Mittelstreifen geschoben hatten, ohne dabei umzukippen. Meilenweit sind die beiden Seitenstreifen der Autobahn gesäumt von zerfetzten Reifenresten, die kein Mensch mehr wegräumen wird.

Auf halber Strecke nach Las Vegas fahren wir durch Barstow, kurz danach kann man von der Interstate aus in der Ferne am Fuß eines Berges Calico Ghost Town erkennen, eine Geisterstadt aus dem neunzehnten Jahrhundert. Über tausend Minenarbeiter haben hier nach Silber geschürft. Als der Preis für das Edelmetall in den Keller rauschte, haben die Bewohner die Stadt von heute auf morgen verlassen. Wenn wir Zeit hätten, könnten wir uns die alten Bretterbuden auch mal anschauen. Dort soll es so aussehen, als wären die Schürfer gerade zur Schicht und würden jeden Moment wiederkommen, erzählt mir Torben.

Aber wir rauschen weiter.

Eine Stunde später öffnet sich kurz nach einer Straßenbiegung die Ebene und breitet sich in ihrer ganzen Optik in einem riesigen, ausgetrockneten Sandsee aus. Die Interstate wurde hier wie eine Betonschlange in die beeindruckende Landschaft hineingehämmert, mitten durch die steinerne Mojave-Wüste, die sich über vier Bundesstaaten erstreckt.

Vater Steffen bedient unaufhörlich die Musikkonsole, und Mutti reicht die selbstgeschmierten Schnittchen nach hinten durch. Die Stimmung steigt an Bord und mit ihr auch der Lautstärkepegel. Bei vierhundertfünfzig Kilometern und gut fünf Stunden Fahrtzeit bis nach Las Vegas bleibt genügend Raum für jede Menge Geschichten, welche die Sommers brennend interessieren. Ich berichte von meinem Solo-Deutschlandlauf im letzten Jahr, den TV-Wettkämpfen und von meiner Zeit mit der Kelly Family.

«Ihr seid doch bestimmt schon mal in L. A. aufgetreten, oder?» Torben denkt wahrscheinlich, wir Kellys wären auch in Amerika die knallharten Chartstürmer gewesen. Ich muss ihn enttäuschen. «Nein, bis nach Kalifornien haben wir es nie geschafft, wir sind nur an der Ostküste auf der Straße herumgetingelt. Einer, der außer mir schon mal im Westen der USA war, ist mein älterer Bruder Jimmy, aber der flog allein hier rüber. Das war genau zu der Zeit, als wir als Kelly Family gerade ganz groß abräumten.» Und ich erzähle den Sommers die abenteuerliche Geschichte von meinem Bruder, der auszog, um Hollywood kennenzulernen, und schließlich im Knast landete.

Wir hüpften 1994 aus dem Stand mit unserem Album «Over The Hump» auf Platz eins, bissen uns danach hundertzwölf Wochen in den Charts fest. Das konnte keiner überhören, auch wenn er uns abscheulich fand. Da musste jeder durch, der ein Radio besaß.

Die Plattenfirma, die für uns den Vertrieb machte, ereilte auf einmal eine hektische Betriebsamkeit, und sie informierte ihre Auslandskollegen, dass sich die Kellys anschickten, in ganz Europa eine große Nummer zu werden, und wir damit vielleicht auch ein Produkt für Asien, Südamerika und Nordamerika wären. Klar, die wollten unsere Scheiben weltweit vertreiben, weil sie den gewaltigen Geldbatzen schon riechen konnten. Es trudelten die ersten Faxe, Briefe und Anrufe von mehreren Agenturen aus der ganzen Welt ein. Darunter war auch eine, die hieß William Morris. Diese Agentur betreut bis heute fast alle Filmstars und alles aus der Pop-Branche, was Rang und Namen hat, wie Lady Gaga, Janet Jackson, Snoop Dogg, Depeche Mode und Peter Gabriel. Sie bieten das Komplettmanagement für Künstler an, das heißt, sie kümmern sich um alles: Aufnahmestudio, Plattenvertrag, Vertrieb, Tourneen, Technik und Finanzen. Die machen alles möglich, was sein muss. Solche Dienstleister stellen dir von jetzt auf gleich auch einen rosa angemalten Elefanten vor die Tür, wenn du der Meinung bist, du brauchst das unbedingt. William Morris wollte also unsere Familie weltweit unter Vertrag nehmen, aber das kam für meinen Vater grundsätzlich nicht in Frage, denn wir machten das Management und alles andere selbst.

Schon 1988 gründeten wir als erste Künstler in Europa überhaupt eine eigene Plattenfirma. Unsere Firma «KelLife GmbH» war ein kleines mittelständisches Unternehmen mit fast fünfzig festangestellten Mitarbeitern, dazu kamen noch unzählige Selbständige. Und unser Vater war der Boss. Jeder aus unserer Familie hatte einen Job, um den er sich kümmern musste. Paddy und Angelo haben über Jahre unseren Sound maßgeblich geprägt, sie waren sozusagen unsere Kapellmeister. Jimmy und Johnny produzierten unsere ganzen Videos und Konzertmitschnitte. Ich war immer der eher praktisch veranlagte Typ und damit automatisch der Konzertveranstalter unserer Familie. Ich hatte in unserer Firma ein eigenes Büro mit vier Angestellten, das sämtliche Shows bis ins Detail organisierte. Dabei ging es um die Verträge mit den Veranstaltern, den Ticketverkauf, die Technik, die Fahrzeuge und die Planung für unsere gesamte Crew. Europaweit spielten wir fast zweihundert Konzerte im Jahr. Es gibt fast keine Stadt, wo wir unsere Bühne nicht hingestellt haben. Wir sind in jedem Kaff aufgetreten, von Castrop-Rauxel bis Lissabon. Als die Ärzte unserem Vater nach seinem zweiten Schlaganfall im wahrsten Sinne des Wortes ans Herz legten, sich aus dem Unternehmen zurückzuziehen, übertrug er mir das Amt des Geschäftsführers. Zehn Jahre lang führte ich schließlich unsere Firma, bis unsere Familie entschied, unsere gemeinsame Musikkarriere zu beenden.

Es war für die Experten aus Amerika ein absolutes Novum, dass eine Band sich komplett selbst organisiert und sich nicht in vertragliche Abhängigkeiten begibt. Wir verdienten die ganze Kohle selbst, ohne Zwischenhändler und ohne ein hochdotiertes Management, welches in der Regel bis zu einem Viertel des Umsatzes abschöpft. Nicht eine Lizenz haben wir an andere abgegeben. Das Einzige, was wir rausgaben, war der Vertrieb unserer Videos und CDs, denn das selbst zu organisieren, wäre Wahnsinn gewesen. Auf diesem Gebiet schlägt dich bis heute jede Plattenfirma mit ihrem über Jahrzehnte installierten Vertriebsnetz.

William Morris kam uns mehrmals direkt aus den Staaten besuchen, stets mit einer Bagage von vier Adjutanten um sich herum, die mit jeder Menge berühmter Namen kokettierten sowie damit, dass sie jeden Topstar persönlich kennen würden und die alleinigen Marktführer wären, was ja auch stimmte. Sie schauten sich unsere Shows an und machten ewig lange Meetings, in denen sie mit ausgereiften finanziellen Argumenten versuchten, uns als Band global zu übernehmen. Allein für den Markt in Südamerika wollte Morris uns einen Vorschuss von fünf Millionen Dollar geben. Aber mein Vater blieb standhaft. Er wollte nicht, dass wir unsere Freiheit verkauften und uns damit von Leuten abhängig machten, die uns auf ewig fremd-bestimmen würden. Das war ihm immer wichtiger als alles Geld dieser Welt.

Und dann mischte sich noch Thomas Gottschalk ein. Wir sind dreimal mit unserer Kelly Family in seiner Sendung «Wetten, dass..?» aufgetreten. Er ist uns monatelang hinterhergelaufen und hat es bis zum Schluss nicht verstanden, dass mein Vater nichts von ihm wollte. Aber er hing an uns wie eine Klette, be-suchte unsere Truppe sogar medienwirksam auf unserem Haus-boot in Köln. Ich war bei dem Besuch dabei. Mein Vater stand da und wusste nicht, wer Gottschalk ist. Wir hatten zu Hause keinen Fernseher, denn wir hatten bis dahin nur auf der Straße gelebt. Für ihn war Gottschalk nur einer von diesen Medienkol-legen, die auftauchen, wenn der Erfolg schon da ist, und die sich dann im Ruhm der anderen sonnen wollen. Mein Vater hat ihn spüren lassen, dass ihn sein Gehabe völlig kaltlässt. Gottschalks grandiose Idee war, ganz dick in das Filmgeschäft einzustei-gen, denn er hatte sich bereits als Schauspieler einen Namen gemacht und dadurch ganz heiße Drähte in seiner Wahlheimat Kalifornien. In «Sister Act II» sprang er neben Whoopi Goldberg in einigen Szenen als Pater Wolfgang durch die Kulissen und war dabei richtig lustig anzuschauen. Der Film wurde von Walt Disney produziert und Gottschalk wollte uns dazu überreden, zusammen mit dem von ihm ausgesuchten Filmstudio unsere Lebensgeschichte als Hollywood-Streifen zu drehen. Mein Vater hat Gottschalk deutlich zu verstehen gegeben, dass wir mit ihm keinen Disney-Film machen wollten, weil ihm die ganze Ge-schichte zu sehr nach Kommerz roch. So abzublitzen, das war für den Entertainer bestimmt eine ganz neue Erfahrung. Aber Gottschalk ließ nicht locker, und ein paar Wochen später kamen sie aus Amerika eingeflogen, die Disney-Manager. In den nun folgenden Verhandlungen machten sie immer mehr Zugeständ-nisse: Wir dürften die Oberhand über das Drehbuch behalten, sogar die Hauptrollen könnten wir persönlich mitbestimmen, versprachen sie vollmundig. Ich weiß bis heute nicht, wer mich als Joey hätte spielen sollen.

Die Filmleute luden uns nach Los Angeles ein, damit wir uns alles vor Ort einfach einmal anschauen und detaillierte Gespräche über die Art und Weise einer eventuell zustande kommenden Produktion führen könnten. Mein Vater schickte meinen Bruder Jimmy los, denn der interessierte sich mit großer Leidenschaft für die Filmemacherei. Fast alle Videos der Kelly Family hat er betreut, weil er ein kreatives Händchen für Bilder und Geschichten besaß. Jimmy selbst hielt nicht viel von diesem geplanten Kelly-Film, aber er freute sich ungemein, die Universal Studios zu sehen und mal ganz nah in die Branche hineinzuschnuppern. Kaum in L. A. gelandet, fand er sich in einer exklusiven VIP-Gruppe auserwählter potenzieller Investoren, Sponsoren und wichtiger Kunden wieder, die in einen kleinen Reisebus gequetscht durch die wunderbare Traumfabrik chauffiert wurde. Sie alle liefen durch die Universal Studios, eine unvorstellbare Anlage von der Dimension eines Großflughafens. Sie waren am Set und schauten zu, wie eine ganze Szene eines Blockbusters gedreht wurde. Und sie durften sogar in den Drehpausen mit den Schauspielern schwatzen, wie toll das alles war. Jimmy hatte irgendwann genug von dem höflichen Getue und der Schönrednerei und fing an, sich ganz allein von einer Studiohalle zur nächsten zu bewegen, um den Leuten über die Schulter zu schauen und mitzubekommen, wie hart Licht-Designer, Kameramänner und Regisseure da wirklich arbeiteten. Das sind zum Teil größere Stars als die Leute, die sich vor der Kamera tummeln.

Nach einer Stunde bremsten auf einmal zwei Autos mit Security-Leuten neben ihm, die stiegen aus und fragten: «Can we help you?» Wenn ein Amerikaner das fragt, heißt das so viel wie «We have a problem!», und kein anderer als du selbst ist das

Problem. Jimmy sagte: «Nein, alles okay. Ich gucke mir hier nur die Filmdreherei an. Ich bin mit einer Gruppe unterwegs.» Die Jungs konterten: «Okay, du gehst zu keiner Gruppe mehr. Du steigst in unseren Wagen.» In der Sicherheitszentrale der Filmstadt kam es zu einer kurzen Bestandsaufnahme. Just an diesem Tag war auch der damalige US-Präsident Bill Clinton auf dem Gelände der Universal Studios unterwegs. Jimmy erklärte den aufgeregten Hobby-Polizisten, dass er von einer Hollywood-Produktion eingeladen worden sei und dass er einfach nur seine Gruppe aus den Augen verloren hätte. Die machten sich jedoch keine Mühe mehr, seine Angaben zu überprüfen, sondern griffen gleich zum Äußersten, nämlich zum Telefon. Ein paar Minuten später kamen zwei Jungs von der CIA, die sahen aus wie die beiden großen Brüder der «Men in Black». Sie setzten Jimmy in einen Verhörraum und fragten ihn zehnmal das Gleiche, wieso er hier herumstreunen würde und was er in den Studios suche. Sie wollten ihn in die Enge treiben, bis er sich irgendwann mal widerspricht. Das klappte aber nicht, weil Jimmy nichts zu verbergen hatte. Dann fragten sie ihn unvermittelt, ob er den Präsidenten umbringen wollte und, weil er neben seinem amerikanischen auch einen irischen Pass besaß, ob er ein IRA-Mitglied, ein irischer Terrorist sei. Jimmy wiederholte sich immer wieder: «Nee, nee, ich bin von der Kelly Family aus Deutschland!» Sein Ansprechpartner von Disney, der das alles hätte bestätigen können, war natürlich nicht erreichbar. Die CIA-Agenten glaubten ihm kein Wort und meinten, Jimmy selbst erst mal in Sicherheit bringen zu müssen. Das hieß nichts anderes, als dass sie ihn direkt in den Knast kutschierten. Der Kollege, der das Überführungsfahrzeug steuerte, fragte Jimmy, der mit Handschellen im hinteren Bereich hockte, ganz unverblümt: «Na, bist du auch so ein Bursche, der nur wegen Ruhm und Geld nach L. A. gekommen ist?» Jimmy meinte: «Nee, das habe ich beides schon.» Der Polizist lachte lauthals und erwiderte: «Mit deiner frechen Zunge, da könnte das vielleicht noch was werden!»

Jimmy landete im «Los Angeles Police Department» in einer Zelle mit zehn Kleinkriminellen. Eine spontan zusammengewürfelte Kommune, bestehend aus ein paar Dealern, Junkies, Besoffenen und abgedrifteten Teilzeitkellnern, die die Hoffnung nie aufgaben, doch noch mal als Schauspieler oder Model entdeckt zu werden. Ein Typ, der aussah wie ein kalifornischer Beach Boy, erzählte Jimmy, dass er am vorigen Abend bei einer Drogen-Razzia geschnappt worden war. Und jetzt wüsste er nicht mehr, wie sein Leben weitergehen sollte. Das ging Jimmy in diesem Moment auch nicht anders. Erst am späten Nachmittag hatte der Geheimdienst dann doch einen Disney-Manager erreicht. Der war ganz aufgebracht und brüllte durch das Telefon: «Um Gottes willen, das ist unserer eingeladener VIP-Gast! Mit dem wollen wir noch einen großen Film machen. Lasst den sofort raus!» Die zwei «Men in Black» holten Jimmy wieder ab, und er dachte frohen Mutes, jetzt hätte sich die Geschichte erledigt. Aber es ging munter weiter: Nachdem die beiden Jungs sich zigmal entschuldigt hatten, brachten sie ihn geradewegs zu seinem Hotel und inspizierten noch seine Suite und durchwühlten sämtliche Klamotten. Der Verdacht, dass Jimmy für die IRA unterwegs war, hielt sich anscheinend noch wacker. Völlig bedient von diesem ganzen Theater, setzte sich mein Bruder in den nächsten Flieger zurück nach Deutschland. Als mein Vater die Geschichte hörte, war er so aufgebracht, dass ich dachte, er kippt gleich um. «Ich habe genug von diesem Disney-Quatsch! Und mein Sohn soll bei der IRA sein, ich dreh gleich durch!» Mit diesem Satz hatte sich für unseren Vater die Zusammenarbeit mit irgendwelchen Filmstudios und sämtlichen Gottschalks dieser Welt für immer und ewig erledigt.

Ich habe Thomas Gottschalk später immer mal wieder getroffen, weil wir beide eine Zeitlang einen Sponsorenvertrag bei der Deutschen Post hatten. Er war zusammen mit seinem Bruder das Gesicht beim Börsengang, und man kam kaum an den beiden vorbei, da sie einen von jeder zweiten Werbetafel anschauten, von den TV-Spots ganz zu schweigen. Wir sahen uns ein paarmal pro Jahr bei diversen Veranstaltungen und Events des Konzerns. Er hat mich allerdings nicht ein einziges Mal angeschaut, auf einmal kannte er mich nicht mehr. Das lag wahrscheinlich daran, dass der ganz große Erfolg der Kelly Family schon vorbei war und ich für ihn als Joey sowieso nur eine kleine Nummer bin: der bekloppte Marathon-Läufer, der nur noch nervt. Mit seinem Bruder Christoph dagegen konnte man sich ganz normal unterhalten, er hat mich sogar nach China zu dem dortigen «Wetten, dass ..?» eingeladen, weil er die Formatlizenz in das ferne Reich vertickt hatte. Er wollte, dass meine Familie da auftritt, also bin ich vorher hingeflogen und habe mir mal angeschaut, wie die das so machen.

Ich dachte ernsthaft, mich trifft der Schlag. Dreißigtausend Chinesen saßen brav und mit strahlenden Gesichtern in dem Pekinger Stadion und hatten überhaupt keinen Plan, was da unten auf dem Rasen abging, weil man kein Wort verstehen konnte. Die Anlage war völlig übersteuert, aus den Lautsprechern kam nur ein einziges Gekrächze. An jedem Zuschauerblock stand ein Ordner in einer lustigen Phantasieuniform, der Zeichen gab, wenn man klatschen musste. Und dann fabrizierten auch noch alle mit diesen übertriebenen Klatschpappen wie die Wahnsinnigen einen Lärm, dass mir fast die Ohren abgefallen sind. Machte einer nicht mit oder vor lauter Langeweile schon ein Schläfchen, kam der Ordner mit einer Art Reitpeitsche vorbei und zog dem Widerspenstigen damit eine drüber, und zwar genau auf den Kopf. Da wusste ich, hier ist keiner freiwillig dabei. Auch die Wetten selbst waren absolut grenzwertig. Da lief zum Beispiel ein sechsjähriges Mädchen mit zugebundenen Augen über ein etwa fünfzig Meter langes Seil in ungefähr fünf

Metern Höhe. Mit einer Stange zum Ausbalancieren tänzelte das Kind ohne Netz und doppelten Boden Richtung Seilende, wo ihr wartender Vater sie lautstark anfeuerte. Einen Sturz hätte sie garantiert nicht überlebt. Ich habe furchtbar mitgefiebert, dass sie es schafft.

Nach der Show traf ich einen Veranstalter aus Peking, der wollte mit der Kelly Family in ganz China dreißig Konzerttermine machen. Vorher sollten wir bei der chinesischen Ausgabe von «Wetten, dass..?» zweimal auftreten, um die geplante Tour anzukurbeln. Die Sendung sehen einige hundert Millionen Zuschauer in ganz Asien, das ist für die Promotion ein wahres Pfund.

Zu der angedachten Tournee kam es dann nicht mehr, weil sich unsere Familie schon leicht zerstritten hatte und niemand mehr die Muße besaß, weiter miteinander zu arbeiten. Es war eigentlich schon zu spät dafür.

Aber keiner war so richtig traurig darüber, dass diese Reise nicht mehr zustande kam.

DAS ZOCKERPARADIES VON NEVADA

Kurz vor ein Uhr nachmittags erreiche ich mit Familie Sommer den Stadtrand von «Sin City», der Stadt der gelebten Sünde. Und den kann man kaum verpassen. Hier steht das legendäre Ortseingangsschild noch aus Gründerzeiten mit dem Spruch: «Welcome To Fabulous Las Vegas!», das ein jeder aus diversen Kinofilmen kennt. Ich bin mir sicher, das Ding muss selbst schon Elvis Presley vor einem halben Jahrhundert abgeklatscht haben, bevor er seine legendären Shows gemacht hat. Diese riesengroße Tafel thront direkt in der Mitte der beiden Zufahrtsstraßen zur Innenstadt. Die kann nicht einmal ein Tourist übersehen, der sich vor lauter Euphorie nur auf die Wolkenkratzer des Zockerparadieses konzentriert.

Hier herrscht zu jeder Tageszeit ein immenser Menschenauflauf, unzählige Touristen stoppen an der Parkbox und tummeln sich vor dem bunten Schild auf akkurat zurechtgeschnittenem Kunstrasen, wo man sich mit einem lustigen Gesichtsausdruck für das Familienalbum verewigt. Und wahrlich jeder knipst das klassische Foto mit der Grundaussage «Ich war hier!».

Ich stelle mich mit Familie Sommer, meiner unterhaltsamen Mitfahrgelegenheit, auch noch mal ganz galant vor dem Teil in Pose, danach verabschieden wir uns. Die Sommers fahren weiter zum «Imperial». Ich bleibe erst mal hier, denn ich werde mir auf keinen Fall die Chance entgehen lassen, die Menschenmassen zu einer Spende zu bewegen. Das Gute an diesem Ort ist, dass ich mit meiner Sponsorentracht und dem Buggy mit den Fähnchen selbst ein Motiv wert bin und dadurch der eine oder andere Dollar in meiner Tasche landet. Ich bleibe einfach vor dem Schild stehen und lächele in der Mittagsglut in alle Kameras, die mir entgegenblitzen, wahlweise mit freudigen Touristen neben mir oder ohne. Der Rubel rollt, für jedes Foto gibt es zwischen ein und zehn Dollar. Das Ganze betreibe ich knapp zwei Stunden, bis ich merke, wie die pralle Sonne langsam mein Kleinhirn auf Siedetemperatur bringt. Von einem Hobby-Fotografen erbettele ich mir noch eine Literflasche Wasser, sauge sie leer und laufe nordwärts, den Betonklötzen der Spielerstadt entgegen. Es sind noch zwei Kilometer, dann bin ich mittendrin.

Zuallererst erschlägt einen Las Vegas. Und kurz danach hat man Schnappatmung. Es braucht eine gewisse Zeit, bis man diesen einzigartigen Kulturschock überwindet. Man fährt Ewigkeiten durch eine karge, baumlose Savanne und hat sich dadurch schon an die Eintönigkeit der Landschaft und ihre unabänderliche Gesetzmäßigkeit gewöhnt. Die Interstate wird immer breiter und folgt einer leichten Senke in ein Tal, und wie aus dem Nichts heraus taucht man auf einmal aus dem Wüstendunst in die Skyline einer typischen amerikanischen Großstadt ein, einer Metropole ohne Kompromisse: Das Verkehrsrauschen des Las Vegas Boulevard, einer achtspurigen Vergnügungsmeile, wird umrahmt von gewaltigen Turmbauten, Klein-Venedig und Groß-Disneyland, unzähligen Springbrunnen, Spielhallen und haushohen Leuchtreklamen für zahllose Entertainment-Shows und Millionen-Jackpots. Überall klingeln die Spielautomaten, nervige

Werbung für die angeblich tollsten Casinos dröhnt aus glitzernden Reflexboxen mit vibrierenden Subwoofern, die bis zum Anschlag aufgedreht sind. Dazu gesellen sich noch Abertausende Menschen, die sich laut schwatzend und lachend über die Gehsteige treiben lassen. Alle strömen scheinbar ohne Ziel hin und her wie in einem Ameisenhaufen, vierundzwanzig Stunden am Tag. Das ist nichts für angehende Philosophen auf einem Mantra-Trip. Hier steppt der Bär nicht nur, hier schlägt er Flickflack.

Las Vegas verdient knapp zehn Milliarden Euro an den vierzig Millionen Glücksrittern pro Jahr. Und die müssen natürlich auch irgendwo ihr Haupt betten. Dazu wurden schon über dreihundert Hotels aus dem Boden gestampft, jedes ist mit einem rund um die Uhr geöffneten Casino im Erdgeschoss ausgestattet, damit der Spielsüchtige gleich vom Roulette-Tisch weg mit dem Fahrstuhl auf sein Zimmer fahren kann und umgekehrt. Das Wichtigste für die schwerreichen Eigentümer ist das Festnageln der Kunden im eigenen Ambiente. Es gibt keine Uhren, die Klimaanlagen laufen immer auf der gleichen Temperatur, die Fenster sind abgedunkelt, das Licht verändert sich nicht in diesem Spielhimmel. Verliert der Kunde dadurch sein Zeitgefühl, glotzt er nicht nur anderen beim Geldausgeben zu, sondern schmeißt garantiert auch irgendwann selbst ein paar Jetons auf den Tisch und in die Automaten, umgarnt von spärlich bekleideten Damen aller Altersgruppen, die Drinks und Snacks servieren. Vor neun Jahren hatte einer im Hotel-Casino «Excalibur» den richtigen Moment erwischt und knackte den höchsten Jackpot mit vierzig Millionen Dollar, der jemals an einem Spielautomaten gewonnen wurde.

Der Konkurrenzkampf unter den Hoteliers hat die faszinierendsten Herbergen der Welt erschaffen: Auf dem Las Vegas Boulevard kann man einen Mini-Eiffelturm samt Triumphbogen vor dem Hotel «Paris» bestaunen, das «Caesars Palace» im römischen Stil, die Freiheitsstatue am «New York, New York», das «Luxor», eine schwarz verglaste Pyramide, aus deren Spitze ein Laserstrahl in den Himmel schießt, den man nicht nur in Los Angeles sehen kann, sondern angeblich auch im Weltraum, vor dem «Bellagio» einen fünf Hektar großen künstlichen See, aus dem tausend turmhohe Wasserfontänen schießen, die sich nach Klassik und Popmusik im Takt bewegen, am «Mirage» einen künstlichen Vulkan, der jede Viertelstunde explodiert, vor dem «Treasure Island» eine Seeschlacht mit echten Schiffen und falschen Piraten, die ihre Jollen beim großen Finale mit Kanonen und Explosionen zum Sinken bringen. Hat man noch immer nicht genug, kann man auch gern noch auf dreihundert Metern Höhe mit einer Achterbahn um die Spitze des «Stratosphere Tower» herumfahren. Völlig abgedreht ist das «Venetian», mit über siebentausend Zimmern das größte Hotel der Welt, ganz im Stil der italienischen Lagunenstadt nachgebaut. Man schlendert hier am Dogenpalast vorbei, nach ein paar Minuten schon stößt man vom Markusplatz auf die Rialto-Brücke. Wer es braucht, kann mit einer von italienisch singenden Amerikanern gesteuerten Gondel durch echte Wasserkanäle schippern, vorbei an überteuerten Designerläden und Restaurants. Obwohl sich diese ganzen Attraktionen in einem geschlossenen Gebäudesystem befinden, geht durch optische Lichttricks auf einem überspannenden Deckengewölbe morgens die Sonne auf und abends wieder unter. Dazu zwitschern aus Lautsprechern Vögel, gemixt mit den Geräuschen eines italienischen Straßengewirrs.

Man kann sich kaum vorstellen, dass eine Stadt mitten in der Wüste so unverfroren verschwenderisch sein kann. Las Vegas ist ein Sinnbild für Maßlosigkeit. Hier brennen Millionen Lampen ohne Pause, die Springbrunnen schießen ihr Wasser ohne Unterlass in den wolkenlosen Himmel. Die Sonne scheint das ganze Jahr über, deshalb besprühen sogar Düsen die heiße Wüstenluft, damit man auch wohltemperiert draußen auf einer Terrasse herumlungern kann. Es ereilt einen ein unmittelbarer Temperaturschock, wenn man auf dem Gehweg steht und die Flügeltür zu einem Casino aufreißt: Man will sie intuitiv ganz schnell wieder zuschmeißen. Es kommt eiskalt aus den Bauten heraus, denn die Gebäude werden innen auf ein gepflegtes Kühlschrankambiente heruntergekühlt, damit der Amerikaner sich auch wirklich wohl fühlt. Die nötigen Kilowattstunden für die Stadt der Lustbarkeiten müssen von dem 1931, nur eine Autostunde entfernt gebauten Hoover-Damm, der den Colorado River staut, gewonnen werden. Alles ist so gut wie nur von dieser einen Quelle abhängig, sieben Bundesstaaten werden durch sie versorgt. Angenommen, die Staumauer bricht mal durch ihre eigene Last oder durch einen terroristischen Anschlag zusammen, gehen in der Spielerstadt nicht nur sämtliche Lichter aus. Dann gibt es keinen Tropfen Wasser mehr. Das wäre kurz und knapp gesagt der Ausnahmezustand für Las Vegas, und das über Monate.

Mitten im Epizentrum, auf dem sogenannten «Strip», dem Las Vegas Boulevard, sammele ich weiter Spenden. Ich erzähle wie gehabt meine Road-Trip-Geschichte und erwirtschafte bei den zahlungskräftigen und zum Teil angetrunkenen Touristen eine Menge Schotter, auch ein paar Hamburger werden mir ungefragt gereicht. Wird nach meinem Kurzvortrag nur ein Dollar-Schein angeboten, nehme ich den Leuten das Smartphone oder die Pocket-Kamera aus der Hand und biete ein Foto für das Doppelte. Das funktioniert wie geschmiert. Meistens gibt es dafür mindestens einen Fünfer. So mache ich reichlich Umsatz, und das stundenlang, denn es ist proppenvoll. Tausende Menschen lassen sich von der gewaltigen Lichtorgel der Stadt berieseln, herumstehende Lateinamerikaner in Kompaniestärke drücken jedem, der vorbeiläuft, ungefragt bunte Visitenkarten von nackten Call Girls in die Hand. Das machen sie sehr geschickt mit einem lauten Knall, indem sie die Bündel auf ihren Handrücken klatschen lassen. Jeder, der sich vor Schreck umdreht, hat sofort ein Kärtchen in der Hand. Das wilde Treiben wird an den Straßenecken von mindestens zwei Polizisten auf Rädern beobachtet. Die verzichten freiwillig auf ihre Streifenwagen, denn auf dem zugestopften Boulevard bleibt jeder Ganove garantiert im Stau hängen.

Es ist kurz vor Mitternacht, langsam sollte ich mich mal hinlegen. Direkt am Boulevard macht es keinen Sinn, denn der Lärm, der einem hier um die Ohren knallt, grenzt schon fast an Körperverletzung. Nach diesem schweißtreibenden Tag würde ich mich gern noch mal frisch machen. Das ist es, was ich jetzt brauche. Doch ich werde jedes Mal durch die Türsteher unfreundlich und bestimmt abgewiesen. Ob das an meinem Outfit oder meinem unübersehbaren Gepäck liegt, kann ich nicht einschätzen. Drei weitere vergebliche Versuche an den Eingangstüren zu eher namenlosen Hotels, dann gebe ich auf.

Fast zwei Stunden suche ich schon nach einem unauffälligen Schlafplatz. Hätte ich meinen Buggy nicht dabei, könnte ich mich flugs mit meiner Plane in die Büsche schlagen. Aber durch mein Gefährt ziehe ich unweigerlich nicht nur die Blicke der Passanten, sondern auch die der Security-Leute auf mich. Und die mustern einen mit einem Gesicht, das dir sagt, dass sie dich lieber ganz weit weg sehen möchten. Wenn überhaupt.

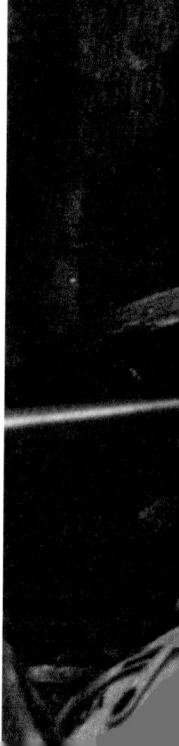

An der großen Zufahrt des «Caesars Palace»-Hotels stehen Dutzende mannshohe Sträucher. Dort bekomme ich meinen Buggy ohne große Mühe hineingedrückt, sodass er vom Weg aus nicht mehr zu sehen ist. In aller Ruhe bereite ich mein Nachtlager vor und hoffe, dass keiner auf mein Taschenlampenlicht aufmerksam geworden ist. Denn wenn einen die Polizei hier aus den Sträuchern zieht, gibt es kein Pardon. Dann geht's direkt aufs Revier, und man hat ein richtiges Problem. Obdachlose,

Penner und im Zweifelsfall eben auch einen Joey Kelly mögen die hier nicht. Entweder sperren sie dich über Nacht in eine Zelle oder fahren mit dir gleich ganz weit raus aus der Stadt und setzen dich an einer x-beliebigen Raststätte ab, mit den besten Wünschen auf ein Nimmerwiedersehen. Damit haben sie ganz galant das Problem gelöst. Gut, ich als halbwegs ordentlich aussehender Typ könnte mich vielleicht irgendwie erklären, aber ob mir in diesem Fall mein US-Pass helfen würde, möchte ich nicht austesten. Als ich endlich liege, nehme ich mir im Schein meiner Stirnlampe noch mal meine Tageseinnahmen vor. Ich zähle insgesamt fünfhundertsiebenundfünfzig Dollar, lustigerweise auf den Cent genauso viel wie gestern, und dazu noch fünf Euro. Das nenne ich einen rundum gelungenen Tag. Auch wenn ich jetzt schwitze wie ein Stier.

Und das im Liegen.

EINE WEISSWURST IN LAS VEGAS

Die Nacht ist eine Qual. Wenn ich überhaupt geschlafen habe, dann höchstens eine Stunde. Du liegst bei diesen Temperaturen wie apathisch herum und machst nichts, und trotzdem strömt dir der Schweiß aus allen Poren. Irgendwie glaubst du fest daran, dass es sich etwas abkühlen muss. So hangelst du dich von einer Stunde zur nächsten, wobei du immer wieder feststellen musst, dass sich rein gar nichts ändert. Wenn du es dann endlich geschnallt hast, dass es einfach so heiß bleibt, wie es gerade ist, stehst du auf, um der sterbenden Hoffnung ein Ende zu bereiten. Früh um fünf wechsele ich zum zweiten Mal mein klitschnasses Trikot und packe meinen Kram zusammen. Leider ist keine Besserung in Sicht. Es soll der heißeste Tag des Jahres in Las Vegas werden, vierundvierzig Grad sind angesagt.

Für den ganzen Trubel auf der Vergnügungsmeile habe ich gerade überhaupt keine Nerven. Ich nehme die East Flamingo Road und biege rechts in die Paradise Road ein. Hier läuft kein Mensch lang, weil es keine Casinos gibt. Die Straße ist gesäumt von großen, asphaltierten Parkplätzen, vollgestellt mit den Autos der Hotelangestellten und einigen Wohnmobilen, mit denen ein paar schlaue Touristen die Hotelkosten sparen wollen. Ich stelle mir vor, wie die im Schlaf fast gegrillt werden, wenn die Klimaanlage mitten in der Nacht den Tank leergesaugt hat. Wie in einer Mikrowelle.

Obwohl ich kaum ein Auge zugemacht habe und mich wie gerädert fühle, tut mir der ungewollte Morgenspaziergang gut. Die Bewegung vertreibt meine Müdigkeit und bringt wieder Leben in meine Beine. Es dauert nicht lange, und die Sonne kommt über den Horizont. Jetzt steigt die Temperatur binnen

Minuten grausam an. Der laue Wüstenwind mit der Wirkung eines heiß gelaufenen Föhns tut sein Übriges. Es ist schon neun Uhr, und ich bräuchte ganz dringend eine Ganzkörperwäsche, um den Staub und Schweiß der Nacht loszuwerden. Eine großzügige Toilette mit Marmor-Waschbecken wäre optimal, die gibt es garantiert auch im «Hard Rock Hotel». Aber da scheitere ich schon wieder am Eingang. Die Sicherheitsleute teilen mir unmissverständlich mit, dass hier nur Hotelgäste Zutritt haben, was glatt gelogen ist. An der Straßenkreuzung genau gegenüber steht ein «Hofbräuhaus», da arbeiten bestimmt ein paar Deutsche, die nicht so abweisend drauf sind. Landsleute im Ausland helfen eigentlich immer, wenn Menschen aus ihrer Heimat ein Problem haben – selbst denen, die sie zu Hause nicht einmal mit der Pinzette anfassen würden. Das müsste klappen.

Als sich die Eingangstür hinter mir schließt, traue ich meinen Augen kaum: Der Gastraum mit dem bemalten Deckengewölbe hat die gleichen Ausmaße wie der Münchener Biertempel, selbst das Logo über der Tür sieht aus wie das Original. So etwas kriegen sonst eigentlich nur die Japaner hin. An der Wand auf dem Weg zur Theke hängt ein in Gold gerahmtes Foto von den beiden Magiern Siegfried und Roy. Die scheinen Stammgäste hier zu sein. Ich frage mich bei dem bedienenden Trachtenpersonal durch bis zum Chef und bin kaum erstaunt, dass ich letztendlich vor einem Deutschen stehe. Fred ist ein bayerisches Original, in München geboren. Ein Zwei-Meter-Mann mit strammer Figur und einem rollenden «R» in Muttersprachenqualität. Nach einer distanzierten Würdigung meiner Reiseplanung zeigt er mir den Weg zu den Toiletten. Eine Viertelstunde später stehe ich frisch gewaschen und mit Hofbräuhaus-Shirt und dazu passender Basecap bewaffnet wieder vor Fred und nehme meine Tätigkeitsbeschreibung entgegen. Er hat mir spontan angeboten, den Tag über in der Küche zu arbeiten.

«Also, ich stelle dir jetzt gleich Raphael vor, der wird dir zeigen, was zu tun und was zu lassen ist. Der hat die Mütze in der Küche auf.»

Nur über die Bezahlung haben wir noch nicht gesprochen.

«Ich gebe dir acht Dollar die Stunde. Obendrauf eine warme Mahlzeit und alkoholfreie Getränke. Das ist so üblich bei uns.»

In einer wohltuend klimatisierten Küche den Tag überbrücken, umsonst essen und trinken und dafür auch noch bezahlt werden. Das gefällt mir.

Für den dreiundsiebzigjährigen Fred schließt sich aus seiner Sicht hier in Las Vegas der Kreis. Wie er mir erzählt, träumte er schon als kleiner Junge davon, riesige Schweinshaxen und gefüllte Maßkrüge zu verkaufen. Sein Ziel war immer ein eigenes Restaurant, nach der Hotelfachschule ging er direkt in die USA und schaffte es tatsächlich über Umwege in New Orleans zum Kneipenwirt. In seinem ersten Restaurant tischte er deutsche Spezialitäten auf, ein Haus in der Nachbarschaft baute er zu einem Touristenhotel aus. Kurz nach der Jahrtausendwende erfuhr er von einer Brauhaus-Lizenz in Las Vegas, die zur Option stehen würde. Fred überzeugte mit seinen Partnern Banken und Sponsoren und baute für zwölf Millionen Dollar eine exakte Kopie des Münchener Stammhauses. Damit holte er sich seine bajuwarische Heimat zurück – mit dem ersten deutschen Biertempel in der Zockerstadt.

Die nächsten Stunden verbringe ich damit, die Spülmaschine von den Ausmaßen eines Kleinwagens zu befüllen und danach das noch dampfende Geschirr in die Regale zu wuchten. Außerdem lerne ich, wie man mit kurzem, aber nicht zu kräftigem Schwung mit einem Holzklopfer aus einem Stück Kalbfleisch ein dünnes Wiener Schnitzel macht. Die werden dann von meinem mexikanischen Kollegen José nebenan paniert und in die Ölpfanne geworfen. Vor ihm türmen sich noch Stapel von Leberkäse und Dutzende Wurstrollen aus kleinen Nürnbergern. Selbst die berühmte Weißwurst wird hier selbst gemacht, da die US-amerikanischen Gesetze den Import verbieten. Wie José mir erzählt, verdient er als Festangestellter neun Dollar die Stunde, das ist ungefähr das Doppelte wie in den hiesigen Fastfoodketten. Das anschließende Kartoffelschälen ist ein Kinderspiel für mich. Einen Erdapfel von seiner Haut zu befreien, das habe ich jahrelang während der unzähligen Tourneen unserer Familie machen müssen. Nur die Dimensionen sind hier anders. Der Topf, in den ich die fertig geschälten Kartoffeln plumpsen lasse, ist einen Meter hoch. Und sosehr ich mich auch beeile, er wird kaum voller.

«Es ist erfrischend, dir zuzuschauen, Joey!»

Fred ist wieder aufgetaucht und kontrolliert meine Arbeitswut.

«Wieso das denn?»

«Du gehst ans Werk wie ein typischer Deutscher. Ich habe dich beobachtet, du hängst nicht herum und wartest auf Ansagen. Wenn du mit einer Sache fertig bist, suchst du dir die nächste Aufgabe. Ich muss meine Leute ständig auf Trab halten, sieben Tage die Woche, sonst fliegt mir irgendwann der Laden um die Ohren, und ich muss am Ende noch selbst den Kochlöffel schwingen.»

«Das haben Sie aber erstaunlich gut im Griff», versuche ich ihm recht zu geben. «Der Redefluss der Köche erstirbt regelrecht, wenn Sie durch die Tür gerauscht kommen. Das zeugt von jeder Menge Respekt, aber auch von Angst. Vor Ihnen.»

«Schön und gut, Joey, aber das muss auch so sein. Dich würde ich jederzeit einstellen, ich glaube, das würde funktionieren, da bin ich mir ziemlich sicher.»

Ich merke, dass hier in diesem Laden der unterschiedliche Anspruch zwischen deutschem und amerikanischem Fleiß einen gewaltigen Bruch erzeugen kann. Unabhängig davon hält sich mein Mitleid für Fred etwas in Grenzen. Er lebt mehr als gut in Las Vegas, hat, wie er erzählt, ein großes Eigenheim mit Ehefrau und Swimmingpool, drei Garagen mit dicken Autos drin und ist wahrscheinlich Millionär. Das erklärt nicht alles, aber vieles.

Mit gefülltem Magen und um fünfzig Dollar reicher mache ich mich auf den Weg zurück zum Las Vegas Boulevard. Der Job in der klimatisierten Großküche hatte einen erholsamen Effekt auf meinen müden Körper, aber die brütende Hitze, die mir hier draußen gleich wieder ins Gesicht schlägt, wirkt nicht zwingend motivierend für die noch verbleibende Zeit bis zum Sonnenuntergang. Auf der Strecke vom «Planet Hollywood» bis runter zum «Caesars Palace», wo Celine Dion im «Colosseum»-Theater schon seit drei Jahren ihre Show hat, versuche ich wieder, Geld zu sammeln. Dion hat eigentlich alles richtig gemacht: Auf dem Höhepunkt ihres Erfolges ist sie nach Las Vegas gegangen und hat einen Fünfjahresvertrag über zweihundert Millionen Dollar Festgage unterschrieben – um sie müssen wir uns also keine Sorgen mehr machen. Das hätten wir als Kelly Family damals vielleicht auch mal so machen müssen. Sofort nach Vegas und die ganz große Kohle scheffeln. Nur mit dem einen kleinen, aber feinen Unterschied zu Celine Dion: Wir hätten in einer leeren Halle gespielt, weil uns hier kein Mensch kennt. Außer ein paar Touristen aus Europa vielleicht. Und die kommen nicht in das Zockerparadies, um sich ein Ticket für die Kellys zu kaufen. Garantiert nicht.

Für den Höhepunkt meiner heutigen Spendensammlerei sorgt ein Bayer mit seiner Freundin im Arm. Ob er mir tatsächlich etwas Gutes tun will oder es nur eine Gönnergeste ist, um seiner Liebsten zu imponieren, sei dahingestellt. Er blättert mir, ohne mit der Wimper zu zucken, einen Hundert-Dollar-Schein in die Hand. Als Dankeschön lade ich die beiden zum Konzert ein, falls ich mal mit der Kelly Family in München sein sollte. Wenn das jemals wieder passiert, müssen sie da durch. Ob ihnen das gefällt oder nicht.

Um Mitternacht finde ich einen geeigneten Schlafplatz am «Flamingo Hotel», einem der ältesten Wolkenkratzer am Strip, direkt an der hinteren Zufahrt beim Valid Parking. An der Einfahrt zum Parkhaus stehen große Büsche. Hier gibt es keinen Publikumsverkehr, nur Autos. Durch die Hitze und das ganztägige Stehen und Quatschen bin ich ganz schön am Ende, ich schlafe sofort ein. Das leichte Zischgeräusch bemerke ich im Unterbewusstsein erst, als mich eine lauwarme Dusche aus den Träumen reißt. Die automatische Sprinkleranlage ist angesprungen. Reflexartig zerre ich die Plane, auf der ich liege, über den rotierenden Sprühkopf. Nach fünf Minuten ist das Spektakel vorbei. Um sicherzugehen, dass es mich nicht noch einmal erwischt, fixiere ich meine Plastikplane direkt über dem Übeltäter. Dann taste ich sicherheitshalber nach dem kleinen Vermögen in meinem Schlafsack.

Das ist der letzte Moment, an den ich mich erinnern kann, bevor ich von der heißen Morgensonne wieder geweckt werde.

IN EINER STUNDE DURCH DREI STAATEN

Pünktlich um neun Uhr stehe ich vor dem Haupteingang des MGM Grand Hotel. Ich bin mit den Bergmanns verabredet, einer Familie aus Neukirchen bei Duisburg. Gestern Abend haben sie mir auf dem Strip zehn Dollar als Spende gegeben und mir angeboten, mich kostenlos mit ihrem großen Kombi nach Westen mitzunehmen. Insgesamt brachte meine Spendenaktion allein gestern sechshundertzweiundfünfzig Dollar plus die zweiunddreißig aus dem «Hofbräuhaus». Seit drei Tagen erst bin ich in den USA, und schon habe ich eintausendachthundertsechzehn Dollar, plus die fünf Euro. Ich bin nicht nur überrascht, sondern auch mächtig stolz, was für eine Summe ich allein durch meine sprachliche Überzeugungskraft eintreiben konnte. Und das, ohne einen einzigen Kelly-Song zu singen.

Der durchaus geräumige Chevrolet Equinox, den die Familie hier in Vegas gemietet hat, ist bis oben hin vollgepackt: Also alles noch mal rausgezerrt und neu sortiert, bis wir mein Equipment auch noch untergekriegt haben. Mit den beiden Söhnen quetsche ich mich auf die Rückbank, André am Steuer setzt den Blinker, nickt seiner Ehefrau kurz zu und rollt auf die Interstate 15 North raus, Richtung Salt Lake City. Ab jetzt geht es immer geradeaus.

«Was habt ihr denn so in Vegas gemacht, außer auf dem Boulevard rumzubummeln?», will ich wissen. Der Vater übernimmt sofort die Gesprächsführung: «Also, erst mal die klassische Hoteltour, alle großen Buden abgeklappert, den ganzen Strip von oben nach unten. Wir haben wirklich in jedes Hotel reingeguckt. Dann haben wir einen Tagesausflug zum Hoover-Damm gemacht, und gestern Abend, nachdem wir dich getroffen hatten, sind wir noch in die Zauber-Show von David

Copperfield bei uns im Hotel.» Das klingt interessant für mich als alten Show-Hasen: «Und, wie war er? Ist er immer noch der geschmeidige Haudegen, wie damals?» André klingt in seiner kurzen Zusammenfassung recht begeistert, nur einen Wermutstropfen hatte das Ganze: Der jüngere Sohnemann hat die ganze Vorstellung über einfach gepennt. «Na ja, die Stühle waren ohne Frage bequem, aber wenn ich daran denke, dass ein Ticket allein schon hundert Dollar gekostet hat, war das echt ein teures Nickerchen.»

Die Bergmanns sind eine deutsche Arztfamilie, wie aus dem Bilderbuch gemeißelt: Vater André ein Doktor, Mutter Cornelia Ernährungsberaterin. In Neukirchen steht die eigene Praxis genau gegenüber dem Einfamilienhaus, vor dem selbstverständlich ein Mercedes geparkt ist. Dazu zwei wohlerzogene Söhne, der siebenjährige John und sein drei Jahre älterer Bruder Eric, die gut gelaunt mit mir auf der Rückbank hocken. Wie ich erfahre, ist das nicht der erste Ausflug in amerikanische Gefilde, die Familie besteht aus regelrechten USA-Fans. «Ja, wir waren schon oft in den Staaten, erst diesen Januar zum Skiurlaub in Salt Lake City», berichtet Cornelia freudig vom Beifahrersitz aus. Nicht schlecht, denke ich. Die Kinder kriegen für ihr Alter schon echt was geboten. Als ich so alt war wie sie, bin ich zwar auch durch die USA getingelt, aber nicht zum Spaß, sondern um unter knallharter Federführung unseres Vaters Dollars auf der Straße zu verdienen. Cornelia erzählt mir, welche Reiseroute dieses Mal geplant ist: «Wir sind insgesamt drei Wochen im Westen unterwegs. Jetzt geht es über den Bryce Canyon zum Grand Canyon. Dann wollen wir nach L.A., von dort auf dem Big Sur, du weißt schon, dem berühmten Highway Number One, der genau an der Steilküste entlangführt, bis hoch nach San Francisco. Und von da aus fliegen wir zurück nach Deutschland.»

Wir fahren am «Valley of Fire National Park» vorbei, hier beginnt die «Moapa Indian Reservation». Um elf Uhr verabschie-

det sich Nevada von uns, in Mesquite hüpfen wir über die Staatengrenze nach Arizona. Das ist kaum zu übersehen durch die knallbunte Casino-Werbung der Stadt, die schlagartig nach dem Ortsausgang aufhört. Mesquite ist eine der am schnellsten wachsenden Gemeinden des gesamten Landes. Vor zwanzig Jahren lebten hier zweitausend Menschen, jetzt sind es schon knapp zwanzigtausend. Das haben sie der blendenden Idee ihrer Stadtverwaltung zu verdanken, die in den letzten Jahren ein paar Casino-Konzessionen vergab, um den Touristen, die die Interstate nach Westen fahren, auf den letzten Metern in Nevada noch ein paar Dollars aus den Taschen zu ziehen. Denn ab Arizona ist das Zocken verboten.

Die Interstate 15 North nennt sich hier «Veterans Memorial Highway», dieser führt lediglich knapp fünfzig Kilometer durch Arizona nach Utah, von Menschenhand hineingefräst in das Flussbett des Virgin River, der dem beeindruckenden Canyon seinen Namen gab. Dieses Teilstück ist die teuerste Autobahn der ganzen USA, jede Meile verschlang zehn Millionen Dollar an

Baukosten, obwohl man sogar auf den Standstreifen verzichtet hat. Dafür sind die gigantischen Kalksteinwände zum Greifen nah, man kann aus dem Autofenster an den Steinwänden sogar noch die langgezogenen Spuren der Presslufthämmer erkennen, die die Schneise geschlagen haben.

Am Ende des weiten Tales sehe ich zum ersten Mal die typischen Felsformationen wie aus den klassischen Westernfilmen: Einzeln stehende Tafelberge, deren ziegelrote Fundamente nach unten hin immer breiter werden. Die Quader selbst sind nur getrennt durch Schluchten voller Schotterhaufen, in die der asphaltierte Highway reingepflastert wurde, auf dem wir gerade entlangrollen. Eine Landschaft, die eine unheimliche Ruhe ausstrahlt und einem das Gefühl gibt, ein kleines Nichts zu sein, je länger man aus dem Seitenfenster dieses Naturspektakel betrachtet, das durch die Sonne im Zenit über die ganze Breite ohne Schatten ausgeleuchtet ist.

Eine Viertelstunde später sind wir schon in St. George/Utah. Der gut gelaunte Doktor André macht seine Passagiere darauf aufmerksam, dass wir die Uhren eine Stunde vorstellen müssen. Wir springen gerade von der Pacific Time in die Mountain Time, eine Zeitzone Richtung Osten.

Wie sich herausstellt, sind die Eltern motivierte Hobbyläufer. Stolz berichtet André von seinen Marathons, sechs Stück hat er schon gemacht. «Letztes Jahr bin ich in Wien meine Bestzeit gerannt, drei Stunden fünfunddreißig Minuten.» Das ist für einen Amateur eine richtig gute Zeit, vor allem, wenn er noch nicht einmal die Dutzend Marathons vollhat. Solch eine Zeit schaffen nicht viele aus dem Stegreif. Und seine Frau Cornelia eifert ihm kräftig nach, sie hat ein Jahr zuvor ihren ersten Marathon gemacht, natürlich in den USA, in New York. Diesen Marathon bin ich noch nicht gelaufen, der steht bis heute bei mir auf dem Zettel. Er gehört neben Boston, Chicago, Berlin und London zu den «Big Five», den «World Major Marathons». Zur Premiere 1970 gingen in New York nur einhundertsiebenundzwanzig Leute an den Start, jetzt sind es schon über fünfzigtausend, und dann ist Schluss, mehr werden nicht akkreditiert. «Wie bist du an die Startnummer gekommen, das soll doch unheimlich schwer sein?», will ich wissen. «Das geht eigentlich nur über offizielle Reisebüros, die verkaufen die Nummern mit Hotel, Flug und allem Drum und Dran. Das ist allerdings echt kein Schnäppchen.» Cornelia hatte aber eine clevere Lösung in petto: «Ich habe mich einfach drei Jahre lang immer wieder neu beim Veranstalter angemeldet in der Hoffnung, in der Lotterie ausgelost zu werden. Das hat nie geklappt, aber beim vierten Versuch bekommst du automatisch eine Startnummer. So einfach war das.» Wir diskutieren über verschiedene Trainingsvarianten, um die Zeiten zu verbessern, über meine Marathonläufe und Ultraerfahrungen und wie man sich ständig neue Ziele setzt. Das will André demnächst intensivieren. «Joey, wenn ich mal an die Drei-Stunden-Marke beim Marathon rankommen sollte, dann werde ich garantiert einen von den Ultramarathons in Angriff nehmen, die du schon mal gemacht hast.» Und dann outet er sich ein weiteres Mal als USA-Fan: «Am besten den durch das Death Valley, das muss auch so ein Wahnsinnslauf sein!»

Damit hat er nicht einmal unrecht.

HÖLLENRITT DURCHS TAL DES TODES

Ich hatte von dem «Badwater Ultramarathon» durch eine Fachzeitschrift erfahren. In einem Artikel erzählte ein Läufer über seine Erfahrungen in der Mojave-Wüste in Kalifornien, die allein so groß ist wie ganz Nordrhein-Westfalen. Mitten im «Death Valley» gäbe es dort einen Wettkampf, der angeblich der härteste Ultra der Welt sein sollte. Und wenn stimmte, was dort geschrieben stand, dann war das wirklich eine Mega-Nummer. Das Teilnehmerfeld besteht lediglich aus maximal hundert Experten aus der ganzen Welt, mehr werden nicht zugelassen. Es geht durch das komplette Tal des Todes bei entspannten fünfzig Grad im Schatten. Der Typ aus dem Artikel war drei Tage und zwei Nächte lang unterwegs, und das mit einem Durchschnittspuls von einhundertsechzig. Am Ende hatte der Marathon-Mann vier Paar Schuhe verschlissen und rund hundert Liter Wasser geschluckt. Sein Lohn: eine Urkunde und ein Gefühl des Sieges, das wohl nur wenige nachvollziehen können. Als ich das las, war ich sofort davon fasziniert. Ich hatte gerade meine erste Bekanntschaft mit einer Wüste gemacht, war kurz zuvor durch die Sahara gerannt. Außerdem hatte ich bis dahin schon zwölf Ironman, fünfzehn Marathons und Extremläufe in Alaska, Nepal und ganz Europa hinter mir. Jetzt sollte die nächste Steigerung kommen, und dieses Rennen kam mir wie gerufen.

Start ist in Badwater, dem tiefsten Punkt des Kontinents mit knapp sechsundachtzig Metern unter dem Meeresspiegel. Der ganze Lauf geht selbstverständlich nonstop über die Bühne, ohne Pause durch die schlimmste Wüste auf diesem Planeten. Das Ziel liegt auf dem Mount Whitney, der mit knapp viereinhalbtausend Metern als der höchste Punkt der USA galt, bevor die Amerikaner dem russischen Zaren für ein paar Millionen

Dollar Alaska abgeschwatzt hatten. Seitdem ist der Mount McKinley mit über sechstausend Metern die höchste Erhebung Nordamerikas.

Der Ultralauf umfasst eine Strecke von einhundertfünfunddreißig Meilen, das sind ziemlich genau zweihundertsiebzehn Kilometer. So eine Distanz rennt auch ein Kelly nicht aus dem Stand. Bereits ein halbes Jahr vorher lief ich mich dafür ein, bewältigte lange und ausdauernde Trainingseinheiten über fünfzig Kilometer, und das bei jedem Wetter, auch im Gelände. Man kann dieses Langstreckentraining überall und ohne großen Aufwand betreiben. Ich habe immer meine Sportsachen im Auto, und wenn es gerade zeitlich passt, schlüpfe ich in meine Schuhe und laufe los. Ein positiver Nebeneffekt ist, dass dir das Rennen durch die Botanik den mit tausend unwichtigen Sachen vollgestopften Kopf aufräumt und viele Probleme, egal ob beruflicher oder privater Natur, sich von einem Moment auf den anderen minimalisieren. Dazu kommt noch, dass man diesen Sport mit Urlaub an exotischen Plätzen in der ganzen Welt verbinden kann. Ich habe durch meine Wettkämpfe schon Orte gesehen, die in keinem Reisebüro buchbar sind.

Ich zeigte den Artikel über «Badwater» meinen Sportsfreunden Eberhard Frixe und Uli Weber und erzählte ihnen, dass ich dort unbedingt hinwollte. Dann fragte ich, ob sie nicht Lust hätten mitzukommen. Die zwei supertalentierten Jungs habe ich bei meinen zahlreichen Ultras kennengelernt, sie waren zu dieser Zeit Spitzenläufer mit Marathonzeiten von zwei Stunden und fünfzig Minuten. Die beiden waren sofort begeistert und sagten zu. Als wir dann in die Detailplanung übergingen, merkten wir schnell, dass dieser «Badwater»-Ausflug ein teurer Spaß werden würde: Knapp dreihundert Dollar Startgebühr musste man für die Stippvisite in die Todeszone hinblättern, dazu kamen noch zwei Helfer und ein Mietwagen, Hotels in Las Vegas, Equipment, Flüge und Verpflegung für die eigene Crew. Alles in allem kostete diese Rutsche durch die Wüste jeden Starter um die fünftausend Dollar. Dafür könnte man auch einen Monat lang in einem Luxus-Ressort auf Mauritius stressfrei am Strand herumliegen, mit allen Getränken inklusive.

Der beste Ausgangsort für das «Badwater»-Rennen ist und bleibt Las Vegas. Dorthin gibt es Direktflüge aus Deutschland, und man kann sich schon mal ein paar Tage vorab akklimatisieren, denn in Vegas ist es bekanntermaßen mit vierzig Grad im Juli schön brütend heiß. Im Death Valley aber, nur etwas mehr als zweihundert Kilometer weiter östlich, werden gern noch mal zehn Grad draufgelegt. Das ist ein Ofen, einer der heißesten Punkte der Welt. Er wird nicht umsonst das Tal des Todes genannt, weil hier schon viele Menschen ihren letzten heißen Atemzug getan haben.

Als ein Trupp von Siedlern vor zweihundert Jahren Richtung Westen vorrückte, kam er auch an den Rand dieser Salzwüste. Die Rastlosen wollten als Abkürzung das Tal einfach queren. Das war jedoch keine gute Idee. Einige sind dort nicht mehr lebend rausgekommen. Erst sind ihre Pferde und Ochsen verdurstet, danach sie selbst. Vorher haben sie noch einige Zugtiere verspeist und mit ihrem hölzernen Fuhrwerk das Fleisch gebraten. Die paar Leute, die diese wochenlange Odyssee überlebt haben, schleppten sich über den Wingate-Pass nach Süden. Dabei soll sich der Legende nach eine der Frauen aus der Survival-Gang umgedreht und dem Tal ein hasserfülltes: «Goodbye, Death Valley!» hinterhergerufen haben. So bekam dieser Höllenort angeblich seinen Namen. Wer glaubt, das seien alles Schauermärchen, der braucht nur mal eine aktuelle Lokalzeitung aufzuschlagen. Solche Geschichten ziehen sich bis in die Gegenwart. So ist beispielsweise einmal eine Dresdner Familie mit zwei Kindern mit dem Auto querfeldein über Schotterpisten durch das Tal gefahren, um irgendwo dort eine Wanderung zu machen. Allein die Idee ist schon abenteuerlich. Außerdem hatten sie niemandem

Bescheid gesagt, wo sie hinwollten. Irgendwann war der Tank leer und auch das mitgenommene Wasser alle. Der Pick-up wurde vier Monate später von der US-Luftwaffe geortet; die ausgetrockneten Körper, oder vielmehr das, was davon noch übrig war, fand man erst dreizehn Jahre später kilometerweit weg von ihrem Auto. Die Rangers sind deshalb mittlerweile übervorsichtig und halten viele Touristen an, um die Autos zu checken, ob genug zu trinken an Bord ist, falls es eine Panne geben sollte. Die Empfehlung geht von mindestens zwei Gallonen pro Kopf aus, das sind knapp acht Liter pro Tag. Im Sommer darf man mit einem Wohnmobil erst gar nicht in das Tal hineinfahren, weil die Dinger dann komplett überhitzen.

Die vierhundert staatlichen Nationalparks in den USA ziehen täglich die beeindruckende Zahl von einer dreiviertel Million Besuchern an, um das Death Valley machen die meisten aber einen großen Bogen. Nur die wirklich Harten fahren durch das Tal, in dem es eigentlich nichts zu sehen gibt. Tiere und Pflanzen sind hier Mangelware, erst in den höheren Lagen gibt es von den Goldsuchern eingeschleppte Mäuse und Ratten und die weltbekannten Joshua Trees, eine Agavenart, nach der Bono und seine Band «U2» sogar mal ein Album benannt haben. Hohe Berge rahmen diese einzigartige Wüste ein, die sich mit einer in der Mitte durchgehenden Ebene scheinbar bis zum Ende der Welt schlängelt, und das wiederum kann man einfach nicht sehen, geschweige denn erahnen. Sandfarbene Steinkolosse umrahmen die von Wind und Wetter ausgewaschenen Canyons in den Gebirgszügen, die vor Jahrtausenden durch reißende Fluten geschaffen wurden. Das Wasser ist verschwunden, aufgesogen von dem durstigen Land. Lässt man seinen Blick über diese Kulisse schweifen, bekommt man unweigerlich das Gefühl, dass man wahrscheinlich einer der wenigen Glücklichen ist, die den nächsten Quadratmeter als erster Mensch überhaupt betreten.

Das Farbenspiel erfasst einen in seiner ganz eigenen, schaurigen Schönheit von sanft gelbem Licht im Morgengrauen, wenn die Sonne das Tal innerhalb weniger Minuten überstrahlt; tagsüber in gleißenden, fast schmerzhaft in den Augen brennenden Strahlen bis hin zu einem rot glühenden, den ganzen Körper durchwärmenden Glanz in der letzten Stunde vor dem Sonnenuntergang. Es ist ein spartanisches Naturschauspiel, das völlig ohne Flora, Fauna und Wasser auskommt. Nichts lenkt einen ab bei der Betrachtung der endlosen Weite, die allein aus Sand und Stein besteht. Man sucht sich einen ganz bestimmten Punkt in der trostlosen Mondlandschaft, verharrt minutenlang und schwenkt mit den Augen den nicht enden wollenden Horizont ab. Was einen da ereilt, kann man getrost als Ehrfurcht bezeichnen. In jeglicher Hinsicht. Man ist völlig in sich gefangen, weil es so unheimlich still ist, dass man außer den leichten Windstößen, die mit Sand gesättigt das Geröll umspielen, nur seinen eigenen Herzschlag hört. Ich bekomme heute noch ein wohliges Gefühl, wenn ich daran denke, wie ich allein am Rand des Death Valley saß und in den Sonnenuntergang hinabschaute.

Ich habe noch nie vorher so in mir geruht.

Von der Gebirgskante fährt man hinab nach Badwater, das seinen Namen durch den verkrusteten Salzsee bekam, der auf seiner ganzen Fläche so aussieht, als ob es gestern erst geschneit hätte. Dort unten sind wir morgens um sechs gestartet, in der ersten von insgesamt drei Gruppen mit je dreißig Teilnehmern. Zu diesem Zeitpunkt kam die Sonne schon brachial hinter den Gipfeln hervor, und die Temperatur erreichte dadurch gleich auf unseren ersten Kilometern die Vierzig-Grad-Marke. Es sollte an diesem Tag noch hochgehen bis auf zweiundfünfzig Grad. Du hast das ständige Gefühl, dass dir die Sonne die Haut wegbrennt. Man kommt sich vor, als ob man auf einem Laufband in einer Sauna rennt. Und der Wind ist wie ein Föhn, der dir in die offenen Augen bläst.

Für Eberhard Frixe war das Rennen bereits nach zwanzig Kilometern vorbei. Er war dehydriert, faselte nur noch zusammenhangloses Zeug, taumelte dabei völlig orientierungslos auf der Straße herum und wäre dabei fast von einem entgegenkommenden Truck umgefahren worden. Das konnte nur passieren, weil sein Begleitfahrzeug nicht in der Nähe war, als er die Probleme bekam. Und das ist das Allesentscheidende bei so einem Wettkampf: Das eigene Team ist die halbe Miete. Die Crew, die den Läufer über die ganze Strecke mit Flüssigkeit und Nahrung versorgt, besteht laut der Regularien aus mindestens zwei Leuten in einem Auto. Sie müssen ihren Sportler ständig im Auge behalten, dürfen nie mehr als ein paar hundert Meter vorfahren oder zurückbleiben. Eberhard hatte Glück im Unglück: Zufälligerweise kam eine TV-Crew vorbeigefahren, die rettete ihn, bevor er bewusstlos in den Straßengraben fiel. Er hatte einen kompletten Blackout, konnte sich im Nachhinein an diese Momente nicht im Ansatz erinnern und realisierte erst Stunden später, dass er dabei fast draufgegangen wäre.

Wenn die Sonne im Zenit steht, wird die Hitze immer unerträglicher. Die Bilder, die auf dem heißen Asphalt tanzen, wirken wie Fotos mit einer wabernden Unschärfe, sodass man denkt, man lebe und gehe in einem Tagtraum. Es ist so heiß, dass man überhaupt nicht schwitzt, weil das Wasser auf der Haut in der flimmernden Luft sofort verdampft. Man bekommt alle Viertelstunde eine Flasche Wasser von seiner Crew gereicht, dazu ein eisgekühltes Handtuch, welches man sich auf den Kopf legt, damit einem der Schädel nicht platzt. Zusätzlich wird man noch mit eiskaltem Wasser durch einen Zerstäuber bespritzt, um seinem Körper das Gefühl zu geben, eine Art von Regen nahe dann doch bald. Es ist einfach unvorstellbar, wie viel Wasser man über die Haut transpirieren kann.

Nach knapp achtzig Kilometern erreicht man Stovepipe Wells, einen Ort, der nur aus einem einzigen Motel, einem Saloon und einer Tankstelle besteht. Hier machte ich meine erste längere Pause von einer halben Stunde. Vor den Gästezimmern gibt es einen kleinen Pool, da habe ich mich samt Klamotten reingeschmissen, um körperlich ein wenig runterzufahren. Dieses Planschbecken muss wahrscheinlich ganzjährig nicht geheizt werden, allein von der sengenden Sonne war es kochend heiß. Als ich eintauchte, kam ich mir vor wie ein Hummer im Siedekessel.

Ich habe dann die erste feste Nahrung des Tages zu mir genommen, eine leckere Tüte mit bissfesten Nudeln, und mich wieder auf den Weg gemacht. So ging es hinein in die erste Nacht. Die dreißig Kilometer bergauf im Blick, die einem endlos erscheinen, allein kaschiert durch die Dämmerung, die ein wenig verbirgt, dass es kaum vorwärtsgeht. Was einen von den eigenen Schmerzen beim Gehen ablenkt, ist dieser unfassbare Sternenhimmel. Das ganze Firmament ist übersät von leuchtenden Punkten, kein Licht von illuminierten Menschenansammlungen wie etwa Großstädten oder Flughäfen kann in seiner Reflexion hier in dieser Wüste den Anblick trüben. Selbst die Milchstraße, von der ich bis dahin nur gehört hatte, bekam ich in ihrer vollen Pracht zu sehen. Der Himmel ist so überfüllt von Tausenden von Lichtern, dass man selbst den Klassiker, den Großen Wagen, ohne ewige Sucherei ausmachen kann. Man bekommt das erste Mal eine reale Vorstellung von dieser unglaublichen Zahl an Sternen – davon, dass es mehr Sterne im Universum gibt als Sandkörner an sämtlichen Stränden unseres Planeten. Dazu kommt noch die atemlose Stille, die einen umgibt, nur unterbrochen von einigen Krähenlauten und dem heißen Wind, der einem um die Ohren spielt.

Hat man die unscheinbare Bergkuppe erreicht, geht es auf einmal ganz steil wieder runter. Nach etwa zehn Stunden Rennerei durch die pechschwarze Nacht kommt man schließlich unten im Tal von Panamint Springs an, dort begrüßt einen gegen fünf Uhr schon wieder die Sonne. Hier traf ich auch Uli Weber, er stand am Straßenrand mit seiner Crew und ließ sich seine müden Knochen massieren. Eberhard war auch mit an Bord. Man hatte ihn nach seinem unfreiwilligen Ausstieg ins Hotel gefahren, dort hatte er sich unter ärztlicher Beobachtung wohlklimatisiert ausgeruht und seine Dehydrierung mit literweise Wasser und Cola bekämpft. Er machte optisch wieder einen fitten Eindruck und gehörte ab sofort zu unserem Betreuerstab. Das machen die meisten Läufer, wenn sie aus dem Rennen aussteigen und körperlich noch nicht vollends kaputt sind. Sie versuchen, die anderen Mitstreiter mit ins Ziel zu bringen.

Zwölf Stunden später spürte ich einen brutalen Druck auf der Blase. Beim anschließenden Wasserlassen wunderte ich mich, warum mein Urin so extrem braun war. Ich dachte mir jedoch nichts weiter dabei, sondern vermutete, dass dies von den Powergels kommen musste, die ich zu mir genommen hatte. Seit dem Start hatte ich schon insgesamt fünfundfünfzig dieser Päckchen mit ekligem Schokoladengeschmack reingestopft, also ungefähr jede dreiviertel Stunde eines. Das Zeug kam mir regelrecht aus den Ohren raus; auch heute noch, wenn ich nur daran denke. Der nicht von der Hand zu weisende Vorteil ist, dass sie leicht verdaulich für den Magen sind und mir wirklich einen kleinen Schub verpassten, auch wenn ich mir das vielleicht nur einbildete. Einen Nachteil gibt es allerdings auch: Die kleben im Mund wie flüssiger Kaugummi. Bei meiner nächsten Pinkelpause lief dann nur noch rote Flüssigkeit heraus. Das sah aus wie Blut, alles komplett rot. Wow, dachte ich, das ist mal was ganz Neues. Im Nachhinein betrachtet, war das nicht ganz ungefährlich. Blut im Urin ist ein Zeichen dafür, dass man kurz vor dem prekären Moment angelangt sein kann, in dem einem gleich die Nieren versagen. Der Körper ist am Limit und hat nicht einen Tropfen Wasser mehr übrig zum Spülen. Dann pumpen die Nieren eben Blut. In dieser Form habe ich das glücklicherweise nie wieder erlebt. Ich behielt es aber für mich, weil ich wusste, wenn ich das unter Schmerzen dem Rennarzt erzähle, bin ich sofort raus aus dem Wettkampf. Ich entschied dagegen leicht schockiert insgeheim, zwei, drei Gänge zurückzuschalten und mir Wasser ohne Ende reinzukippen. Und das hat letztlich funktioniert. Ich fing mich wieder, und die extremen Probleme beim Wasserlassen ließen nach. Mein Urin sah zwar immer noch etwas hellrot aus, aber es war nicht mehr ganz so schlimm.

Nach der zweiten durchgelaufenen Nacht schreitet man, nur noch sporadisch zu einem kurzen Trab fähig, stundenlang auf einer Ebene aus dem Death Valley heraus, die Gebirgskette mit dem Mount Whitney schon im Blick. Und die macht den Anschein, nicht näher kommen zu wollen. Nach dem Ort Lone Pine, der letzten Zeitkontrolle vor dem Berganstieg, geht es hoch auf knapp dreitausend Meter bei einer Steigung von bis zu achtzehn Grad. Eberhard begleitete mich die unmenschlichen vier Stunden den Berg hinauf, erzählte mir von seinen irren Lauferlebnissen und machte mir dadurch diesen schmerzhaften Gang erträglicher, weil er mich durch sein ständiges Schwatzen von meinen eigenen körperlichen Qualen ablenkte. Nach insgesamt fünfundfünfzig Stunden und acht Minuten stand ich im Ziel, mitten in einem Nadelwald. Hier fallen sich dann alle in die Arme: Konkurrenten, Verfolger, Sieger und Verlierer. Aber gewonnen haben am Ende alle, denn ein jeder bekommt eine Blechmedaille für seine Teilnahme und einen feuchten Händedruck. Ich war am Ende echt froh, diesen Wahnsinn überlebt zu haben. Uli Weber war unter der magischen Grenze von achtundvierzig Stunden im Ziel angekommen. Wer unter diesem Zeitlimit bleibt, bekommt nicht nur eine Medaille, sondern zusätzlich noch einen Buckle, so eine typische silberne Schnalle, gemacht für einen amerikanischen Cowboy-Gürtel. Das Ding selbst ist nicht gerade ein Schmuckstück und sieht ziemlich billig aus, aber wenn du den Buckle einmal hast, dann bist du der King Kong des Laufsports. Da sind alle ganz scharf drauf.

Eberhard hat es sich nicht nehmen lassen, direkt ein Jahr später wieder beim «Badwater» zu starten, diesmal lief er bis hoch auf Platz sechzehn und hat sich sofort seinen Buckle umgeschnallt. Und er hat das nicht nur einmal durchgezogen, sondern knallhart jedes darauffolgende Jahr, und das neben seinem aufreibenden Job als Manager bei Siemens. Krachte der Startschuss in Badwater, war Eberhard dabei. Immer, wenn er mich zu Hause bei meiner Familie besuchte, legte er sich seinen neuesten Buckle an und sagte: «Joey, schau mal, so sieht die Trophäe von «Badwater» aus! Und du hast immer noch keine!»

Das tat wirklich weh, und ich wusste, irgendwann muss ich wieder dahin und mir endlich diesen Buckle holen.

Der «Badwater» entwickelte sich über die Jahre zu einem Kultlauf, er gilt inzwischen als der brutalste Langstreckenwettkampf weltweit. Die Startgebühr liegt mittlerweile schon bei tausend Dollar. Man kann sich zwar offiziell dafür bewerben, aber zugelassen werden ausschließlich Leute, die nachweisbar Erfahrung im Ultrabereich haben. Dadurch besteht das Teilnehmerfeld nicht mehr nur aus Amateuren, sondern auch Spitzenläufer und Profis wollen sich den Buckle holen. Wenn du das Ding geschaukelt hast, dann bist du ein gemachter Mann. Dazu muss man nicht einmal auf dem Siegerpodest stehen, das Ankommen allein reicht. Für die gnadenlose Hatz, die einen da erwartet, spricht auch das Zeitlimit, welches der Veranstalter nochmals verschärft hat. Früher galt man als «DNF», die Abkürzung von «Did not finished», wenn man entweder selbst die Reißleine gezogen oder die Zeit von sechzig Stunden überschritten hatte. Jetzt muss man schon unter achtundvierzig Stunden ins Ziel kommen, sonst kriegt man das «DNF». Nur, wenn du unter diesem Limit bleibst, bekommst du einen Buckle. Wenn das so weitergeht, werden die in ein paar Jahren die Gürtelschnalle wahrscheinlich nur noch für die Leute unter vierzig Stunden Laufzeit herausrücken. So verdichtet sich das immer mehr, es hat mittlerweile Prestige-Status erlangt. Das merkt man auch daran, dass das Logo von «Badwater» in der Szene zum absoluten Kult geworden ist, vergleichbar mit dem von Harley Davidson, das Rocker auf der Lederjacke tragen und sich zusätzlich noch auf den Oberarm tätowieren lassen.

Latscht jemand mit einem «Badwater»-Shirt durch die Gegend, wird ihm in der Laufszene gehuldigt, als ob er ein Heiliger wäre. Und wenn man bei einem ganz normalen Stadtmarathon mit einem Buckle von «Badwater» herumläuft, dann machen alle Platz. Die anderen knien quasi nieder, so ungefähr fühlt man sich jedenfalls.

Genau zehn Jahre nach meinem ersten Start in Badwater war ich bereit für einen erneuten Versuch, um mir endlich so einen Buckle zu schnappen. Ich war in der Zwischenzeit nicht untätig gewesen: Ich hatte bereits neun Wüsten durchquert, über einhundert Langstrecken und Marathons in den Beinen, dazu das Langstreckenrennen mit dem Fahrrad quer durch die USA und einen Fußmarsch zum Südpol. Ich wusste, dass mir diese ganzen Erfahrungen in die Karten spielen würden und mir die mörderische Hitze bestimmt nicht mehr so zu schaffen machen würde wie beim ersten Mal. Ich war wieder in der ersten Gruppe um sechs Uhr morgens. Eberhard war natürlich auch am Start, er wollte sich bereits sein achtes Silberteil im Ziel umschnallen. Aber es lief alles ganz anders als geplant.

Bei den ersten dreißig Kilometern merkte ich schon, dass es härter würde als gedacht, und ich war mir auf einmal nicht mehr sicher, ob ich die achtundvierzig Stunden überhaupt knacken konnte. Ich wollte mich eigentlich gemütlich an den Lauf akklimatisieren. So weit der Plan, aber die Hitze machte mir einen Strich durch die Rechnung. Sie ist nicht nur unberechenbar, sondern auch gefährlich für Körper und Geist. Von einem Moment auf den anderen übernimmt sie das Kommando über deinen laufenden Körper und kocht dir das Hirn weich. Und das denkt dann einfach nicht mehr mit und stoppt ohne Rücksprache die bis dahin so gut funktionierende Befehlskette an die Beine. Ohne seine vorher zurechtgelegte Strategie, die man vor physischen Schmerzen nun nicht mehr umzusetzen weiß, ist man völlig aufgeschmissen. Ich wollte eigentlich immer schön in Etappen denken und nicht an das Ziel. Ich musste aber schließlich ernüchtert feststellen, dass es nur noch darum ging, den Lauf ganz gemächlich durchzuziehen, damit ich hinten heraus noch genug Kraft besaß, um es überhaupt zu schaffen. In der ersten Nacht konnte ich ordentlich Kilometer aufholen, weil die Temperaturen mit achtunddreißig Grad einigermaßen erträglich wurden. Auch mein Pausenrhythmus war straffer getaktet als bei meiner ersten Teilnahme. So holte mich meine Crew nur noch alle sechs Stunden für eine kurze Pause von der Piste runter, und zwar für maximal eine Viertelstunde. Da gab es dann eine Lockerungsmassage für Ober- und Unterschenkel, reichlich flüssige Elektrolyte und ein paar Kekse, Schokolade oder Instant-Nudeln. Zum Schluss eine Handvoll Sonnencreme mit Lichtschutzfaktor 50 ins Gesicht geklatscht, und es ging wieder zurück auf die Strecke.

Durch meine jahrelangen Erfahrungen im Ultrasport habe ich gelernt, mich von dem Spitzenfeld nicht beeindrucken zu lassen. Lieber langsam und entspannt in das Rennen hineinkommen, anstatt schon nach der Hälfte wie ein kleiner Mops Schnappatmung zu bekommen und das Ziel gerade so mit letzter Puste zu erreichen. Ich bleibe bei diesen Nonstop-Wettkämpfen zu Anfang immer im Hintergrund, erst nach sechs bis zehn Stunden falle ich in meinen geliebten Trainingstrott, der mir eine beruhigende Sicherheit gibt. Bei solchen Extremläufen zählt nur eine einzige Regel: Man muss Geduld haben und darf den Glauben an sich selbst nie verlieren. Das hat bis jetzt in jeder Wüste bestens funktioniert.

Mit meinem kleinen, gedrungenen Körper besitze ich nicht gerade die Idealfigur eines Sprinters, aber meine jugendlichen Erfahrungen als Kickboxer haben mich für meine sportliche Zukunft bestens gerüstet. Ich war als Teenager schon nicht besonders groß oder schnell, hatte dafür aber immer den längeren Atem. Ich wartete einfach ab, bis sich mein Gegner an mir abgearbeitet hatte. Und Geduld hatte ich ohne Ende. Wenn meinem Rivalen dann langsam, aber sicher die Puste ausging und die Kräfte nachließen, wurde er unkonzentriert. Das war mein Moment. Da reichte meistens ein gezielter Schlag, und der Kampf war vorbei. Das lässt sich vom Prinzip her auch auf jedes Rennen heutzutage übertragen, denn ich laufe nie gleich in der Spitzengruppe mit. Und dadurch denken alle gleich, der Kelly ist aber heute schlecht in Form. Ich habe schon oft in erstaunte Gesichter geschaut, und zwar in solche, die dachten, der Typ ist so weit zurückgefallen, den sehen wir heute nicht mehr, der macht sowieso gleich schlapp und fliegt direkt wieder nach Hause. Dann aber habe ich sie immer eines Besseren belehrt. Das Hauptfeld wird durch stupide Temposteigerung ganz einfach von hinten aufgerollt, so einfach ist das. Nicht die tollen Sportlerhemden, die zahllosen Mini-Wasserflaschen am Gürtel und der Pulsmesser, mit dem viele ihren Brustkorb ohne Not zuschnüren, sind das Beeindruckende beim Laufen, sondern einzig und allein der Zieleinlauf. Es geht um nichts anderes. Kommst du völlig fertig an und siehst aus wie ein Kohlenschlepper nach zwei Sonderschichten, interessiert das einen Tag später keinen Menschen mehr. Aber die Platzierung kann man bis in alle Ewigkeiten nachlesen. In der Atacama-Wüste und Gobi habe ich das so durchgezogen, bis ins Ziel. Am Ende war ich bei beiden Wettkämpfen auf Platz vier gelandet. Und habe ungläubiges Kopfschütteln von Läufern bemerkt, die ich noch ein paar Stunden zuvor überholt hatte.

Bei dem «Badwater»-Lauf sieht die Geschichte ein wenig anders aus. Da schlägt die unbeschreibliche Hitze noch auf die Taktik obendrauf. Nur mit entspanntem Joggen allein ist diese Aktion durch das Tal des Todes nicht zu meistern. Das merkte ich kurz nach Stovepipe Wells, dem Motel mit dem Brüh-Pool. Mein Magen wollte die Handvoll kalte Nudeln, die ich mir eine Stunde vorher mit leichten Schluckbeschwerden einverleibt hatte, nicht wirklich in einen gemäßigten Verdauungsprozess überleiten. Das äußerte sich dahingehend, dass ich vom Gefühl her einen Bauch wie eine Biertrommel mit mir herumschleppte, der in sich gärend ganz schnell nach einem Druckventil suchte. Und das war mein geöffneter Mund. Ich habe gekotzt wie ein Pferd. Es kam ein Strahl herausgeschossen, als ob ich damit Zielweitwurf machen wollte. Ohne auf die Konsistenz im Detail eingehen zu wollen, kann ich sagen, dass von den Nudeln auf dem Asphalt nicht mehr viel zu sehen war. Es waren einfach nur etwa drei bis vier Liter Flüssigkeit, die sich ohne meine ausdrückliche Erlaubnis ihren Weg in die Freiheit gebahnt hatten.

Es kam alles raus, was drin war. Alles.

Wenn dich so eine Rückrufaktion mitten in der Wüste ereilt, dann hast du ein Problem. Das ist nicht ungefährlich, wenn man seinen gesamten Mageninhalt auf die Straße kippt. Die nächste halbe Stunde dehydriert man unweigerlich, weil der Magen sofort rebelliert und sich impulsiv dagegen wehrt, wenn man mit devoter Mäßigkeit versucht, den Flüssigkeitsverlust wieder auszugleichen. Der Kampf gegen die Dehydration wird zum Psychodrama. Man darf nur kleine Mengen trinken, alles über einen halben Liter kotzt man sofort wieder aus. Immer wieder habe ich einen kleinen Schluck genommen, dann bin ich eine Minute weitergerannt. Das ging die nächsten zwei Stunden so, bis sich mein Magen seiner Krämpfe halbwegs entledigt und die Würgerei ein Ende hatte. Vor zehn Jahren hätte ich diese Krise nicht so

einfach weggesteckt. Ich hätte das Rennen in dieser Phase garantiert aufgegeben. Jetzt aber rannte ich einfach weiter.

Kommt man dem Ziel näher, ist es bei einem Zeitrennen von Vorteil, wenn dir einer im Nacken sitzt, da hat man wenigstens diesen imaginären Druck, immer schön das Tempo zu halten. Wenn man sich umdreht und man sieht seinen Verfolger am Horizont, dann laufen die Beine fast von allein. Und irgendwann musste ich Eberhard in meinem apathischen Trott überholt haben. Jedenfalls war er nicht mehr vor mir, so wie den ganzen Tag zuvor. Wie ich später erfahren sollte, ist er hinter mir während einer kurzen Pause am Straßenrand im Sitzen zusammengeklappt. Aus dem Nichts heraus rollte er mit den Augen und kippte einfach um. Seine Crew dachte sofort an das Schlimmste: Herzinfarkt. Eberhard war aber noch halbwegs ansprechbar, sie packten ihn sofort in den Crew-Wagen und kühlten die Karre mit der Klimaanlage so weit runter, dass er wieder einigermaßen zur Besinnung kam. Die Situation war extrem kritisch und nicht mehr überschaubar. Eberhard war völlig außer sich, lallte nur noch irgendwelchen Unsinn. Als er wieder einigermaßen klar denken konnte und sich seines Zustandes annähernd bewusst wurde, flüsterte er fast flehentlich: «Bitte holt mich nicht aus dem Rennen!» Dabei faltete er beide Hände, so als ob er beten würde.

Aber seine Crew hatte kein Mitleid.

Der Rennarzt im nächsten Ort, zu dem sie Eberhard kutschierten, war schon voller Vorfreude auf sein nächstes Opfer und diagnostizierte kurzerhand bei Eberhard eine klassische Dehydration. Nicht mehr und nicht weniger, nur dass diese wohl schon sehr schlimm war und sich in einer völlig konfusen Art darstellte. Der Zweiundsechzigjährige war nicht mehr Herr seiner Sinne, faselte ohne Unterlass irgendwelches zusammenhangloses Zeug und verdrehte dabei ständig seine Augen. Die linke Hand zappelte ohne Unterlass, und keiner verstand ein

Wort von dem, was er der völlig entgeisterten Belegschaft mitteilen wollte. Eine Infusion, die ihn schnell wieder auf die Beine gebracht hätte, lehnte Eberhard vehement ab, denn das hätte unweigerlich seine Disqualifikation bedeutet. Der Mediziner sah das alles sehr entspannt und meinte, solange der Läufer noch selbständig trinken könne, sei er damit einverstanden, ihn weiterlaufen zu lassen. In keinem Rennen der Welt würde einer das so durchgehen lassen. Aber Eberhard hat alle zurechtgebügelt, die im Raum standen, und brüllte: «Das ist mir alles scheißegal, ich laufe weiter! Ob ihr wollt oder nicht!» Das hat den Arzt dann wohl in letzter Konsequenz davon überzeugt, dass es Eberhard wirklich ernst meinte.

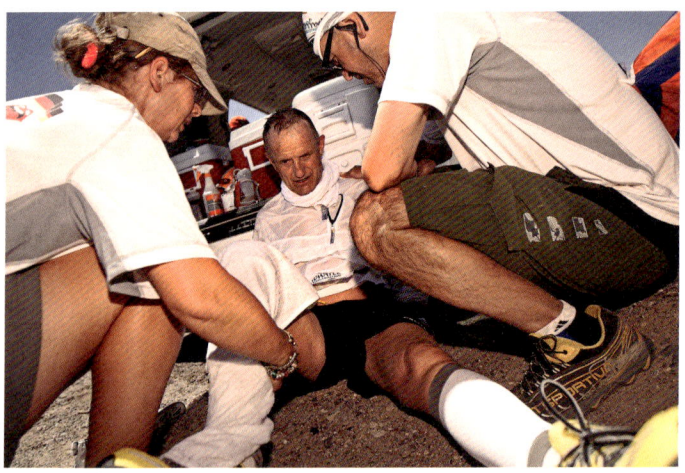

Nach drei Stunden Flüssigkeitszufuhr machte sich Eberhard wieder auf den Weg. Er hatte sich tatsächlich wieder gefangen und hat das Rennen schließlich so beendet, als ob nichts gewesen wäre. Er kam drei Stunden nach mir ins Ziel, also genau die zeitliche Differenz, die er notgedrungen hatte Pause machen müssen. Ganz locker ist er durchgelaufen, ohne die geringsten

Probleme. Das hat mich mal wieder davon überzeugt, dass es kein Limit gibt. Selbst wenn du denkst, du hast dich gerade eben selbst von dir verabschiedet, gibt es noch einen Ausweg. Einfach weitermachen. Alles andere kann man nicht beeinflussen.

Ich bin stumpf durchmarschiert und kam nach dreiundvierzig Stunden und zweiundzwanzig Minuten ins Ziel. Damit hatte ich endlich meinen Buckle, und alles war gut. Im Vergleich zu meiner ersten Teilnahme bei «Badwater» war ich fast zwölf Stunden schneller unterwegs, obwohl ich mittlerweile zehn Jahre älter war. Die Erklärung dafür ist total simpel: Im Ausdauersport wird man mit zunehmendem Alter immer besser, wenn man effektiv trainiert und sich die Kräfte ordentlich einteilt. Früher habe ich bei jedem Ultralauf schon bei der ersten Krise daran gezweifelt, ob ich das Ding überhaupt schaffen kann, und stets den Gedanken weiter vor mir hergeschoben, ganz einfach auszusteigen. Aber trotzdem habe ich mich letztlich immer irgendwie ins Ziel geschleppt. Heutzutage teile ich mir meine Kraft ganz anders ein. Es hat sich durch die Tausende Kilometer Lauferfahrung ein unterbewusstes System in meinem Kopf eingepflanzt, das mich nicht im Ansatz mehr daran zweifeln lässt, ob ich den Wettkampf erfolgreich zu Ende bringen kann. Den festen Glauben daran habe ich jetzt bereits an der Startlinie, bevor ich die ersten Schritte gemacht habe. Klar schaut der innere Schweinehund gern mal um die Ecke und macht dich nervös. Aber heute gehe ich ganz einfach nicht mehr so blauäugig in ein Rennen, ich teile mir meine Reserven viel effizienter ein, quäle mich auch mehr und jammere nicht mehr so viel herum. Das kleinste Wehwehchen oder eine brachiale Kotzerei bringen mich nicht mehr aus dem Tritt. Das wirkt auf mich nicht mehr kontraproduktiv, sondern eher motivierend. Man zieht das einfach durch.

Und solange man gesund bleibt und die Knie das mitmachen, geht das immer schön so weiter.

DIE VERLORENEN
SÖHNE DER WINNEBAGO

Um dreizehn Uhr sind wir in Cedar City, einer überschaubaren Kleinstadt auf einer Höhe von knapp zweitausend Metern. An der ersten Tankstelle im Ort füllt Familie Bergmann ihren fast leergelutschten Tank und rollt nach einem herzlichen Abschied ohne mich weiter in Richtung Bryce Canyon. Ich werde versuchen, gleich wieder eine Mitfahrgelegenheit zu erwischen. Vorher kaufe ich mir noch eine kleine Zwischenmahlzeit: Ein eingeschweißtes, pappiges Sandwich und eine Cola müssen reichen. Mein Ziel ist die Interstate 70 nach Denver, bis zu dem Autobahnkreuz sind es noch gute hundert Kilometer, und da muss eigentlich jeder dran vorbei, der nach Norden fährt, denn es gibt keine alternative Streckenführung.

Und tatsächlich hält schon nach kurzem Warten ein zerbeulter, weinroter Pontiac mit drei jungenhaft aussehenden Indianern neben mir. Bereits als ich einsteige, beschleicht mich das unsichere Gefühl, es bei dem Fahrer mit einem Ex-Knacki zu tun zu haben. Das Erste, was ich sehe, sind die großflächigen Tattoos auf seinen Armen. Ozzy gehört zum «Bear-Clan», der Bären-Gang, wie er mir erzählt. So nennt sich eine Truppe von etwa dreißig Halbstarken aus Cedar City, die ein paar Straßenblocks im Nordwesten der Stadt ihr Eigen nennen.

«Ja, ich war schon ein paarmal im Knast», gibt Ozzy zu.

«Was heißt ein paarmal?»

«Einundzwanzigmal, um genau zu sein. Aber zum Glück immer im Jugendknast. Wenn die mich jetzt noch mal einlochen, dann komme ich in einen ordentlichen Strafvollzug, dort wird es dann richtig ungemütlich, denn im Knast stehen die Indianer ganz unten in der Hierarchie. Noch hinter den Mexikanern.»

Die drei Jungs wollen einen Onkel in Salina besuchen. Amado, der sechzehnjährige Cousin von Ozzy, der mit seinem drei Jahre jüngeren Bruder Shonni auf der Rückbank hockt und Kette raucht, hat auch schon ein Gefängnis von innen gesehen. Ihn hat die Polizei aus dem Straßenverkehr gezogen, vollgepumpt mit Alkohol und Drogen. Das Resultat war eine Woche Gefängnis, Sozialdienst in einer städtischen Einrichtung plus ein Jahr Bewährung. Wird er in dieser Zeit noch mal erwischt, geht er für ein Jahr hinter Gitter. Ein Waisenknabe im Vergleich zu Ozzy. Der ist erst neunzehn und hat schon seine halbe Jugend im Gefängnis verbracht.

«Das erste Mal haben sie mich für zwei Wochen reingesteckt. Das war kurz nach meinem vierzehnten Geburtstag wegen einer handfesten Schlägerei in der Schule, da war unser Vater gerade erst ein Jahr tot.» Ozzy fummelt das Feuerzeug aus der Konsole und zündet sich eine Zigarette an.

«Wurde er umgebracht?», will ich wissen.

«Nein, schlimmer. Er starb einen ganz unwürdigen Tod. Lungenkrebs, und das mit sechsundvierzig! Er hat drei Jahre lang gelitten, bei unserer Mutter Mary hat man danach zu allem Übel auch noch ein Herzproblem entdeckt. Ich lebte mit meinen dreizehn Geschwistern allein zu Hause, weil unsere Mutter dann über Monate im Krankenhaus bleiben musste. Aber unsere Tanten und Onkels versorgten uns mit allem, was wir brauchten. Das ist der feste Zusammenhalt eines Stammes, niemals lässt irgendeiner den anderen allein mit seinen Problemen.»

«Dann verstehe ich nicht, wie du über zwanzigmal im Knast landen konntest! Da hat dich deine Verwandtschaft doch wohl komplett ignoriert.»

«Das hat ganz andere Gründe. Wenn du ganz unten bist, schon in der Schule als Indianer beschimpft wirst, setzt du dich irgendwann zur Wehr. Du bekommst die Abneigung gegen die Weißen regelrecht eingeimpft. Sie machen sich ständig lustig über uns, lachen uns aus wegen unserer langen Haare, wegen unserer Hautfarbe. Joey, wir sind keine Redskins, keine Rothäute! Was für ein Drecksschimpfwort!»

Wir Europäer bezeichnen Ozzys Volk als Indianer und das ist eigentlich total falsch. Für sie klingt das Wort herablassend, weil sie schließlich keine Inder – auf Englisch «Indians» – sind. Die leben irgendwo am anderen Ende der Welt, aber nicht in den USA. Sie nennen sich selbst «Native Americans», die Ureinwohner Amerikas. Und das ist ja auch mehr als korrekt. Sie hatten ihr Tipi auf dem Kontinent schon aufgeschlagen, bevor die Ahnen von Kolumbus überhaupt wussten, wie man ein Boot zusammennagelt.

«Und dann kommt der erste Joint, es geht immer weiter, irgendwann brauchst du jeden Tag dein Tütchen Marihuana. Du gerätst außer Kontrolle. Und wenn dich nur einer schief anschaut, ist es so weit, dann schlägst du einfach zu», fährt Ozzy fort.

«Ich besaß auch jede Menge Aggressionspotenzial in meiner Teenie-Zeit», versuche ich, völlig geplättet von diesem knallharten Lebenslauf, zumindest ein leichtes Verständnis rüberzubringen. «Wir waren auch ein Dutzend Geschwister, und alle mussten mit ran, um Geld zu verdienen. Und wenn du auf der Straße lebst, dann kämpfst du Tag für Tag: für Essen, Trinken, eine warme Übernachtung. Ich hatte genug mit falschen Leuten zu tun, das kannst du mir glauben. Da lernt man ganz schnell, wer es wirklich gut mit einem meint. Aber die Hand ist mir nie ausgerutscht. Ich habe meinen Frust gut beim Kampfsport abgebaut, da musste ich meine überschüssige Energie nicht an anderen auslassen.»

«Kampfsport ist das Coolste, was es gibt, Joey! Ich habe jahrelang Street-Fighting gemacht, damit kannst du echt eine Menge Geld verdienen.»

Das kannte ich nur aus irgendwelchen sinnlosen Schläger-Filmen. Kaputte Typen hauen andere kaputte Typen halbtot. Auf der Straße oder am besten in einem Drahtkäfig, damit der Unterlegene nicht abhauen kann, sondern schön in seine Einzelteile zerlegt wird.

«Ist das nicht illegal?»

«Ja, das wird nur im Untergrund durchgezogen. Leerstehende Fabrikhallen, alleinstehende Speicher, verlassene Gehöfte, sogar in einer Luxusvilla auf dem Land habe ich mal gekämpft. Da waren nur Mexikaner, die haben ordentlich Geld gesetzt. Da kassierte ich auch meinen Höchstgewinn, sechshundert Dollar. Das heißt, die haben insgesamt zwölfhundert Dollar auf den Kampf gesetzt, das muss man sich mal vorstellen! Die eine Hälfte wird an den Sieger ausgezahlt, die andere an die glücklichen Zocker. Das Geld habe ich dann meiner Mutter gegeben, damit sie die Schulden vom Krankenhaus schneller abstottern kann.»

«Da hast du doch bestimmt einen Kämpfernamen, unter dem du antrittst?»

«Wolverine, also Vielfraß, so hieß ich. Seit ich aus dem Knast raus bin, habe ich damit aufgehört. Einer meiner Cousins war der Chef von unseren Kämpfern. Er stand immer unter Drogen, besaß keinen Plan vom Leben und hat sich vor sechs Monaten eine Pumpgun in den Mund gesteckt und abgedrückt. Das war ein Tag nach seinem achtzehnten Geburtstag.»

Ozzy erzählt mir diese Geschichten ohne den Ansatz einer Emotion, so als ob er mir gerade von seiner letzten Klassenfahrt aufs platte Land berichten würde, wo nichts Nennenswertes vorgefallen ist.

«Das heißt, du hast eigentlich immer, wenn du gerade Mal nicht im Knast warst, Cage-Fighting gemacht?», hake ich nach.

«Stimmt, aber es gab auch nichts anderes. Die Schule war komplett egal. Wenn du gekämpft hast, warst du jemand. Du konntest dich beweisen, du konntest anderen zeigen, wie stark du bist, dir damit unheimlich schnell Respekt verschaffen. Das ist wichtig in unserer Gemeinschaft.»

Ozzy ist erst diesen Mai wieder entlassen worden, nach vierzehn Monaten Gefängnisstrafe wegen Körperverletzung. Er hat einen weißen Sheriff nach einer Verkehrskontrolle unsanft geschubst, wie er sagt. Dazu war er auch noch voller Dope. Die fünfzehntausend Dollar Strafe hat sein Stamm gezahlt, allerdings unter der Auflage, dass er während seiner vierjährigen Bewährungszeit einen festen Job nachweisen kann. Ozzy arbeitet jetzt schon einen Monat bei einer mexikanischen Fastfoodkette in der Küche und rollt Burritos. Was er verdient, interessiert ihn nicht. Denn sein Stamm finanziert Ozzy bis zum Lebensende.

«Man muss mindestens zu einem Viertel eine indianische Abstammung haben, dann bekommt man tausend Dollar pro Monat ab dem Tag der Geburt, die erste Monatszahlung allerdings erst mit dem achtzehnten Lebensjahr.»

Ozzy erzählt mir voller Begeisterung von seinem Stamm, dem «Winnebago Indian Tribe». Im tiefsten Wisconsin, wo dir nicht einmal der Fuchs gute Nacht sagt, haben sie aus dem Nichts eine Casino-Stadt hingebaut. Der Trick war die Zuteilung einer Glücksspiel-Lizenz, die sie dem Staat als Entschädigung für ihre Vertreibung in das «Black River Fall Reservat» abgeluchst hatten, meint er verschmitzt. Angestellt seien nur Indianer, ihr Bares am Spieltisch verzocken fast ausschließlich Weiße. So kaufen sich die Ureinwohner Amerikas ironischerweise das eigene Land systematisch mit dem Geld des weißen Mannes, der es ihnen einst gewaltsam genommen hat, zurück. Eigentümer der Casinos ist nicht nur der Häuptling, sondern ein jeder, der zum Stamm gehört. Und die bekommen eine regelmäßige Gewinnausschüttung. Man muss sich das wie einen Großkonzern vorstellen, der seinen Aktienbesitzern eine lebenslange Garantie überweist, und das, ohne jemals eine Einzahlung gemacht zu haben. Also glatt geschenkt. Einzige Bedingung: Du musst nachweislich zum Winnebago-Stamm gehören.

«Lass mich mal kurz überschlagen, also achtzehn Jahre mal zwölftausend Dollar, das sind mal locker zweihunderttausend Dollar!»

«Ja, da hat sich gut was angesammelt. Aber das lasse ich alles auf der Bank liegen.» Ozzy grinst nicht, er lächelt eher. «Irgendwann werde ich es brauchen, für meine Hochzeit, ein Haus und die Schule meiner Kinder.»

«Ich kann mir das zwar nicht vorstellen, aber das klingt ganz schön konservativ für einen Typen wie dich.»

«Ja, ich will Kinder haben, so viele, wie mir der Himmel schenken mag. Wenn ich meine Freundin heirate, und sie macht mittlerweile richtig Druck, denn sie ist schon achtzehn und wir sind seit einem halben Jahr verlobt, dann bekommt sie auch die tausend Dollar pro Monat, einfach so, fürs Nichtsmachen.»

«Dann braucht sie eigentlich nie mehr zu arbeiten, dann habt ihr zusammen im Monat zwei Riesen, und damit kommt man doch gut durchs Leben hier in Amerika, oder?»

«Wenn ich als anerkannter Nachfahre Kinder zeuge und damit unseren Stamm weiterführe, soll die Mutter meiner Kinder keine Existenzprobleme haben. Sie soll sich ausschließlich um das Wohl der Kinder kümmern. So ist die Regel. Und meine Kinder selbst bekommen dann auch die Stammeszahlung, somit sind wir für alle Zeiten abgesichert, egal was passiert. Und je mehr Kinder ich in die Welt setze, umso mehr Geld bekommen wir auch. Das ist gut zu wissen, da die Kohle dadurch immer mehr wird und ich von den Weißen nie abhängig werde. Und außerdem stärken wir unseren Stamm für die Zukunft durch viele Nachkommen. Wir müssen um alles auf der Welt vermeiden, dass wir aussterben. Die Weißen haben meinen Stamm in einem ungleichen Kampf besiegt, aber sie werden uns nie ausrotten können. Wir sind die wahren Amerikaner und überlassen den Weißen nicht unser Land. Niemals.»

BOXENSTOPP IN SALINA

An der Raststätte in Salina angekommen, versuche ich dann gleich, die nächste Möglichkeit für eine kostenlose Mitfahrt zu erwischen. Ich will hier keine Wurzeln schlagen, auch wenn Ozzy mir vorgeschlagen hat, ich müsste mir unbedingt diese berühmten Petroglyphen im «Fremont Indian State Park» anschauen, keine zwanzig Meilen südwestlich von Richfield. Da sollen Unmengen von asiatischen Touristen hinströmen, weil die uralten indianischen Felszeichen, gemalt an eine Steinwand, die Landung von Außerirdischen in diesem Ort beschrieben haben. Aber es ist schon achtzehn Uhr, und wenn ich vor Einbruch der Dunkelheit noch aus diesem Kaff wegkommen will, muss ich schauen, dass ich so schnell wie möglich den nächsten tramperfreundlichen Gesellen erwische.

Was mir bei meiner Warterei an der Tankstelle zum wiederholten Male auffällt, ist, dass viele Amerikaner kaum Wert auf eine modische Erscheinung legen. Sie sehen meistens so aus, als ob sie einfach das anziehen würden, was ihnen frühmorgens als Erstes aus dem Kleiderschrank entgegenfällt. Man kann anhand der Klamotten nicht wirklich auf den sozialen Status schließen. Der ältere Herr mit dem quietschbunten Hawaiihemd kann ein Harvard-Professor sein, der drahtige Typ im geschniegelten Anzug und leuchtfarbenen Sneakers der Vorstand einer Bank. Die Wasserstoffblondine im zerschlissenen T-Shirt, die an der Zapfsäule ihren zerbeulten Range Rover betankt, hat vielleicht gerade eine aktuelle Hit-Single in den Charts. In den USA ist es der Masse völlig egal, was man für Kleider am Körper trägt. Hier ist man das, was man ist, und das muss man nicht noch optisch hervorheben. Mit Understatement hat das aber herzlich wenig zu tun, fast schon eher mit einer gewissen Art von Ignoranz gegenüber den Zwängen der Mode-Industrie. Es wird getragen, was praktisch ist. Hauptsache, es ist bequem.

Nach zwei geschlagenen Stunden ohne jeden Erfolg fällt mir ein Pärchen mit vollgepacktem Pkw plus Anhänger ins Auge, oben auf dem Dach noch zwei festgezurrte Kanus. Mit einer kurzen Frage zu ihrem überdimensionalen Wassersportgerät bin ich sofort drin im Gespräch. Die beiden haben gerade in dem Motel gegenüber eingecheckt, weil sie heute nicht mehr weiterfahren wollen. Bis kurz vor Denver soll es morgen gehen, wahrscheinlich in irgendeinen tollen Canyon zum Kanufahren. Die Frau ist, wie sie mir erzählt, eine Art Landesmeisterin im Kajak. Und ich berichte ihr sogleich in epischer Breite von meinen absolvierten Laufdistanzen in den USA und dazu noch von dem Radrennen «Race Across America». Sport ist eine einfache Sprache, die verbindet. Die zwei bieten mir jetzt an, mich ein Stück mitzunehmen. Wir verabreden uns für morgen früh um sieben vor dem Motel.

Nachdem ich mein Zelt in einem hohen Gebüsch direkt hinter dem Schnellrestaurant «Denny's» aufgebaut habe, gönne ich mir eine Tankstellen-Dusche für fünf Dollar. Für dieses kleine Vermögen rieselt die Brause zehn Minuten lang, man bekommt ein frisches Handtuch und eine Mini-Flasche Duschgel. Eine Wohltat nicht nur für den Körper, sondern auch den Geist.

Als ich kurz vor Mitternacht im Schlafsack liege, kann ich ewig nicht einschlafen. Alle Einzelheiten der letzten Tage ziehen in meinem Kopf wie ein Film an mir vorbei. Ich vermische tatsächlich Erlebtes mit imaginären Geschichten aus meiner Vergangenheit und hoffnungsvollen Wendungen, die ich mir für meine Tour ersehne.

Heraus kommt ein totales Durcheinander, ohne dass eine konkrete Zuordnung überhaupt noch möglich ist.

Völlig fertig von diesen Gedankenspielen, muss ich irgendwann eingeschlafen sein.

NACHHILFEUNTERRICHT IN COLORADO

Meine Fahrer wollen nach Leadville, ein Kaff von knapp dreitausend Einwohnern mitten in Colorado, und wie sich herausstellt, sind sie kein Pärchen auf Urlaubsreise, sondern Vater und Tochter beim Möbeltransport. Denn Tochter Vanessa muss umziehen.

«Wo ich hinziehe, leben viele Mexikaner, da hat kaum einer Arbeit, geschweige denn genug Geld, um seinen Kindern ein halbwegs ordentliches Leben zu ermöglichen. Das fängt bei Klamotten an, über Arztbesuche bis hin zu eigenen Hobbys. Und was machen die Kids, wenn sich keiner wirklich um sie kümmert? Sie schwänzen die Schule, hängen den ganzen Tag auf der Straße rum und drehen sich einen Joint. Und kommen vor lauter Langeweile auf ganz blöde Ideen.»

Wir zuckeln ganz gemütlich in dem vollgepackten Kleinwagen auf der Interstate 70 in Richtung Denver, hintendran der Anhänger mit dem gesamten Besitz von Vanessa, einem mädchenhaften Wesen mit Basecap und Pferdeschwanz, kurzen Jeans und Flip-Flops. Ihre Vorfahren decken das komplette Portfolio der amerikanischen Einwanderergeschichte ab: In ihrem Stammbaum tummeln sich Mexikaner, Indianer, Iren und Franzosen. Die Vierunddreißigjährige wählt ihre Worte mit Bedacht, spricht langsam und deutlich. Ich denke mal, das ist berufsbedingt. Die Geschichtslehrerin hat ihren Job in Los Angeles gekündigt, um sich nun ehrenwerterweise um mexikanische Migrantenkinder zu kümmern, und das mitten in der Pampa von Colorado.

«Die Mädchen dort sind mit fünfzehn schwanger, bekommen die Schule nicht beendet und landen auf der Straße. Und dann ist meistens schon das zweite Kind unterwegs. Das musst du dir mal vorstellen, Joey! Noch nicht mal volljährig, und das ganze Leben ist eigentlich schon vorbei. Bei denen heißt die Zukunft: arbeitslos bis zum bitteren Ende. Die kriegen nie einen Job.»

«Und was willst du dagegen tun? Kostenlos Kondome verteilen? Und dazu Aufklärungsunterricht machen?»

«Ich habe für die Elementary School dort ein außerschulisches Programm entwickelt, das war die Bedingung für meine Einstellung. Das heißt, wenn der Unterricht zu Ende ist, organisiere ich die Freizeit der Mädchen. Also nicht nur bei den Schularbeiten helfen. Ich will Interesse wecken für Dinge, die sie noch nicht kennen. Nähkurse zum Beispiel, Musikunterricht oder Wanderungen.»

«Das nennt man bei uns in Deutschland Ganztagsbetreuung. Die zahlt bei armen Familien der Staat.»

«Das kannst du hier vergessen. Ich muss mir das Material über Sponsoren besorgen, viele kleine Läden und Supermärkte, die ich dafür begeistern kann.»

Warum Vanessa in die Einöde zieht und als sonnenverwöhnte Kalifornierin dort ein fast jesuitisches Leben führen will, wird mir erst so richtig klar, als sich ihr Vater in das Gespräch einmischt.

«Hast du als Amerikaner Geld, lebst du hier wie im Paradies. Wird es knapp, bist du schnell vollkommen hilflos und landest dort, wo du nicht die geringste Vorstellung hattest, jemals hinzukommen. Das geht schneller, als du denken kannst», erzählt Mike.

Vanessas Vater trägt voller Stolz einen graumelierten Schnurrbart, seinen wohlgenährten Oberkörper schmückt ein übergroßes Football-Shirt. Er hat, wie auch seine Ehefrau, fast fünfundzwanzig Jahre als Lehrer für schwer erziehbare Kinder gearbeitet und dabei sein Bestes versucht, um diese Randgruppe für die knallharte Ellenbogengesellschaft vorzubereiten, wusste aber auch, dass es nur ein geringer Prozentsatz schaffen würde.

«Eine Nachbarin von uns, sie arbeitete als Sekretärin, trennte sich von ihrem Mann und musste danach im Auto leben. Das ist kein Scherz. Sie konnte sich als Alleinerziehende die Miete nicht mehr leisten. Also nutzte sie für sich und ihren Sohn das Auto als Schlafzimmer. So hatte sie wenigstens noch Geld für Essen und Klamotten übrig. Und wenn man solchen Leuten nicht hilft, kann das schnell ganz traurig enden. Vom Staat kriegen die nicht einen Dollar.»

Mike arbeitet seit ein paar Jahren für den sogenannten «Boys & Girls Club», eine gemeinnützige Organisation für fast fünftausend Kinder mit sieben Standorten im Süden von Los Angeles, finanziert ausschließlich durch Sponsoren. Sie ist offen für alle hilfesuchenden Eltern: ob alleinerziehend, überfordert mit Adoptivkindern, als Pflegeeltern oder sogar obdachlos. Zwölf Stunden am Tag haben sie geöffnet, von sieben Uhr morgens bis abends. Für bedürftige Kids gibt es sogar noch ein warmes Abendessen, bevor sie wieder abgeholt werden. Sie machen mit den Kindern tagsüber Schularbeiten, Computerkurse, Sport und auch Ausflüge in die Umgebung, um ihnen zu zeigen, dass es Sinn macht, sich mit seiner Umwelt zu beschäftigen. Dadurch gewinnen die Kids ganz neue Eindrücke, die sie aufgrund von wirtschaftlichen Engpässen ihrer Eltern nie erfahren würden.

LeBron James, ein berühmter Basketball-Spieler von den «Miami Heat», kannte einen Mitarbeiter von Mike, der ihm von dem «Boys & Girls Club» erzählte. Der amerikanische Superstar, selbst in ärmlichen Verhältnissen aufgewachsen, bezahlte daraufhin die komplette Computerausstattung für die ganzen Clubs. Bei einem Jahresverdienst von etwa vierzig Millionen Dollar sollte das nicht großartig ins Gewicht fallen, aber die Geste an sich ist schon ehrenwert. Der Typ bekommt wahrscheinlich am Tag hundert Anfragen, wie er am besten und schnellsten sein Geld verbrennen kann, aber er finanziert mal eben die IT-Ausrüstung für Tausende Kinder. Einfach so.

«Letztes Jahr haben wir ein neues Programm gestartet», berichtet Mike mir voller Stolz, «das nennen wir ‹College Bound›. Wir machen mit den Kids eine intensive Vorbereitung auf ihr Examen. Wir kümmern uns dann auch um die Auswahl der Highschool, den ganzen behördlichen Kram und übernehmen zum Teil auch die Gebühren.»

«Sich bei so vielen Kindern um jedes einzelne zu kümmern, ist doch eigentlich unmöglich. Da verpufft doch der ganze Aufwand, oder?», frage ich interessiert.

«Nein, Joey. Das sind manchmal nur die ganz kleinen Dinge, die weiterhelfen. Zum Beispiel bei Art, einem Jungen aus unserem Club. Die waren zu Hause sechs Kinder, haben zusammen mit den Eltern in einem Ein-Zimmer-Apartment gelebt. Da hat man nicht eine einzige Minute für sich allein. Der fünfzehnjährige Bengel hat seine Hausaufgaben nachts gemacht, und zwar auf der Toilette, weil er nur dort seine Ruhe hatte. Als die Noten in den Keller rutschten, stand seine Mutter bei uns vor der Tür. Wir gaben ihm die Möglichkeit, bis abends bei uns sein Schulzeug zu machen. Jetzt hat er vor kurzem seinen College-Abschluss geschafft. Das hätten seine Eltern nie für möglich gehalten.»

Vater und Tochter haben keinen Zeitdruck. Mike mit seinen neunundfünfzig Jahren fährt so langsam, dass es schon wieder anstrengend ist. Links kacheln ständig Trucks ans uns vorbei, sodass die kleine Blechbüchse mit Anhänger schön Seitenwind bekommt. Es dauert dann immer ein paar Sekunden, bis Mike das Lenkrad wieder sicher im Griff hat. Aber irgendwie wird er nicht hektisch dabei. Es wirkt, als ob der Verkehr für ihn überhaupt nicht vorhanden ist und das Fahren unnötigerweise zum Schwatzen dazugehört. Ist er fürs Erste mit einem Thema durch, übernimmt sofort seine Tochter. Und das Gleiche wieder umgekehrt. Ich komme kaum zu Wort und genieße stattdessen einfach mal die Landschaft.

«Auch so ein gutes Beispiel, Joey: Einer Familie in Orange County, im Süden von L.A., ist das Haus abgebrannt. Ein einfacher Kurzschluss, und die ganze Bude war ein Haufen Asche. Die hatten nichts mehr, außer das, was sie noch am Leibe trugen, als sie aus dem brennenden Haus rausgerannt sind. Wir haben der Familie einen Monat lang eine große Wohnung finanziert, als Übergangslösung. Ein Sponsor hat dann mit der Versicherung gedealt und die Finanzierung auf ein neues Haus übertragen. Dazu haben wir über Sachspenden den kompletten Haushalt organisiert. Das sind Gesichter, in die du schaust, die du nie vergisst.»

Nach einer Stunde bewölkt es sich zusehends, ein paar Tropfen klatschen auf die Frontscheibe. Wir fahren durch die San Rafael Swell Area von Utah, eine typische Westernlandschaft mit lauter kleinen Canyons, die sich einer nach dem anderen links und rechts der Straße aufreihen; benannt mit Miller oder Devil oder den gängigsten Frauennamen. Ein paar Meilen später weist ein Schild auf die 191 nach Süden, zu dem berühmten Grand Canyon und Arches National Park. Wir aber tuckern entspannt auf der Interstate 70, dem alten Highway 50, weiter den Rocky Mountains entgegen.

Gegen elf Uhr erreichen wir die Staatengrenze nach Colorado. Und die Landschaft bekommt eine ungeheure Dimension. Hier hat die Erosion über Millionen Jahre ganze Arbeit geleistet. Die Autobahn ist kerzengerade bis zum Horizont. Umrahmt wird das Ganze von glattgeschliffenen Felsen, die zum Teil wie dicke Bleistifte ausschauen, die man mit der Spitze nach unten senkrecht in den Berg gerammt hat. Dazwischen pfeift der Wind und schiebt eine Staubwolke so groß wie ein Zeppelin quer über die Autobahn.

Auf einmal taucht zwischen den ganzen Steinwüsten ein sattgrünes Tal auf, das Grand Valley. Hier ist der Colorado River gestaut, für die über fünfzigtausend Einwohner von Grand Junction, die «Große Kreuzung» – eine Stadt, die nur entstanden ist, weil sie den Knotenpunkt zwischen den vier Himmelsrichtungen darstellt. Wir kommen aus Westen auf der 70 Richtung Osten, aus dem Norden kreuzen die Highways 141 und 6, die dann zusammen als der alte Highway 550 bis runter nach New Mexico führen.

Es ist zwölf Uhr, wir machen eine kurze Mittagspause in Grand Junction bei «Sonic», einer Schnellimbiss-Kette, von der ich noch nie gehört habe. Wir rollen auf einen überdachten Parkplatz, halten in einer Box von etwa fünfzig anderen Wagen und schauen auf Augenhöhe auf eine Angebotstafel mit vielen bunten Bildern mit den verschiedenen Menüs. Sofort textet uns eine freundliche Stimme völlig verzerrt aus einem Lautsprecher zu. Mike beugt sich leicht aus seinem Fenster und nuschelt etwas in das nicht sichtbare Mikrophon hinein. Keine zwei Minuten später rauscht eine schlanke Schönheit mit Pferdeschwanz auf ihren Rollerskates heran, bremst professionell in einem kurzen Halbkreis ab und reicht die Papiertüten mit dem bestellten Essen samt Rechnung ins Auto: «Cash or credit?» – «Credit, please!»

Natürlich kein Problem, die flinke Bedienung erledigt auch das für Fahrer Mike. Unter seiner Beobachtung wird direkt von seiner Kreditkarte an der Box abgebucht. Jetzt wird ohne Stress im Wagen gespeist. Mir haben Vanessa und Mike einen Burger bestellt. Einen Cheeseburger. Und den kriege ich sogar noch geschenkt.

«Wir fahren noch bis hinter Vail, ein paar Meilen später müssen wir dann runter nach Leadville, aber wir setzen dich vorher noch ab.» Vanessa hat einen Autoatlas auf dem Schoß und versucht, mit dem Finger die Strecke prophylaktisch abzufahren. «Da ist ein Rasthof, wenn ich das richtig sehe. Da kommst du gut weiter Richtung Denver.»

«Wie weit ist es dann von dort aus noch?»

«Ich schätze mal so an die zwei Stunden.»

Das klingt nicht verkehrt. Wenn Mike mal langsam einen Gang höher schalten würde, könnte ich vielleicht sogar heute Abend noch Denver erreichen.

Die Interstate 70 verläuft durch die immer höher werdenden Rocky Mountains, parallel zum Colorado River, der über einen unvorstellbaren Zeitraum tief eingeschnittene Täler in die Vulkanfelsen geschliffen hat. Ich kann aus dem Seitenfenster jede Menge Rafting-Boote im Fluss mit übermotivierten Touristen erkennen, die krampfhaft bemüht sind, nicht in den eiskalten Fluten zu verschwinden.

Wir passieren Vail, ein luxuriöses Wintersportzentrum mit dem architektonischen Charme des Allgäus und einem Baumbestand wie im dichten Schwarzwald. Es ist noch keine fünfzig Jahre alt und ist mit seiner Bergwelt von fast viertausend Metern Höhe rundherum das größte Ski-Gebiet der USA. Dazu ist es fast unfreiwillig geworden, denn ein riesiges Buschfeuer vernichtete vor über dreihundert Jahren die kompletten Wälder. Die Vegetation erholte sich nicht mehr und ließ deshalb Platz für die in der

Welt einmaligen Ski-Pisten, auf denen sich Free-Rider direkt ins Krankenhaus katapultieren können. Schneeketten kann man getrost im Kofferraum lassen, denn Bürgersteige und Straßen werden unterirdisch beheizt. Überdimensionale Hotelburgen und schreiende Fastfood-Reklamen zeigen unmissverständlich, dass Vail eine Retortenstadt ist, die nur im Winter funktionieren kann. Im Februar zur Hochsaison brettert die versammelte Hollywood-Prominenz die Hänge runter bis in ihre Fünf-Sterne-Resorts. Und wenn man Glück hat, kann man sich noch ein paar galante Hüftschwünge von Ski-Weltmeisterin Lindsey Vonn abgucken, denn hier in ihrer Heimatstadt macht sie sich immer fit für ihre nächsten Titel. Der Schnee muss einmalig sein. Die Amerikaner nennen ihn «Champagner Powder», denn er soll, wenn man eine Handvoll davon in die Luft schmeißt, herunterfallen wie Puder. Der einzige Nachteil ist, man kann keine Schneeballschlacht damit machen, weil man das Zeug nicht geknetet kriegt.

Nachmittags um vier Uhr haben wir die Stelle, wo mich Vanessa und Mike absetzen wollten, erreicht: einen Donut-Laden mit angeschlossener Tankstelle, mitten im Copper-Mountain-Gebiet auf dreitausend Metern Höhe. Wir verabschieden uns ohne große Arien, und die beiden fahren auf der Kreuzung weiter gen Süden. Sie haben nur noch zwanzig Meilen vor sich, sind also in einer knappen Stunde in Leadville.

Dann kann Vanessa endlich ihre Kartons auspacken.

GERETTET IN DEN ROCKY MOUNTAINS

Ich besorge mir frisches Leitungswasser und versuche, sofort weiterzukommen. Auf der Schnellstraße Richtung Westen positioniere ich mich am weißen Begrenzungsstrich der Asphaltstraße. Es sollte eigentlich kein Problem sein, heute noch eine Mitfahrgelegenheit nach Denver zu kriegen, sind es doch nur knapp hundert Kilometer. Da wäre ich sogar noch bei Tageslicht da. Ab morgen will ich dann auf das nächste Transportmittel umsteigen, einen Überlandbus. Mein aktueller Plan ist, bis nach St. Louis mit dem Greyhound-Bus zu fahren. Ich habe noch keine Ahnung, was mich ein Ticket kosten wird, aber das wird sich in Grenzen halten. Busfahren muss günstiger sein als Fliegen, auch in den Staaten.

Meine Anzugsordnung wird noch mal schnell korrigiert, damit ich zumindest optisch einen guten Eindruck mache. Die Buggy-Räder und meinen großen Rucksack schmeiße ich ein paar Meter weiter ins Gras, die irritieren nur potenzielle Bremsentreter. Als ich nach einer halben Stunde schon langsam die Hoffnung aufgegeben habe, dass mich überhaupt einer wahrnimmt, zeigt mein Tramperdaumen, kombiniert mit einem leicht wehleidigen Blick, auf einmal Erfolg. Ein schwarzer Jeep mit verdunkelten Scheiben hält.

«Du siehst in deiner Montur aus wie ein Radfahrer!» Ich habe es mir auf dem Beifahrersitz von Pete bequem gemacht. Ein stämmiger Zeitgenosse, bestens verkabelt mit Smartphone, GPS-Navigation und CB-Funk in seinem Cockpit. «Das war echt dein Glück, denn gerade bei Sportlern schaue ich immer genauer hin. Hier gibt es nämlich eine Menge Trekking-Touristen, die ihr Auto auf der einen Bergseite stehen lassen, und wenn sie auf der anderen Seite abgestiegen sind, wieder zurück zum Parkplatz trampen wollen. Wenn die Leute da ewig rumstehen, dehydrieren die nach so einer anstrengenden Tour. Deshalb nimmt die eigentlich fast jeder mit.»

Die Autoheizung läuft komischerweise auf Hochtouren, dafür ist zum Glück sein Seitenfenster offen. Frische Luft am Kopf und heiße Füße, das nehme ich gern in Kauf für einen direkten Trip nach Denver. Redselig sind die Amerikaner sowieso alle, und kaum, dass wir in Fahrt gekommen sind, klärt mich Pete über die Tricks und Kniffe eines perfekten Anhalters auf.

«Ich habe mal einen Typen aufgesammelt, der hatte sich eine schöne Statistik zurechtgebaut. Angeblich braucht man nur hundert Autos abzuwarten. Hat bis dahin keiner angehalten, steht man definitiv falsch und sollte schleunigst die Location wechseln.»

«Da muss ich ziemlich perfekt gestanden haben. Das ging dann doch recht schnell für mein Gefühl.»

«Na ja, perfekt ist was anderes. Eigentlich standest du komplett falsch. Wenn du runter nach Denver willst, hättest du dich an die Straße hinter die große Kreuzung stellen sollen, nicht davor. So weiß nämlich keiner, wo du wirklich hinwillst, denn da gibt es immer drei Möglichkeiten. Und anhalten tut da auch keiner, weil die dadurch sofort den Verkehr blockieren würden. Und wegen eines Trampers schon mal gar nicht.»

Pete macht einen sympathischen Eindruck, es hätte mich auch schlimmer erwischen können. Schließlich hat man als Anhalter keine Wahl. Hält das erste Auto, musst du mit, denn deinen Fahrer kannst du dir nicht aussuchen. Dieser seinen Mitfahrer dagegen schon: Denn passt ihm dein Gesicht nicht, fährt er einfach weiter.

«Was ist denn das Wichtigste, damit man überhaupt eine Chance hat?», bohre ich weiter, denn offensichtlich habe ich es hier mit einem Zeitgenossen zu tun, der gern umsonst Sammeltaxi fährt.

«Also, das Entscheidende ist der Geruch. Okay, den kann man nicht aus der Entfernung riechen, aber schon von weitem sehen. Wenn du rumläufst wie ein Penner, hast du keine Chance. Heißt: unbedingt ein gepflegtes Äußeres, saubere Klamotten und keinen Rauschebart. Dreadlocks sind auch nicht unbedingt von Vorteil. Dann musst du aufpassen, dass du nicht zu viel Gepäck neben dir stehen hast. Kleiner Rucksack oder Tasche, mehr nicht. Zu viel Gepäck schreckt ab. Den Rest schmeißt du ins Gebüsch, bis tatsächlich einer hält. Und wenn erst mal einer gehalten hat, wird der kaum wegen ein paar Taschen zu viel weiterfahren. Das wird schon irgendwie reingequetscht.»

«Klingt simpel. Da habe ich doch heute fast alles richtig gemacht.»

«Genau, Joey, und auch ganz wichtig: Niemals mit einem Hund! Wenn du Pech hast, versaut die Töle die ganze Karre, und da steht keiner drauf. Und Leute, die schon selbst mit Hund unterwegs sind, nehmen garantiert keinen zweiten mit an Bord. Das kannst du komplett vergessen.»

Pete ist eine typische amerikanische Schwatztasche. Hat man einen noch so kleinen gemeinsamen Ansatzpunkt gefunden, wird einem gleich die ganze Welt erklärt. Anscheinend nimmt er deshalb auch gern mal Tramper mit, um seine ganzen Geschichten loszuwerden. Der Zweiundvierzigjährige ist glücklich verheiratet, wie er betont, und hat zwei Kinder adoptiert. Er ist gleich hier um die Ecke geboren, in Golden Colorado, einem kleinen Ort ungefähr zehn Minuten vor der Bundeshauptstadt. Bis dorthin will er mich mitnehmen.

«Da kann ich dir noch das Grab von Buffalo Bill zeigen. Es kommen mittlerweile jede Menge Touristen dorthin, das ist wie ein Wallfahrtsort geworden. Auch Lance Armstrong fährt bei uns immer vorbei, der wohnt oben in Vail, den sehe ich mindestens einmal die Woche auf seinem Rad.»

Ich erzähle ihm, dass ich auf meiner Reise auch noch mal auf ein Rad steigen will, aber erst nach den Rocky Mountains, denn diese Steigungen sind echt die Hölle.

«Pass da bloß auf, Joey! Fahrradfahrer werden hier gern übersehen oder einfach ignoriert. Sag mal, hast du schon mal von dem Radrennen ‹Race Across America› gehört?»

Ich weiß genau, wovon er redet.

«Also, der Bruder von meinem besten Freund ist da mitgefahren, in einem Vierer-Team. Die haben sich im Stundentakt abgewechselt, ohne Pause, tagelang. Er steigt am Straßenrand ab, geht um sein Begleitfahrzeug, ein Wohnmobil, und wird von einem Truck umgefahren. Er war sofort tot.»

Ich kann mich genau daran erinnern. Das passierte ein Jahr vor meiner letzten Teilnahme. Der Unfall hat in der Rad-Szene Schlagzeilen gemacht und wirklich viele Fahrer sensibilisiert.

Im Sommer steigen in den Rocky Mountains die Temperaturen, genau wie heute, auch mal gern über dreißig Grad, im Winter sinken sie bis auf minus zwanzig. Pete ist bei jedem Wetter draußen, er kennt hier fast jeden Stein persönlich. Neben seinem Job als Geschäftsführer seiner eigenen Investmentberatungsfirma ist er als Bergretter unterwegs. Ein unbezahltes Hobby, denn die sechzig Kletterfreaks, die ein Gebiet von über einhundertzwanzig Quadratkilometern betreuen, sind alles Freiwillige.

«Der gefährlichste Weg ist der zum Einsatz selbst», sagt Pete. «Du bist in diesem Moment unter einem immensen Zeitdruck, und das macht dich anfällig für die kleinen Fehler, die dich selbst in große Gefahr bringen können.»

Seine Rettungsausrüstung liegt hinten im Auto. Er ist immer einsatzbereit, denn die Notrufe können zu jeder Minute eintreffen, und dann klingelt es bei ihm überall. In schöner Reihenfolge wird über alle Verbindungen versucht, ihn zu erreichen: Zuerst Anrufe in seiner Firma und zu Hause, dann auf seinem Handy, parallel dazu noch eine SMS und eine E-Mail. Gibt es von Pete auf all diesen Kanälen keine Rückmeldung, sitzt er wahrscheinlich im Auto und wird per CB-Funk gerufen.

«Bei meinen ersten Einsätzen damals hatte ich gleich fünf Tote. Die meisten Opfer leiden an Selbstüberschätzung, die besteigen einen Berg, auch wenn die Kräfte schon vor dem Gipfel schwinden. Die denken keine Sekunde daran, dass sie von dort aus noch mal den gleichen Weg zurückmüssen. Und das ist kein Witz, die meisten finden wir ein paar hundert Meter unter dem Gipfel, wo sie beim Abstieg einfach entkräftet zusammenbrechen. Die Gründe sind eigentlich immer die gleichen: Höhenkrankheit und Dehydrierung. Du hast keine Ahnung mehr, wer du bist und wie du heißt. Dann kommst du nur noch mit fremder Hilfe runter.»

Diese leidliche Erfahrung musste ich auch schon mal machen. Gemeinsam mit vier Bergsteigern bin ich vor ein paar Jahren nach Mendoza in Argentinien geflogen: Den Aconcagua, mit fast siebentausend Metern der höchste Gipfel auf dem amerikanischen Kontinent, wollten wir besteigen. «Weißer Wächter» nennen die Inkas ihren heiligen Berg ehrfurchtsvoll. Mehr als dreitausend Bergsteiger belagern den Aconcagua pro Jahr, nur etwa jeder dritte erreicht den Gipfel.

Bei mir war wie so oft alles knapp kalkuliert. Ich hatte gerade mal ein Zeitfenster von zwei Wochen, inklusive An- und Abreise. Mit ein bisschen Druck aber durchaus machbar, dachte ich. Drei Tage Fußmarsch in den Anden sollte man eigentlich für den Weg von vierzig Kilometern bis zum Basislager «Plaza de Mules» auf knapp viereinhalbtausend Metern einplanen. Wir jedoch nahmen uns ein paar Maulesel und waren schon nach einem Tag da. Und dann rächte sich mein Körper, dem die Umstellung viel zu schnell ging. Wir versuchten noch, die Akklimatisierung mit einer leichten Klettertour bis auf fünftausend Meter etwas anzureizen, denn zurück im Basislager, wollten wir uns vor dem anstehenden Gipfelsturm ausruhen. Die anschließenden zwei Tage waren die Hölle. Ich bewegte mich wie in Zeitlupe. Selbst im Liegen war mir schwindelig, ich bekam unglaubliche Kopfschmerzen. Nur allein beim Drehen auf die andere Seite im Schlafsack hatte ich das Gefühl, mir platze der Schädel, in dem gefühlt bereits ein großes Fleischermesser drinsteckte. Dazu kamen noch Halluzinationen und Atembeschwerden, was in dieser Höhe durch den geringen Sauerstoffgehalt eigentlich nicht unnormal ist, aber nicht in dem Ausmaß, wie ich es durchlebte. Diese zwei Symptome, Kopfschmerzen und Atemnot, sind die Klassiker einer sogenannten Höhenkrankheit. Die Sauerstoffsättigung meines Blutes war wohl derart katastrophal, dass ich selbständig keinen Schritt mehr hätte gehen dürfen. Bei mir kam aber noch verschärfend hinzu, dass ich bereits Wasser in der Lunge hatte, wie unser Expeditionsarzt durch den kurzen Gebrauch seines Stethoskopes ohne Zweifel feststellen konnte. Ich bekam von ihm sofort eine Sauerstoffmaske übergestülpt und dazu noch ein blutverdünnendes Mittel gespritzt. Er sagte mir, wenn ich hier und jetzt nicht aufgeben würde, könne er für nichts mehr garantieren, und setzte alle Hebel in Bewegung, um mich sofort von dem Berg der Qualen runterzubringen. Und das war wie im Kino: Ein Helikopter landete im Basislager, alle wuselten um mich herum und trugen mich bei laufenden Rotorblättern in das Fluggerät. Ich landete sicher in Mendoza und harrte unter ärztlicher Beobachtung aus, bis ich die Flugtauglichkeitsbescheinigung für meine Heimreise bekam. Der Arzt, bei dem ich zur Nachuntersuchung in Deutschland war, meinte zu mir, ich hätte richtig viel Glück gehabt. Kommt eine Schlechtwetterfront und der Rettungshubschrauber kann am Berg nicht landen, hätten die mich nicht rechtzeitig auf Meereshöhe bringen können. Dann hätte ich spätestens nach vierundzwanzig Stunden meinen letzten schweren Atemzug am Aconcagua gemacht. Aber ich will hier nicht vor Pete, dem Bergretter aus Leidenschaft, den Amateur abgeben und mich bemitleiden lassen. Diese Geschichte behalte ich daher lieber schön für mich.

«Und mal abgesehen von Leuten mit Höhenkrankheit, was sind denn noch so für Einsätze normal, wenn du rausmusst?», frage ich stattdessen.

«Wir haben viel Steinschlag in der Gegend. Leute treten durch einen falschen Schritt auf einen lockeren Stein und damit manchmal eine ganze Lawine los. Und die trifft dann logischerweise diejenigen, die in der Seilschaft die Letzten sind. Außerdem erwischt es regelmäßig welche durch Blitzschlag. Und auch Selbstmörder suchen gern die Höhe.»

«Muss man nicht auch Angst haben vor den Schwarzbären hier? Da hätte ich kein entspanntes Gefühl, wenn ich so einem brummenden Fleischberg in die Augen schauen müsste.»

«Die Schwarzbären, Joey, sind ungefährlich. Die haben Respekt vor den Menschen. Viel gefährlicher ist der Mountain Lion, der Puma. Vor ein paar Jahren hat ein Tier eine vierzehnjährige Schülerin zerfleischt, das ging hier wochenlang hoch und runter durch die Medien. Alle waren da, sogar CNN aus Atlanta. Das hat uns einen großen Einbruch im Sommertourismus gebracht. Aber langsam erreichen wir wieder die alten Zahlen.»

Persönlich gebauchpinselt durch mein Interesse, biegt Pete kurz vor Golden Colorado rechts ab. Er will mir die Zentrale seiner Einsatztruppe zeigen, das «Alpine Rescue Headquarter». Wir stehen in einer großen Garage mit zwei Allrad-Monstertrucks, und die sind vollgepackt mit Bergausrüstungen und Erste-Hilfe-Sets. Die Fahrzeuge sehen aus wie ein Mix aus städtischem Krankenwagen und den Promotion-Mobilen einer Trekking-Firma.

«Man muss ständig dazulernen», erzählt Pete, «das Equipment wird immer professioneller und damit auch die verschiedenen Varianten, wie man Leute retten kann.»

Gegenüber steht das zweistöckige Bürogebäude, mit Unterrichtsraum und einer Gedenkwand für die glorreichen Bergretter der Rocky Mountains. Pete ist richtig stolz, mir sein Aller-

heiligstes zu präsentieren. Er merkt noch an, dass Fremde hier nur mit vorheriger Genehmigung hineindürfen, aber für mich macht er mal eine Ausnahme.

«Alle zwei Jahre muss man einen Auffrischungskurs machen, das ist Pflicht. Fliegt man durch die Prüfung, ist man bis zum nächsten Kurs für die Bergrettung gesperrt, da bleibt man schön im Innendienst. Klar, der ganze Bürokram muss auch gemacht werden, ist aber total unspektakulär, wie du dir sicher vorstellen kannst.»

An einer Abfahrt, ein paar Meilen vor Denver, setzt mich Pete ab. Es ist kurz nach neunzehn Uhr, die Sonne verabschiedet sich mit einem gleißenden Licht, das die Felsen orange reflektieren lässt. Die nächste Tankstelle ist noch eine Meile entfernt, dahin gehe ich zu Fuß, damit ich mich heute wenigstens ein bisschen bewegt habe. Von dem ganzen Sitzen im Auto habe ich schon Elefantenfüße und stampfe die ersten Minuten wahrnehmbar auch so durch die Gegend. Die Tankstelle liegt wie in den Berg hineingefräst neben der Landstraße, von hier aus kann man, mit den Rocky Mountains im Rücken, unendlich weit in eine Ebene hineinschauen. Pete meinte noch zum Abschied, der Osten Colorados sei so flach wie ein Pancake, und das bis runter zum Mississippi. Das klingt nicht so schlecht, wenn ich bald noch ein paar hundert Meilen mit einem Fahrrad zurücklegen will.

Am Ende des Parkplatzes ist ein kleines Stück Wiese, wo ich mein Zelt aufschlage. Damit beginne ich allerdings erst zwei Stunden vor Mitternacht, damit mich nicht noch irgendein Angestellter durch Zufall entdeckt und wieder wegschickt. Der Platz ist mehr als verkehrsgünstig gelegen, leicht erhöht an einem Hang über der Interstate, wo ich trotz reingedrehter Ohrenstöpsel noch das Gefühl habe, auf einem Mittelstreifen zu liegen, an dem rechts und links im Sekundentakt Hunderte Trucks direkt an meinem Zelt vorbeibrettern.

Ich nehme mir vor, es einfach zu ignorieren.

IRISCHE VOLKSWEISEN IN DENVER

Punkt zwölf Uhr mittags stehe ich am Schalter der Grey-hound-Station und kaufe mir ein Ticket. Unter regelrechten Schmerzen blättere ich die einhundertvierundvierzig Dollar dafür auf den Tisch: Die erste große Ausgabe auf meiner Tour, aber ich muss diesen Verlust sportlich sehen. Der nächste Bus nach St. Louis fährt erst heute Abend um elf, die Zeit bis dahin will ich nutzen, um die Ausgaben für den Fahrschein in irgendeiner Form wieder reinzuholen. Ich bin mitten in der Altstadt von Denver, an der großen Shopping-Meile. Hier sollte es ein Leichtes sein, ein paar Dollar von den hektischen Touristen abzugreifen.

Heute Morgen hatte ich entnervt mein Zeug zusammengepackt und war schon um acht Uhr losmarschiert, weil ich die halbe Nacht lang meine Augen durch den Autobahnlärm nicht zubekam. Ich wollte auch endlich raus aus den Rockies, mich nach der ewigen Sitzerei in Autos und auf Raststätten mal wieder etwas bewegen, vor allem etwas Leckeres zwischen die Zähne bekommen.

Die Bundeshauptstadt von Colorado, vor nicht einmal zweihundert Jahren als ein erfolgloses Goldwäscher-Camp gegründet, nennt man scherzhaft auch die «Mile High City», weil sie ziemlich genau eine Meile über dem Meeresspiegel liegt. Dieser Fakt machte sich bei meinem Anmarsch über die ehemalige Landstraße bemerkbar, weil sie ganz gepflegt abschüssig in die Stadt hinunterführte. Die ließ sich mit strammen Schritten sehr geschmeidig wandern. Den Buggy vornweg mit einer Hand gehalten und immer den Blick Richtung Skyline, brauchte ich für die vierzehn Meilen, also umgerechnet gut zweiundzwanzig Kilometer, keine drei Stunden. Das heißt in Läufersprache: einen Halbmarathon gelatscht in einer Zeit, die meine Schwie-

germutter normalerweise für die Zubereitung der Sonntags-
rouladen braucht.

In Downtown läuft es jedoch nicht mit dem Geldeintreiben.
Meine mehrmals heruntergespulte Geschichte als USA-Durch-
querer kommt hier nicht so wirklich an. Ich habe unendlich
viele und warmherzige Gespräche, aber der Rubel rollt einfach
nicht. Ein Anwalt im Maßanzug fragt mich, ob ich vielleicht
Hunger habe, und spendiert mir ein Sandwich. Das zieht sich
bis jetzt durch meine ganze Reise: Wenn ich die Menschen nach
etwas zu essen frage, dann sagt fast keiner nein. Die holen mir
alles, was ich will. Zwei Stunden und nur einundzwanzig Dollar
später beschließe ich dann, den Tag für heute galant zu entlassen und mich um eine richtige Mahlzeit zu kümmern. Ich habe
seit meinem tellergroßen Wiener Schnitzel im «Hofbräuhaus»
von Las Vegas kein ordentliches Essen mehr zu mir genommen.
Das wird sich definitiv in der nächsten Stunde ändern. Am Ende
der Shopping-Meile, an der Market Street, entdecke ich das «Nal-
lens Irish Pub». Das wird ein Heimspiel.

Nachdem ich über den Tresen gebeugt dem Chef kurz unsere

gemeinsame Herkunft von der grünen Insel, meinen physischen Zustand und die damit verbundenen Qualen erläutert habe, zeigt er sich von seiner gutmütigen Seite und verspricht mir eine Pizza umsonst. Einzige Bedingung: Ich soll dafür ein paar Lieder zum Besten geben, denn ich habe ihm erzählt, ich sei ein umherstreunender Hobbymusikant aus Deutschland.

Das sollte für mich die leichteste Übung sein. Ich ziehe meine Klampfe aus dem Buggy, stimme kurz die Saiten und schmettere einen Kelly-Song, gleich mal den Refrain von «Who'll come with me». Das war unser erster Hit in Europa, den habe ich gefühlt hunderttausend Mal gespielt und kenne deshalb die Gitarrengriffe wie kein Zweiter auf dieser Welt. Man könnte mir die Augen verbinden, mich mitten in der Nacht in Timbuktu wecken und meine Hände würden das Ding aus dem Stand heraus fehlerfrei stundenlang spielen können. Nur die Oktavenlage ist nichts mehr für mich, bei den hohen Tönen komme ich ganz schön ins Schlingern. Vor meinem Stimmbruch ging das spielend, jetzt rächt sich das jahrelange fehlende Training. Die Leute klatschen noch, da steht schon das erste Bier für mich auf dem Tisch. «Na gut, ihr habt es nicht anders gewollt!», denke ich. Jetzt ziehe ich alle Register und knalle den Jungs und Mädels hier einen Kelly-Song nach dem anderen um die Ohren. Dabei zeigt sich, dass es sich just für diesen Augenblick gelohnt hat, dass wir damals mit unserer Band so ziemlich jedes irische Volkslied gesungen haben. Die Stimmung steigt, mein Pegel auch. Neben mir türmen sich die Biergläser, jeder will mir eines ausgeben. Nach einer guten Stunde muss ich zusehen, dass ich meinem eigenen Gitarrenrhythmus auch sangestechnisch noch folgen kann. Aus C-Dur wird auf einmal A-Dur und gleich darauf auch noch Moll. Das ist der richtige Zeitpunkt, den Stecker zu ziehen. Die Begeisterung nach meiner knackigen Show hält sich in Grenzen. Ein kurzer Applaus und die Leute drehen sich wieder um zur Bar.

Anscheinend haben sie genug gehört.

«So, jetzt setz dich erst mal, Junge, und iss deine Pizza!», sagt der Chef zu mir. Ich grinse ihn an und kaue betont langsam wie ein schon sattes Kleinkind auf dem Käserand, der den Umfang eines Wagenrades besitzt. «Bloß nicht schlingen!», will ich mich dadurch disziplinieren. Es soll ein einzigartiger Genuss werden, diese meine erst zweite warme Speise, seitdem ich hier in den schönen Vereinigten Staaten bin.

Neben mir hockt Larry, er ist vor einigen Dekaden aus Dublin hierhergekommen. Zwischendurch war er mal vier Jahre als Bauarbeiter in Berlin, wie er mir voller Stolz berichtet. Für ein Hochhaus am Alexanderplatz hat er den Beton gemischt, im Drei-Schicht-System, und das nimmt man ihm zweifelsohne ab: Ein gewölbtes Kreuz wie ein Türsteher mit den dazu passenden Pranken, die sein Whiskey-Glas fast gänzlich umschließen, dass man Angst haben muss, er zerdrückt es gleich. Noch ganz begeistert von meinem stümperhaften Geschrammel, merkt er an, dass ich als Landstreicher doch mal darüber nachdenken sollte, hier auf der Straße zu spielen. Da könnte ich vielleicht entdeckt werden von einem Musikmanager, so wäre das bei vielen von den berühmten US-Stars gelaufen. Unabhängig davon, dass meine aktuellen Qualitäten nicht ausreichend sind, muss ich mir eine Karriere in dem musikalischen Haifischbecken der Neuzeit nicht mehr antun. Damit habe ich endgültig abgeschlossen.

«Hey, kommt mal rüber! Der Typ hier kennt den Alexanderplatz in Berlin, den ich gebaut habe!»

Larry winkt ein Pärchen durch den halben Saal herüber. Geoff und Kris setzen sich zu uns an den Tisch, dazu gesellt sich noch ihre beste Freundin Karen. Alle vier kommen aus Denver, und das Irish Pub ist ihr zweites Wohnzimmer. Sie nennen es «Black Hole», weil man eigentlich nur auf ein gepflegtes dunkles Bier vorbeikommen will und dann trotzdem in dem dunklen Loch bis zum Ladenschluss verschwindet. Karen, eine aufgeweckte Blondine im hellblauen Kleidchen, welches farbenfroh von einem gelben Gürtel zusammengehalten wird, erzählt mir von ihrer Hobby-Band, in der sie Gitarre spielt und Hits aus ihrer Jugendzeit singt. Und so ganz nebenbei lässt sie fallen, dass sie mit den Iren an sich abgeschlossen habe.

«Vor zehn Jahren habe ich an diesem Tisch meinen Mann kennengelernt, genau an diesem Tisch!» Mir ist klar, dass die Geschichte noch nicht zu Ende ist. «Logisch, der war natürlich ein Ire. Für mich als Amerikanerin war das am Anfang nicht ganz so einfach, seine ganze Familie, die da dranhing mit diesen komischen Bräuchen, die ich vorher nicht kannte.»

Karen kommt aus einem gutbürgerlichen amerikanischen Elternhaus. Mit dem Medizinstudium hat es nicht geklappt, also wurde sie Krankenschwester. Als sie ihren Eltern erzählte, dass sie einen irischen Freund hat, wurde das Ahnenbuch aufgeklappt.

«Mein Dad hat in vierter Generation irisches Blut. Das war ein gutes Argument für seinen Segen. Wir haben dann hier in der Stadt geheiratet, dafür kam extra ein katholischer Priester aus Dublin rüber und die ganze Großfamilie. Von heute auf morgen hatte ich ungefähr zwanzig angeheiratete Cousins und Cousinen.»

Ich erzähle ihr von meinen familiären Verhältnissen und dass ich ebenfalls schon ungefähr zwanzigfacher Onkel bin. Das ging bei mir auch relativ schnell, innerhalb von ein paar Jahren hat jedes meiner Geschwister Kinder in die Welt gesetzt. Ich kam nicht nur mit den Namen durcheinander, sondern auch mit den dazugehörigen Vätern. Mein Bruder Paul zum Beispiel hat mit seiner Frau allein sieben Kinder. Ich bin Patenonkel von einem seiner Söhne und hätte keine Ahnung, welcher Junge es von allen ist, wenn seine ganze Sippe vor mir stehen würde. Paul lebt in Irland in unserem Familienlandhaus, das mein Vater einst gekauft hat und wo wir ihn begraben haben. Es war sein letzter Wille, dort bestattet zu werden. Genau dort, wo seine Vorfahren herkamen, denn er wollte als Ire seinen Weg zum Himmel antreten. Es ist ein traumhaftes Landgut mit Herrenhaus und einem gigantischen Blick auf den Atlantik. Als ich Paul vor einem Jahr besuchte, konnte ich diese unfassbare Unendlichkeit bis in die Zehenspitzen spüren. Man steht auf der Kante der Steilküste, saugt die salzige Luft des Ozeans in seine Lungen ein, verharrt für eine kleine Ewigkeit und beginnt davon zu träumen, mit einem unbändigen Willen die Welt zu verändern.

Das ist einfach nur galaktisch.

«Joey, und einen Tag nach der Hochzeit sind wir direkt nach Irland abgedüst. Eine nette und schöne Insel, mit ganz viel Grün und Regen. Ich saß da in einem Haus im Nirgendwo, für mich als Stadtmensch eine absolute Katastrophe. Fünf Jahre habe ich das ausgehalten, und ich habe mir dabei echt Mühe gegeben. Dann war Schluss. Ich konnte einfach nicht mehr.»

Karen ging mit fünfunddreißig Jahren zurück nach Denver und ließ sich scheiden. Seitdem sitzt sie wieder hier im Irish

Pub und wartet wahrscheinlich auf den nächsten Prinzen. «Aber jeder greift mal daneben. Das Wichtigste ist, dass man die richtigen Schlüsse daraus zieht und den gleichen Fehler nicht noch einmal macht.»

Die Stimmung wird immer prächtiger. Der Einfachheit halber bestellen meine neuen Stammtischkollegen den Whiskey jetzt flaschenweise, der wird in unseren vier Saftgläsern gerecht aufgeteilt. Ich kann gar nicht so schnell trinken, wie der ständig nachgekippt wird. Wir sitzen mittlerweile draußen vor der Schenke, damit meine neuen Kumpels Kette rauchen können. Dabei erzählen wir uns Geschichten aus unserer Kindheit von zwei verschiedenen Kontinenten und Belangloses um Herz und Schmerz, diskutieren die Weltpolitik durch, die wir als Staatschefs natürlich ganz anders machen würden.

Und so vergeht Stunde um Stunde.

Larry, Geoff, Kris und Karen strotzen nur so vor Selbstironie. Ein Wort ergibt das nächste, und jeder nimmt den anderen hoch. Ein Charakterzug, den man sonst kaum in einer solchen Dichte in den USA trifft. Für mich haben sie die lässige Attitüde von Kaliforniern, allerdings kombiniert mit einer positiven Erwartungshaltung auf sämtliche Unwägbarkeiten, die sie noch ereilen könnten. Die machen sich echt nicht verrückt und sind kein bisschen eitel. Und sie interessieren sich wirklich für meine Geschichte, Heimat und Herkunft und tun nicht nur so. Eigentlich komplett unamerikanisch. Sie sind tatsächlich nicht oberflächlich. Ob das an ihrem, wenn auch verschwindend geringen Anteil irischen Blutes liegt, vermag ich nicht einzuschätzen. Auf jeden Fall habe ich das Gefühl, als ob ich in dem Laden schon seit Ewigkeiten Stammgast wäre.

Kurz nach zweiundzwanzig Uhr schaue ich mal so ganz nebenbei auf mein Ticket, danach auf meine Armbanduhr, und sämtliche Alarmlampen gehen auf einmal an. Ich habe keine Stunde mehr, dann geht mein Bus. Ob ich an Bord bin oder nicht. Mit leichtem Ausfallschritt renne ich los, froh darüber, dass ich mich an meinem Buggy festhalten kann. Zehn Minuten vor Abfahrt stehe ich an der Fahrertür, der Motor läuft, alle Passagiere sind schon drin. Der Busfahrer mimt den Chef vom Dienst, liest sich meinen Fahrschein in aller Seelenruhe durch, als ob da mein gesamter Lebenslauf draufstehen würde.

Er reißt ihn ein und meint ganz trocken: «Ich würde dich schon mitnehmen, aber an deinen Gepäckstücken fehlen die Tags.»

Damit meint er die kleinen Banderolen, die man beim Check-in auch am Flughafen an seine Koffer drangeklebt bekommt. Die habe ich aber nicht.

Der Busfahrer zeigt kein Erbarmen und schickt mich in die Wartehalle: «Na ja, dann solltest du dir die dort am Counter wohl noch besorgen.»

Leichte Hektik kommt auf, ich ahne schon, das wird ein hoffnungsloses Unterfangen. Jessie heißt sie, die nette Dame am Ticket-Tresen. In aller Eile druckt sie mir die zwei Tags für Buggy und Rucksack aus, und ich stürze wieder zum Bus. Der Fahrer sitzt schon hinterm Lenkrad, winkt mir noch kurz zu und drückt auf einen Knopf. Vor meiner Nase schließt sich mit lautem Zischen die Tür. Der Bus fährt los nach St. Louis, ohne mich.

Jetzt habe ich auch ein finanzielles Problem. Das Ticket hat einhundertvierundvierzig Dollar gekostet, auf dem steht auch noch groß und breit: «No refound». Ich bekomme die Kohle also definitiv nicht zurück. Aber Jessie am Schalter drückt mehr als zwei Augen zu und löscht mich von der Passagierliste mit dem Vermerk: «Ticket falsch ausgestellt». Eine Minute später halte ich einen neuen kostenlosen Fahrschein in der Hand, für den nächsten Bus morgen früh kurz vor neun. Ich weiß nicht, wie ich Jessie dafür danken soll. Ich reiche meine Arme über den Tresen und drücke ihre Hand.

«Thank you so much for your help», sage ich aus tiefstem Herzen. Sie lächelt zurück und entgegnet charmant: «No problem at all. It was a pleasure for me!»

Einerseits bin ich froh darüber, dass ich die Nummer wenigstens ohne Schmerzensgeld geregelt bekommen habe, aber ich muss trotzdem noch eine Nacht in Denver dranhängen. Es ist schon Mitternacht, und noch mal in das Pub zu meinen Kumpels zurück mit meinem ganzen Gepäck, das kriege ich nicht mehr hin. Dafür dreht sich die Welt in meinem Schädel schon zu sehr im Kreis. Gegenüber von dem Busbahnhof ist ein Parkplatz. Einige Autos stehen dort, auch zwei große Wohnmobile genau an einer Häuserwand, dazwischen quetsche ich mich ungesehen in meinem Schlafsack.

Als ich endlich liege, habe ich einen wolkenlosen Sternenhimmel über mir und merke zum ersten Mal, wie todmüde ich eigentlich bin.

EINE NACHT IM GREYHOUND-BUS

Um sieben Uhr morgens packe ich meinen Kram zusammen. Von geruhsamem Schlaf kann wieder keine Rede sein. Seit drei Stunden rollt nicht nur der Verkehr auf der Einfallstraße direkt neben dem Parkplatz ins Zentrum, es hatte auch den Anschein, als ob sämtliche Polizeiwagen der Stadt in dieser Nacht ihre Sirenen samt Blaulicht getestet haben und damit im Fünf-Minuten-Takt an mir vorbeigekachelt sind.

Bei meinem zweiten Versuch, einen Bus nach St. Louis zu besteigen, läuft alles reibungslos: Die Tags hängen ordnungsgemäß gefaltet an meinen Gepäckstücken, der Fahrschein ist gültig, der Busfahrer überfreundlich. Pünktlich um acht Uhr vierzig rollt der Greyhound aus seiner Parkbucht. Ich blockiere gleich mal einen Zweiersitz mit Jacke und Rucksack, damit ich nicht nur bequem aus dem Fenster gucken kann, sondern auch mit leicht angewinkelten Beinen den Schlaf nachholen kann, den mir die Denver-Polizisten diese Nacht nicht gegönnt haben. Auf diese tolle Idee bin ich nicht allein gekommen. Kaum, dass sich der Bus in Bewegung gesetzt hat, lehnen sich die ersten Fahrgäste zurück und dösen weg. Ein paar vermeintliche Vielfahrer sind profitechnisch ausgerüstet, die haben sogar ein eigenes Daunenkissen dabei.

Mir stehen achtzehn Stunden Busfahrt durch drei Bundesstaaten bevor. Am frühen Nachmittag sollen wir die Staatengrenze nach Kansas erreichen, und frühmorgens um halb drei sind wir laut Fahrplan in St. Louis in Missouri. Fast neunhundert Meilen, tausendvierhundert Kilometer, geht es immer geradeaus, die Interstate 70 entlang.

Ich bin schon schlechter gefahren. Der Bus federt butterweich die Betonkanten der Autobahn weg, die Klimaanlage läuft erstaunlicherweise auf einer moderaten Temperatur, ohne dass einem gleich das Gesicht gefriert. Die Sitze sind vergleichbar mit den Polsterstühlen in der Bretterklasse eines Flugzeuges, man kann sich gepflegt hineinlümmeln und wenn auch die Beinfreiheit zu wünschen übriglässt, bekommt man so zumindest keine Rückenschmerzen. Für dringende Notfälle gibt es eine Toilette an Bord, die einem ein entspanntes Gefühl mit auf die Reise gibt, ohne Panik seine mitgebrachte Wasserration verbrauchen zu können. Und ich muss einiges an Flüssigkeit zu mir nehmen, um den Alkohol von letzter Nacht aus meinem Kopf zu spülen.

Ein eingewanderter Schwede gründete vor hundert Jahren das mittlerweile größte Busunternehmen Amerikas. Mit seinem eigenen Kleinbus mit acht Sitzen fing er an, transportierte Bergleute von seiner Heimatstadt Hibbing zu den nahe gelegenen Minen in Alice/Minnesota. Auch wenn fast jeder US-Bürger heutzutage ein Auto hat, funktioniert das Unternehmen immer noch prächtig. Über zwanzig Millionen Greyhound-Tickets werden pro Jahr verkauft. Die Geschäftsidee ist einleuchtend: Ehe man sich für einen stundenlangen Trip selbst hinters Lenkrad setzt, fährt man mit dem Überlandbus viel entspannter und vor allem auch billiger ans Ziel. Man kommt von überall problemlos weg, denn mitten in jeder Großstadt gibt es einen eigenen Terminal, in kleineren Ortschaften halten die Busse an dem nächsten Autorasthof an einer eigenen Haltestelle.

Die Klientel geht quer durch alle Bevölkerungsschichten. In dem Sitz vor mir pennt ein Afroamerikaner, nebenan ein Rucksacktourist aus England. Hinten plappert eine mexikanische Einwandererfamilie laut über ein anstehendes Familienfest, und ein aufgehübschtes Rentnerehepaar liest parallel das gleiche Buch durch Brillen, die die Stärke von gläsernen Aschenbechern haben.

Nachmittags um ein Uhr werde ich von der Durchsage des Busfahrers geweckt, der mit sonorer Stimme gleich den ersten Halt in Colby/Kansas ankündigt. Wir haben eine halbe Stunde

Aufenthalt auf einer Raststätte, wo die ersten Mitfahrer aussteigen. Ich besorge mir aus dem Tankstellen-Shop mein Mittagessen: eine Packung Kekse, einen Obstsalat im Plastikbecher und reichlich Wasser.

Hier in Kansas ist die geographische Mitte der USA. Man ist genauso weit entfernt vom Atlantik wie vom Pazifik. Wenn man aus dem Fenster schaut, sieht man eine flache Prärie, so weit das Auge reicht. Nicht ein Baum steht hier herum, kein Berg durchbricht die trostlose Landschaft. Man erblickt nur kilometerlange Weizenfelder und dürres Grasland, wo Tausende Rinder sich wiederkäuend auf ihr unvermeidbares Schicksal als T-Bone-Steak vorbereiten.

Erst nach dem nächsten Stopp in Salina beginnt sich die Ebene unmerklich zu ändern. In der Abenddämmerung fällt mir auf, dass die Landschaft wieder ein paar Hügel bekommt und tatsächlich Wälder auftauchen. Abends um neun sind wir in Kansas City angekommen. Der Bus hält im Greyhound-Terminal, einem überdimensionalen Quader aus rostrotem Stein. Wir haben jetzt anderthalb Stunden Pause, um uns mal die eingeschlafenen Beine zu vertreten. Der Wartesaal ist überfüllt mit Menschen, kein Sitzplatz ist mehr frei. Es gibt bloß einen Laden, und der hat nur Chips und Softdrinks zu bieten. Ich fummele aus meinem Rucksack zwei Riegel hervor und beobachte kauend die Leute, die auf dieser Verbindungsstrecke zwischen New York und San Francisco gestrandet sind: nervös auf ihrem Laptop hackende Manager, übermüdete Kleinkinder, die ihre Mütter zur Weißglut treiben, unscheinbare Dealer mit rot geränderten Augen, krampfhaft lernende Studenten und verirrte Singles. Hier könnte man eine schöne Sozialstudie betreiben, wenn man es denn wollte.

Pünktlich geht es weiter, und die Leute schlafen im dezenten Schlummerlicht wie auf ein Zeichen alle sofort ein. Ich gebe den Versuch nach einer halben Stunde wieder auf und starre durch das Fenster in die Dunkelheit. Die vorbeifliegenden Rasthöfe sind die einzige Abwechslung in der stockfinsteren Nacht. Noch vier Stunden, dann bin ich in St. Louis. Dorthin haben wir es damals mit unserer Kelly Family nicht geschafft. Aber das war auch egal, denn die Großstädte gleichen sich sowieso alle. Und wenn wir die Straße rockten, waren wir überall die Exoten, weil die Amerikaner einfach nicht wussten, was sie mit unserer Musik anfangen sollten. Wir hatten immer den Eindruck, dass sie so etwas noch nie gehört hatten.

Ich glaube, dass sie ganz einfach traditionsbedingt nicht so kulturell interessiert sind wie wir Europäer. Das hängt wahrscheinlich mit der überschaubaren Chronik der USA zusammen. Als Kolumbus 1492 seinen Anker an der Ostküste ins Wasser rattern ließ, war die Bibel schon längst durch Gutenbergs Druckerpresse gerutscht. Und während hier vor hundert Jahren noch fröhliche Musikanten ihre Fiedel mehr recht als schlecht in den Saloons bearbeiteten, hatte Richard Wagner die Uraufführung seiner «Ringe» schon hinter sich. In jeder europäischen Provinz kann man Kunst und Kultur regelrecht einatmen, man ist stolz auf die Söhne seiner Stadt; selbst wenn die schon vor tausend Jahren ihre Heldentat vollbrachten, gehört das zu der eigenen Vergangenheit. Wer diesen Bezug nicht generationsübergreifend mit ins Blut be-

kommt, kann kein tiefes Gespür für die großartigen Werte seiner Heimat entwickeln. Runtergebrochen auf unser subjektives Kelly-Problem, nämlich das Musizieren auf den Straßen der USA, wirkten wir für die Amerikaner wie eine Pausen-Band aus dem Zirkus, interpretierten aber handwerklich richtig professionell unzählige irische und deutsche Volksweisen, spanische Schüttelreime und italienische Liebeslieder. Die Passanten hörten so etwas zum ersten Mal und dachten anscheinend, da spielt so eine Truppe auf der Promenade irgendwelche Hits aus einem Disney-Film mit einer europäischen Mickymaus. Und zweifelsfrei ist die bestimmt auch noch von der Stadtverwaltung gesponsert, um die Touristenhorden zu unterhalten. Wir hatten einen Korb mit unseren eigenen Kassetten vor uns, den man definitiv nicht übersehen konnte, und ich ging noch zusätzlich mit dem Hut herum: Die Mehrheit aber meinte tatsächlich, da schmeißen wir nichts rein, diese Gaukler sind doch sowieso schon bezahlt. Das war zum Teil so grenzwertig, dass wir uns an manchen Tagen nicht mal etwas zu essen kaufen konnten. Da spielst du acht Stunden am Stück und hast am Ende nicht mal hundert Dollar im Hut, und das bei einer Familie mit damals neun Kindern. Aus Atlantic City zum Beispiel sind wir nach einer Woche mit hungrigen Mägen wieder abgehauen. In Philadelphia lief es kaum besser. Nur in Boston und New York haben wir guten Umsatz gemacht, auch in New Orleans, dort blieben wir deshalb sogar fast einen Monat. Wir brauchten im Zentrum kaum die Plätze zu wechseln, weil diese Stadt die Musik einfach lebt. Hier wurde der Oldtime Jazz erfunden und tagtäglich durch Dutzende Musikgruppen auf der Bourbon Street gespielt. Die Leute freuten sich regelrecht, wenn sie uns am nächsten Tag wieder trafen und zuhören konnten.

Aber es war überall wahnsinnig schwierig, nicht vergleichbar mit Europa. Aus den USA sind wir letztendlich regelrecht geflüchtet. Alle öffentlichen Plätze, wo man auftreten konnte, hatten wir da schon abgespielt. In einer Stadt wie New York gab es eben nur vier Plätze, und nach ein paar Tagen haben die Anwohner von uns wirklich die Schnauze voll gehabt. In Deutschland zum Beispiel war alles viel einfacher; hatten wir Berlin abgespielt, sind wir am nächsten Tag einfach nach Potsdam weitergefahren, das dauerte nicht mal eine Stunde. In Amerika warst du bis zur nächsten Großstadt einen ganzen Tag unterwegs. Das ist der kleine, aber feine Unterschied. Wir sind schließlich mit dem letzten Hemd am Leib nach zwei Jahren nach Holland, weil wir einfach in den Staaten nicht mehr weiterkamen. Es war Stillstand. Auf der Straße hattest du dort kaum eine Chance.

Zehn Jahre später holte mich unsere Amerika-Vergangenheit wieder ein. Wir als Kelly Family spielten auf einem Festival, das hieß «Midtfyns» und war neben «Roskilde» das größte Open-Air-Ereignis Nordeuropas. Wir hatten gerade unseren bis dahin erfolgreichsten Nummer-eins-Hit «An Angel» veröffentlicht und sollten durch diesen Auftritt für unsre Plattenfirma den Fuß in die dänische Tür bekommen, um im darauffolgenden Jahr eine eigene Tournee durch ganz Skandinavien machen zu können. Samstagabend standen wir dann auf der Bühne, vor uns spielten «Iron Maiden» und nach uns «ZZ Top». Wir wurden somit in das Headliner-Programm reingequetscht, zwischen die beiden damals größten Hardrock-Bands überhaupt. Das war für uns entweder eine Offenbarung oder Harakiri. Es gab nur eine Lösung: Wir konnten das Publikum bloß für uns gewinnen, wenn wir ausnahmsweise mal die Volkslieder wegließen. Das zogen wir auch völlig schmerzfrei durch. Die fünfzigtausend Fans trauten ihren Ohren nicht, weil wir selbst jede Ballade zielgruppengerecht mit martialischen Riffs auf unseren E-Gitarren aufpeppten. Es hat wahrscheinlich so geklungen wie die «Scorpions» zu ihren besten Zeiten. Die Massen drehten völlig durch, und wir hatten unseren Spaß.

«Ich habe eure Familie 1986 in New Orleans auf der Straße spielen sehen!»

Eric Bazilian, der Sänger von «The Hooters», gesellte sich nach der Show im Backstage-Bereich zu mir. «Ich kann mich noch genau an diesen Tag erinnern, ihr habt damals ‹Greensleeves› gespielt, zusammen auf zehn verschiedenen Instrumenten, das hatte ich vorher noch nie in dieser Form gesehen oder gehört.»

Diese englische Volksweise gehörte bei uns zum festen Repertoire, sodass bis heute viele denken, das sei ein originaler Kelly-Hit und kein jahrhundertealtes Liebeslied. Bazilian hörte fasziniert zu, als ich ihm ein paar Geschichten von unserem täglichen Überlebenskampf als Großfamilie erzählte.

«Wir sind durch jeden Club in Philadelphia getingelt, bis wir den ersten Plattenvertrag hatten», berichtete er von seinen eigenen Anfängen. «Aber auf der Straße gespielt, nein, das haben wir nie gemacht.»

Eric Bazilian ging nach unserer Straßenshow in New Orleans zurück in sein Hotel und schrieb den Song «Johnny B.». Das Ding wurde ein Welthit.

«Ich war durch eure für mich völlig neue Art von Musik inspiriert», erzählte er weiter. «Und auch eure extrem lockere Art damals war bemerkenswert, obwohl ihr auf der Straße gelebt habt. Das fand ich einfach total verrückt.»

Selbst Jahre später, nach unserem großen Durchbruch, wurden wir dafür noch belächelt, von vielen aus Sarkasmus, von manchen auch aus Mitleid. Wir waren eine schrecklich nette Familie, die absoluten Exoten im Show-Business. Eric Bazilian hat uns von Anfang an mit anderen Augen gesehen. Bis heute spielt er mit seiner Band «The Hooters» in den Live-Shows vor dem Song «Johnny B.» eine kurze Akustik-Version von «Greensleeves» mit den gleichen Straßeninstrumenten, wie wir sie damals hatten.

Zum Abschied hinter der Bühne in Midtfyns bedankte sich Eric, dass er uns endlich persönlich kennenlernen durfte.

Ich war echt gerührt.

EIN FAHRRAD
UND GESCHENKTE SOCKEN

Der Greyhound-Bus hatte laut Fahrplan nur zwanzig Minuten Verspätung, bei der zurückgelegten Entfernung wirklich eine beachtliche Leistung. Übermüdet, wie ich war, habe ich nicht lange herumgesucht, sondern mich gleich hinter dem nächsten Motel inmitten eines großen Parkplatzbusches hingelegt. Es ist großartig, wenn man nach ewigen Stunden in verkrampfter Sitzhaltung wieder seinen ganzen Körper in der Waagerechten ausstrecken kann und merkt, wie die Blutzirkulation unmittelbar einsetzt. Nicht nur, dass der dickflüssige Lebenssaft aus dem Bauch wieder in den Kopf hochläuft, auch die Beine kribbeln auf einmal nicht mehr so wahnsinnig, als ob ich sie unfreiwillig in einen Termitenhügel gesteckt hätte.

Heute steht in St. Louis die nächste Herausforderung auf meiner USA-Durchquerung an. Ich will mir ein Fahrrad kaufen und damit die nächsten paar hundert Meilen strampeln. Um sieben Uhr stehe ich auf und packe meinen Buggy. An der nächsten Tankstelle kaufe ich mir erst mal eine halbe Melone und zwei Tüten Erdnüsse, dann frage ich gleich den Mann, der hinter der Kasse steht, wo ich mir denn hier am schnellsten einen Drahtesel beschaffen könne. Erwartungsgemäß schauen mich zwei völlig erstaunte Augen an: Fahrradfahren ist in den Staaten ungefähr so populär wie bei uns Hochseiltanzen. Eine Form der Bewegung, die keiner freiwillig machen würde.

Der Kassierer schickt mich in die Hauptstraße runter ins Zentrum, da gäbe es jede Menge Geschäfte, und vielleicht fände ich dort auch das, was ich suche. Bevor ich losziehe, breite ich an der Luftsäule mein komplettes Gepäck auf dem Boden aus, um mir einen Überblick zu verschaffen, wovon ich mich trennen kann. Das überflüssige Zeug muss weg, schließlich werde ich jetzt alles mit eigener Muskelkraft auf dem Fahrrad hinter mir herziehen müssen. Zwei T-Shirts, ein Paar Schuhe, ein Fleece-Pullover, eine Regenjacke und ein paar Kleinigkeiten stopfe ich in einen Camping-Sack, den ich an der Tankstelle stehenlasse. Das sind alles sehr gut erhaltene Klamotten, und auch die Tasche selbst ist fast wie neu, darüber wird ein Obdachloser beglückt sein.

Die Jefferson Street, die ich entlangmarschiere, ist eine vierspurige Straße, gesäumt von großen Bäumen, die wohltuenden Schatten spenden. Die Szenerie erinnert mich ein wenig an London mit seinen viktorianischen Reihenhäusern, alle kaum zehn Meter breit und mit einem kleinen Vorgarten verziert, wo gerade mal ein Hamster Auslauf bekommen würde.

Nach einer knappen Stunde stehe ich vor einem typischen Trödelladen. Hier gibt es alles, was man irgendwann mal gebrauchen konnte: alte Hängelampen und Stühle, Bilderrahmen mit und ohne Gemälde, angerostete Haushaltstechnik, Bettgestelle, Röhrenfernseher mit integriertem VHS-Rekorder und bunt beleuchtete Kneipenkühlschränke.

Und auch drei Fahrräder.

Robert, der afroamerikanische Besitzer, hat vor achtzehn Jahren das Geschäft als Sockenladen aufgemacht. «Hier, schau mal! Da hinter der Eingangstür habe ich immer noch das alte Schild hängen.»

Auf einer vom Wetter gegerbten Emaille-Tafel kann man die Buchstaben noch klar erkennen: «Home of the 99 Cent Socks – St. Louis first & only sock shop». Das zeigt er bestimmt jedem Neuling, der sein kleines Reich zum ersten Mal betreten darf. Der Siebenundvierzigjährige spricht langsam und bedächtig, seine sportliche Figur wird betont durch das weiße Unterhemd, aus dem sich durchtrainierte Schultern wölben. Das Haus hat

Robert von seinen Eltern geerbt, im Obergeschoss wohnt er mit seiner Frau und den vier Kindern, hier unten vertickt er mittlerweile alles, was wenigstens noch ein paar Dollar wert ist.

«Ich kaufe das ganze Zeug auf Flohmärkten und Auktionen, auch bei Haushaltsauflösungen bei uns in der Gegend. Da gibt es seit den letzten zwei Jahren jede Menge, weil viele ihre Miete nicht mehr zahlen können, pleitegehen und aus Kostengründen aufs Land ziehen müssen.»

Roberts Idee von einst, ausschließlich Socken und die gerade mal für einen knappen Dollar zu verkaufen, funktioniert nicht mehr.

«In den letzten Jahren gingen keine Strümpfe mehr weg, weil die Winter hier nur noch um die null Grad haben», erzählt er mir von besseren Zeiten. «Auch die Sommer werden immer heißer, die letzten zwei Wochen haben wir schon durchgehend vierzig Grad, da braucht keiner Strümpfe, die laufen alle ein halbes Jahr lang barfuß in Badelatschen durch die Gegend. Einen letzten Ständer mit Socken habe ich aber noch da vorn an der Tür stehen. Irgendwie hängt mein Herz dran, wegschmeißen kann ich die nicht.»

Ein kunterbuntes Paar 99-Cent-Socken, das ich von ihm in die Hand gedrückt bekomme, ist aus China und absolut reißfest, wie ein kurzer Test beweist. Das ehemals umsatzträchtige Geschäftsmodell hat augenscheinlich durch die Klimakatastrophe einen Knick bekommen. Jetzt macht Robert in Trödel.

Ich sehe mir die drei Drahtesel genauer an, und meine Entscheidung ist schnell gefallen. Hinter den beiden Tour-Rädern steht ein altes, gelbes Rennrad, Marke «World Traveler» aus Japan. Es macht einen verstaubten Eindruck und ist im Verhältnis zu modernen Rennrädern mächtig schwer. Auf dem Rahmen klebt noch eine Lizenznummer aus Brooklyn/Minnesota. Wie das auch immer hier hergekommen sein mag, da hat einer auf seiner letzten Fahrt ordentlich Kilometer geschrubbt. Allerdings finde ich an dem Teil keine einzige Lampe, die Bremsbacken sind regelrecht abgeschliffen und die Reifen platt.

Ich steige direkt in die Preisverhandlung ein. «Mit dem Rad komme ich aber nicht bis Chicago!»

Robert grinst mich durch seine schwarze Rahmenbrille an: «Wenn wir die Kleinigkeiten schnell noch repariert bekommen, bringt dich das Fahrrad überallhin.»

Er dreht sein Basecap nach hinten, kratzt sich kurz an der Nase und will achtzig Dollar haben. Mein Argument, dass das Rennrad nicht mehr den besten Eindruck macht, lässt er geschmeidig an sich abprallen. Ein paar Minuten später nach einer gemeinsamen Bestandsaufnahme der technischen Unwägbarkeiten haben wir uns auf sechzig Dollar geeinigt, wie es sich gehört per Handschlag. Dazu bekomme ich noch vier Bremsklötze sowie Vorder- und Rücklicht mit einem Meter Isolierdraht und fange an, vor dem Laden die Rennmaschine fit zu machen.

Jeder Zweite, der vorbeigeschlendert kommt, wird von Robert gegrüßt und in ein kurzes Gespräch verwickelt. Sein Laden ist offenbar die Kommunikationszentrale der gesamten Nachbarschaft, heute gibt es als Zugabe noch den Exoten aus Germany, der sich bekloppterweise bei ihm ein Rad gekauft hat. Im Halbkreis stehen die Neugierigen mit Händen in den Hosentaschen um mich herum und geben in der brütenden Mittagshitze schlaue Tipps, wie man am besten einen Draht über die Querstange nach hinten zieht, und witzeln, warum ich mir nicht gleich eine Taschenlampe da vorn dranschrauben würde. Kevin, Roberts bester Freund, packt mit an und holt einen Schraubenschlüssel. Für ihn ist ein Fahrrad unverkennbar kein Mondmobil. Der Typ, der aussieht wie gerade aus einem Werbekatalog für Fitness-Studios herausgestiegen, weiß, was er tut: beide Räder ausgebaut, Schläuche rausgezogen, Löcher verklebt, Kette geölt, Sattel und Lenker neu justiert. Ich kann gar nicht so schnell assistieren, wie es ihm von der Hand geht. Dabei wird gescherzt und gelacht und jede Menge positiver Energie verströmt. «Life is for living!», meint Kevin, denn auf die Grundeinstellung kommt es an. Man sollte aus seiner Sicht auch irgendwann mal damit aufhören, vom Unerreichbaren zu träumen. Er selbst weiß, dass er es in seinem Leben nicht mehr schaffen wird, aus St. Louis herauszukommen. Die einzige andere Stadt, die er kennt, ist Las Vegas. Dort war er mal einen Schulfreund besuchen, der im «Bellagio» als Croupier arbeitet. Der hatte ihm angeboten, einen Schnellkurs im Casino zu machen und sein Geld dort zu verdienen.

«Aber soll ich mir da jeden Tag anschauen, wie fremde Leute Tausende von Dollar auf den Tisch knallen und so tun, als ob es Spielgeld wäre? Nein, da bleibe ich lieber ein einfacher Autoschrauber, erziehe meine Kinder zu ordentlichen Menschen und habe meinen Seelenfrieden.»

Zum Schluss gibt es vor dem Trödelladen einen Riesenauflauf mit spontanem Beifall, als ich meine Probefahrt mit ange-schraubtem Buggy mache. So etwas haben die noch nie gesehen: Ein Weißer in der Vorstadt mit Rennrad und Kinderwagen auf drei Rädern hintendran. Robert hat mir noch eine Handluft-pumpe, eine Zange, einen Ersatzschlauch und zwei Reifen aus seinem umfangreichen Fundus herausgefummelt, damit ich für eine eventuelle Panne gerüstet bin. Wir handeln einen Paket-preis von zwanzig Dollar aus. Somit hat er dann doch seine avisierten achtzig Dollar, die er anfangs haben wollte, gemacht, stelle ich schmunzelnd fest.

Ich fahre Richtung Osten, direkt durch das Zentrum, um die Umgehungsstraße zu vermeiden, für die ich sonst mindestens fünfundzwanzig Meilen zusätzlich strampeln müsste. Radwe-ge suche ich vergeblich, ich muss mich auf einer vierspurigen Straße an den Rand quetschen, um nicht von einem Lkw mitge-rissen zu werden. Auch vor den Autofahrern habe ich auf mei-nem Drahtesel sitzend Respekt, denn die US-Amerikaner sind es nicht gewohnt, dass plötzlich vor ihnen ein Radfahrer auf der Straße auftaucht.

Der Fahrradbestand bei uns in Deutschland liegt bei siebzig Millionen Stück, also fährt ein jeder, der halbwegs gut stram-peln kann, ein Zweirad. Hier in den Staaten nutzen nur ein Prozent der Leute das Fahrrad als Fortbewegungsmittel. Kein Wunder, dass ich in der Millionenmetropole der Einzige bin, der auf zwei Rädern unterwegs ist. Ich habe keinen anderen Radfahrer sichten können, und das wird vermutlich auch so bleiben.

St. Louis gilt bis heute als das «Tor zum Westen». 1763 als Handelsposten gegründet, wurde der Ort zum wichtigsten Aus-gangspunkt für alle Siedler, die mit ihren Trecks nach Westen zogen. Dem Ganzen hat man auch in der üblichen amerikani-schen Bescheidenheit ein Denkmal gesetzt. Der «Gateway Arch» ist das Wahrzeichen der Stadt, ein fast zweihundert Meter hoher Riesenbogen aus rostfreiem Stahl, der sinnbildlich die Geschichte einfängt.

Downtown selbst wirkt wie eine Geisterstadt, kaum ein Mensch ist auf der Straße, und das mitten am Tag. Die Finanzkrise vor vier Jahren hat hier auch optisch richtig zugeschlagen. An jedem zweiten Geschäft und selbst an großen Bürotürmen steht in leuchtfarbenen Lettern «To Lease» oder «To Rent» angeschlagen. Kunden haben kaum noch Geld für Konsum übrig, die Läden machen keinen Umsatz mehr und gehen pleite. Eine Spirale, die sich ausschließlich nach unten dreht. Ich schaue durch die verdreckten Fenster von ehemaligen Restaurants, Hochzeitsausstattern oder Supermärkten und kann zum Teil noch die komplette Inneneinrichtung erkennen. Selbst Regale und Tische rauszureißen hätte anscheinend keinen Sinn mehr gemacht, das wäre wahrscheinlich teurer gewesen als der noch zu erwartende Erlös.

Wie radikal der Immobilien- und Finanzmarkt durcheinandergewirbelt wurde, zeigen auch die Zwangsversteigerungen in den USA. Allein im Jahr 2010 waren es über eine Million Häuser. Überall, von Florida bis nach Los Angeles, bekommt man mittlerweile mit ein bisschen Glück ein prunkvolles Anwesen für den halben Preis. Das hat in letzter Konsequenz auch darin seine Ursache, dass so ziemlich jede Bank in den Staaten zum Beispiel einer Supermarktkassiererin ein Haus im Wert von einer halben Million Dollar zu hundert Prozent finanziert hat, also ohne Eigenkapital. Das sind Summen, die sich sogar ein Schulkind schnell zusammenrechnen kann: Selbst wenn die Kassiererin im besten Fall vierzig Jahre durcharbeiten würde, könnte sie das Haus zu Lebzeiten nie und nimmer abzahlen. So eine Fehlkalkulation, wenn man sie denn so nennen will, kann mal passieren. Aber nur einmal und nicht hunderttausendfach. Das war Normalität. Du hast schneller ein Haus finanziert bekommen als einen gebrauchten Pick-up im Autohaus.

Wie in vielen anderen Ländern dieser Welt, liegen auch die Ausgaben in den Staaten seit Jahrzehnten schon über den Einkünften. Die Schuldengrenze, die der Kongress festlegt, um Rechnungen und Kredite zu bezahlen, liegt derzeit bei unfassbaren siebzehn Billionen Dollar. Rechnet man das auf die Einwohnerzahl um, steht die USA mit knapp fünfundfünfzigtausend Dollar je Bürger in der Kreide. Als Barack Obama 2009 das Präsidentenamt übernahm, wollte er die damalige US-Staatschuld von zehn Billionen Dollar halbieren. Aber die immensen Kriegskosten in Afghanistan, dazu noch die weltweite Finanzkrise machten aus diesem Versprechen eine Luftblase.

Schon nach einer halben Stunde gibt es einen ordentlichen Knall. Der erste Schlauch ist geplatzt. Allerdings keiner vom Fahrrad, sondern von dem rechten kleinen Hinterrad meines Buggys. Ich könnte zwar noch ohne größere Probleme weiterfahren, will das aber unbedingt repariert bekommen, ehe sich auch noch der zweite Schlauch verabschiedet, denn dann würde ich mein Gefährt nicht mehr verkehrssicher gelenkt bekommen. Es dauert eine ganze Weile, bis ich einen Radladen gefunden habe, dafür aber einen richtig gut ausgestatteten: In der «Big Shark Bicycle Company» bekomme ich alles, was ich brauche. Ich kaufe zwei Fahrradschläuche für die kleinen Räder, zusätzlich zur Sicherheit noch zwei für das Rennrad. Alles in allem kostet das erstaunlicherweise nur zwanzig Dollar. Für das Aufziehen des neuen Schlauches nimmt der Experte hinterm Tresen noch mal fünfzehn Dollar Arbeitslohn pauschal, macht mit Steuern genau siebenunddreißig Dollar und siebenundneunzig Cent.

Es ist schon halb fünf nachmittags, als ich endlich wieder losrollen kann. Gleich hinter dem Zentrum geht es nördlich am Stadthafen des Mississippi River durch ein brachliegendes Industriegebiet mit stillgelegtem Güterbahnhof. Eine ziemlich heruntergekommene Gegend, keine Menschenseele ist weit und breit zu sehen, obwohl es noch taghell ist. Ich bekomme leichte Beklemmungen, dass irgendjemand hinter der nächsten Ecke hervorhüpft und mir mit vorgehaltener Kanone mein neu angeschafftes Fahrrad abnehmen will. Dieses Gefühl sorgt automatisch für ordentlichen Tritt in die Pedale. Eine halbe Stunde später sehe ich auf der Brücke über dem Fluss das Schild zur Staatengrenze von Illinois, obwohl ich eigentlich noch in St. Louis bin.

Das Kuriosum hat seinen Grund: Die Stadt ist durch den Strom zweigeteilt, die andere Hälfte gehört zum Bundesstaat Missouri.

Eigentlich wäre die Interstate 55 die kürzeste Strecke nach Chicago, aber auf Autobahnen Rad zu fahren, ist in den Staaten nur im Ausnahmefall erlaubt, wenn es dazu keine Alternativstraße gibt. Ich muss den alten Highway Nummer 3 am Mississippi entlang und ein Stück den 162er nehmen, damit ich mich weiter nördlich hinter Edwardsville auf dem 159er wieder parallel zur Interstate bewegen kann. Auf der Landstraße drücke

ich aufs Tempo. Die Sonne knallt erbarmungslos von oben runter, einen Lufthauch spüre ich lediglich durch den Fahrtwind, und selbst der rauscht mir heiß ins Gesicht. Vier Stunden radele ich durch, dann brauche ich dringend einen Boxenstopp. Einen langgezogenen Schatten, den eine Baumreihe auf die einsame Chaussee wirft, will ich nutzen, um die Kette nachzuziehen, die ein wenig schlackert, und ein saftiges Stück Melone zu verspeisen. Kaum greift der Fruchtzucker den Speichel in meinem Mund an, vernehme ich aus einiger Entfernung ein lautes Rufen, das in der Einöde von Illinois unweigerlich mir gelten muss.

Als ich mich umdrehe, sehe ich einen gut genährten Menschen langsam auf mich zukommen. Abrupt bleibt er stehen und zeigt aus ungefähr zwanzig Metern mit der linken Hand auf mich. Seine rechte bleibt hinterm Körper.

«Hello, Sir!» Er macht eine kurze Pause und fügt an: «Can I help you?»

Jetzt weiß ich Bescheid, was los ist: Alarmstufe Rot. Mit dieser Frage ist nicht wirklich tatkräftige und selbstlose Unterstützung im Notfall gemeint, sondern die dringliche Aufforderung, sich schleunigst aus dem Staub zu machen, denn sonst wird vom Hausrecht Gebrauch gemacht. Diese dezente Andeutung von Interessenheuchelei meint ausschließlich, dass man, wo auch immer man gerade ungünstigerweise steht, nicht gern gesehen ist. Das kann dir in den USA überall passieren, ob vor einer Eisdiele, einer Diskothek oder wie hier vor einem Privatgrundstück. Und das bedeutet, man hilft im Widersetzungsfall ohne mit der Wimper zu zucken mit einer Knarre nach. Bei den lässigen Waffengesetzen der USA muss man stets davon ausgehen, dass ein Gegenüber sein Schießeisen dabeihat. Ich bin mitten in der Pampa allein unterwegs und möchte es darauf nicht ankommen lassen, auch wenn der aufgescheuchte Typ, dem garantiert die Felder links und rechts der Straße gehören, nicht ahnen kann, dass ich eigentlich eine gutmütige Seele bin und keiner einzigen Fliege etwas zuleide tun würde. Aber die Amerikaner sind durch ihren ganzen TV-Trash und die ständig steigenden Verbrechenszahlen so sensibilisiert, dass sie erst mal hinter jedem auch noch so freundlichen Gesicht ihren eigenen potenziellen Killer sehen, der sie dorthin befördern möchte, wo keiner freiwillig hinwill. Offensichtlich auch eine Erklärung dafür, dass es so viele Tote durch Schusswaffen gibt, denn der, der zuerst abdrückt, besitzt die höhere Überlebenschance. Wie damals im Wilden Westen bei den Duellen auf der Hauptstraße, wenn der Sheriff dem Gesetzlosen gegenüberstand und dann doch leider eine Sekunde zu langsam war. Das tragen die US-Amerikaner im Blut, und aus diesen Cowboy-Geschichten begründet sich wahrscheinlich bis heute die Legalität von privatem Waffenbesitz. Frei nach dem Motto: Was mir gehört, das schütze ich, und was ich will, das setze ich durch. Und im Zweifelsfall mit Gewalt.

Ich rufe dem Farmer zu, dass ich ein Radfahrer bin, nur eine kurze Pause mache und gleich wieder weiterfahren will. Er nickt bedächtig. Daraus schließe ich, dass er sich nicht sicher ist, ob er mich für einen verirrten Sportler oder einen durchgedrehten Vollidioten halten soll, denn wer sonst fährt bei einer solchen Gluthitze mit einem Fahrrad durch dieses Niemandsland. Das machen nur Kranke oder Kriminelle, und unter diesem Aspekt kann ich seine Vorsicht durchaus verstehen. Er bewegt sich keinen Meter, bis ich mich wieder auf mein Rad geschwungen habe. Als ich mich umdrehe, steht er immer noch am selben Fleck.

Ich weiß, er wartet so lange, bis ich als kleiner Punkt am Horizont verschwunden bin.

JAHRHUNDERTHITZE
BEI ABRAHAM LINCOLN

Die vielen kleinen Nester in Illinois bestehen lediglich aus einer Tankstelle, gleich daneben stehen ein Fastfood-Restaurant und ein Motel, wo man sein Auto direkt vor der Zimmertür parken kann. Dazu noch eine Häuseransammlung, die wie eine Handvoll Körner neben den Highway geworfen ist. Dort können nur die Kassiererinnen, Putzfrauen und die Burger-Bräter wohnen. Sonst macht das eigentlich keinen Sinn, hier zu leben.

Wer an solch einem Ort mitten in der fast menschenleeren Provinz Kinder in die Welt setzt, weiß, dass auf seinem eigenen Grabstein im nächsten Jahrhundert die ganze Sippe namentlich dazukommt. Keiner kann entfliehen, denn jeder Weg ist zu weit. Das elterliche Geschäft wird nun mal an den Sohn oder die Tochter weitervererbt, samt Haus und Hof. Das stand in den letzten hundert Jahren nie zur Debatte. Und keiner wird je den Absprung schaffen. Wohin auch immer, es macht keinen Sinn. Denn hier ist man geboren, hier gehört man hin. Und hier wird man irgendwann auch sterben.

Ich bin die ganze Nacht durchgefahren, in einer entsetzlichen Hitze. Kurz vor Sonnenuntergang hatte ich mir noch bei «Walgreens» einen doppelten Vanille-Espresso und einen Liter Cola gekauft, um die aufkommende Müdigkeit zu verscheuchen. Eine Viertelstunde später fiel mir erst auf, dass ich die Eiswürfel vergessen hatte. Also bin ich bei nächster Gelegenheit noch mal raus und kaufte ein Drei-Kilo-Paket für sage und schreibe nur einen Dollar und neunundzwanzig Cent. Der Erwerbszweck besteht darin, dass ich in die aufgerissene Eiswürfelpackung meine Getränke hineinstopfe, somit habe ich meinen eigenen mobilen Kühlschrank dabei.

Mein Shirt habe ich, als die Dämmerung einsetzte, gegen eine Signalweste getauscht, die sich klatschnass durch meinen Schweiß wie eine Plastikfolie an meinen Oberkörper schmiegte. Aber so erkannten mich wenigstens die durchbrausenden Trucks und nagelten mich nicht aus Versehen um. Es war selbst in dieser Nacht so warm, dass der Fahrtwind nicht kühlte, sondern mir lediglich das Gefühl gab, dadurch nicht im Stehen zu schwitzen. Auch wenn es schier endlos erscheint, die Kilometer rauschen in der Dunkelheit besser durch als am Tag. Man sieht die Entfernungen nicht, kann sie nur anhand der Lichter der nächsten Ortschaft erahnen. Und zwischendurch ist man im kompletten Schwarz gefangen, nur die Fahrradlampe strahlt mit einer penetranten Arroganz auf den Asphalt als der alleinige Anhaltspunkt im Nirgendwo.

Man muss positiv denken: Stetiges Treten hält die Geschwindigkeit, und die macht Meter. Und am Ende Kilometer.

Die aufgehende Sonne stoppt mich schließlich, denn die zunehmende Hitze wird langsam unerträglich. Fast zweihundert Kilometer habe ich seit St. Louis schon in den Beinen, durch meine pausenlose Strampelei lechzt mein Körper nach Entspannung. Um acht Uhr morgens halte ich an einer Tankstelle, um mir eine Pause zu gönnen. Hier gibt es, wie überall, auch Duschen. Die kosten allerdings zehn Dollar für beschauliche zehn Minuten Brausespaß. In diesem Moment ist mir das jedoch völlig egal, ich genieße diese fast göttliche Auszeit wie einen Jungbrunnen. Es ist ein traumhaftes Gefühl, wenn das kalte Wasser an einem herunterläuft und man minütlich merkt, wie die Körpertemperatur zu sinken scheint. Ich nutze die Chance und wasche noch meine Sport-Shirts durch, auch die Socken und Unterhosen. Total fertig mit der Welt, würde ich mich jetzt gern für zwei, drei Stunden einfach ablegen und meinem verminderten Augeninnendruck nachgeben, aber der Tankwart vorn an der Kasse beäugt mich ohne Unterlass. Nicht, dass der noch die Bullen ruft, von wegen ein Penner hängt hier herum und verscheucht mir die Kunden. Keine zwei Minuten später steht der Typ tatsächlich vor mir und meint, wenn ich nichts konsumieren würde, sollte ich lieber langsam mal weiterfahren. Ich räume meinen Kram zusammen und kaufe eine große Cola, an der ich die nächsten zwei Stunden nuckele, und verschaffe mir dadurch einen Aufschub, indem ich im Sitzen an die Wand gelehnt im Halbschlaf versinken kann. Die Klimaanlage tut ein Übriges, damit ich mich wenigstens im abgekühlten Modus ein bisschen von den Strapazen der letzten Nacht erholen kann.

Kurz nach vierzehn Uhr mache ich mich wieder auf den Weg. Springfield, die Bundeshauptstadt von Illinois, liegt schon hinter mir, und ich könnte eigentlich ganz zufrieden sein mit meinem Pensum. Aber schon nach ein paar Meilen merke ich: Ich komme nicht mehr richtig in Schwung. Im Schatten sind jetzt vierundvierzig Grad. Aber es gibt hier keinen Schatten. Im Halbstundentakt muss ich nun schon meine durchgeschwitzten Trikots wechseln. Den Buggy-Griff benutze ich als improvisierte Wäscheleine, das klitschnasse Hemd ziehe ich mit einem Knoten dort durch und das bereits getrocknete wieder an.

Die Hitze macht mich fast verrückt.

Die Landschaft am Highway 54, glattgezogen wie mit einem Messer, ist so abwechslungsreich wie eine Busfahrt durch Mecklenburg-Vorpommern, bloß dass diese riesigen Windräder fehlen. Links von meiner Piste liegt eine eingleisige Bahnstrecke, flankiert von einer nicht mehr intakten Stromleitung, die auf uralten Holzmasten tanzt. Dann folgen zehn Meter Gestrüpp, danach die zweispurige Straße, zusammengezimmert aus quer verlegten Betonteilen, deren tellergroße Löcher über Jahrzehnte mit Teer geflickt worden sind. Das Fahren wird dadurch zu einem anstrengenden Zeitvertreib, denn den minimalen Höhenunterschied zwischen den asphaltierten Kanten der einzelnen Beton-teile kann man immer erst kurz vorher erahnen, und dann hüpft man ziemlich verschreckt darüber hinweg in der Hoffnung, dass einem der Reifen nicht wegknallt. Gleich rechts vom Highway beginnt nach wenigen Metern das Maisfeld – und dieses Spektakel verfolgt mich kilometerweit, ohne sich im Geringsten zu ändern. Die Straße bleibt schnurgerade, man ist froh, wenn man am Horizont eine Häuseransammlung ausmacht, damit man sich selbst ein Ziel setzen kann. Man schätzt ständig ab: Die nächste halbe Stunde könnte ich das erreichen, vielleicht aber auch erst in einer Stunde. Die Entfernungen sind schwer einzuschätzen, weil die Piste durch die Sonnenglut so stark flimmert, dass man entgegenkommende Autos sogar als Spiegelbild auf der Straße doppelt wahrnimmt. Lkws von der Größe zweier Eisenbahnwaggons sehen aus der Distanz aus wie ein langgezogener, farbiger Streifen auf der linken Fahrbahn, der immer kürzer wird. Erst ein paar hundert Meter bevor diese Riesenteile links an mir vorbeidonnern, kann ich sie als Monster-Trucks ausmachen. Sind sie auf meiner Höhe, muss ich sofort den Lenker stramm nach links drehen, damit mich der Windschatten nicht samt meines Gefährtes in die Straßenmitte zieht.

Nach zwei Stunden sehe ich auf der linken Straßenseite sieben große Silos, schön in einer Reihe am Wegesrand vor den Eisenbahnschienen drapiert, darin werden wahrscheinlich nach der Erntezeit die Unmengen von Mais zu Tierfutter gegoren. Diese zwanzig Meter hohen Teile stehen eng genug, dass zwischen ihnen ein schattiges Plätzchen bleibt, ich rolle meinen Drahtesel hinein, breite die Plastikplane aus und mache mich lang. Ich brauche zwingend eine Pause, um meinen Puls wieder runterzukriegen. Selbst im Liegen schlägt mir der Puls im Grundtakt einer Nähmaschine unter die Schädeldecke. Meine Haut fühlt sich an wie mit Sandpapier gegerbt. Ich spüre die Glut meiner inneren Organe, die auf meinen ganzen Körper abstrahlt.

Dieser Zustand ändert sich auch nach einer halben Stunde noch nicht. Allein durch das Liegen schwitze ich wie in einer finnischen Sauna, und der Wind ist der Aufguss. Ich muss weg hier, weiter, auch wenn mein Körper überhaupt nicht mehr will. Laut meiner Landkarte soll bald ein See kommen, der muss mir weiterhelfen.

Dieser See allerdings, der im Quadrat von großen Bäumen umrandet ist, entpuppt sich bei näherer Betrachtung als großer Feuerlöschteich mit dunkelgrünen Algen, die wie von Geisterhand blubbern. Ein Schild am Ufer teilt fangwütigen Hobbyanglern mit, dass mehr als sechs Stück Catfish pro Tag nicht rausgeholt werden dürfen. Egal jetzt, ich muss da rein, um meinen Körper abzukühlen. Meine zaghaften Schritte lassen Matsch in der Konsistenz von Knete durch meine Zehenzwischenräume gleiten, und als ich die ersten Algenteppiche weggeschoben habe, sehe ich, dass das Wasser trotzdem seine Farbe nicht ändert. Es ist pudelwarm, kaum frischer als draußen. Ich wasche mir die Haare und alles andere, was an meinem Körper durch-

geschwitzt ist, und kann das spontane Bad in diesem grünen Allerlei ansatzweise genießen. Keine Ahnung, was ich mir hier an famosen Bakterien einfangen werde.

Ich denke einfach nicht darüber nach.

Ich hänge heute ganz schön in den Seilen, die Temperaturen bringen mich fast an mein körperliches Limit. Aber noch gibt es keinen Grund, nervös zu werden. Es war meistens so, dass ich bei meinen Ultrawettkämpfen stark gestartet bin, am zweiten Tag einen Einbruch hatte, und ab dem dritten lief es prächtig. Das gibt mir auch jetzt ein gutes Gefühl, auch wenn ich mich momentan nicht besonders gut fühle. Meine Bewegungsabläufe kosten bei dieser Hitze unheimlich viel Kraft, meine Oberschenkel brennen. Ich bin froh über jedes noch so unmerkliche Gefälle auf dem Highway, wo ich kurz durchschnaufen kann. Wenn mich jetzt einer beobachten könnte, würde der keinen Cent mehr auf mich setzen. Aber das war schon immer meine Stärke: Wenn sich alle sicher waren, das Tempo kann der irre Ire sowieso nicht bis zum Schluss halten, habe ich einfach die Zähne zusammengebissen. Andere geben auf, wenn es nicht mehr weitergeht, weil sie glauben, sie sind am persönlichen Limit angekommen. Das sind genau meine Momente, denn dann mobilisiere ich meine allerletzten Reserven und quetsche mich selbst aus wie eine Zitrone. Man glaubt manchmal nicht, was alles möglich ist, wenn man einfach weitermacht. Dann geht man über seine Grenzen und das ist ein unglaublich großartiges Gefühl.

Um sieben Uhr abends erreiche ich Mount Pulaski, ein Dorf mit siebzehnhundert Einwohnern. In dieser Gegend gilt das schon als Großstadt. Aber kein Mensch ist auf der Straße zu sehen, selbst der Marktplatz ist wie leergefegt. Ein blau angepinselter Wasserturm mit einer immensen Höhe steht senkrecht darauf, wie von Goliath in die Erde hineingerammt. Drumherum sind im Quadrat kleine Geschäfte angeordnet, mit jeweils nur einer Eingangstür und einem Schaufenster offerieren sie Versicherungen, Trödelkram und DVDs, die schon Staub angesetzt haben. Bevor ich meine Platzrunde zu Ende gedreht habe, sehe ich einen Laden mit Weihnachtsbäumchen, schön ausstaffiert mit Lichterketten und Watteschnee. Tatsächlich scheint hier in diesem Kaff ganzjährig der Umsatz mit den Kunstbäumen zu florieren, selbst jetzt Mitte Juli gibt es zwei Plastiktannen für den Preis von einer. Die Logik sagt mir, dass irgendwelche Leute die Christbäume kaufen müssen, sonst würde es den Laden nicht geben. Fragt sich nur, wo die gerade sind. Direkt neben dem Weihnachtsbedarf entdecke ich ein Restaurant. Dass es geöffnet hat, ist von außen nur durch ein rotes «Open»-Schild zu erahnen. Ich gehe rein und blicke ungefähr dem halben Ort auf einmal in die Augen. Knackevoll und laut ist es hier. Ich bestelle eine Cola und einen Becher mit Eiswürfeln. Kostet einen Dollar, cash und ohne Quittung. Die Cola verdampft sofort im Hals, die Eiswürfel schmelzen auf meiner Pulsader. Der Kellner mit einem geschätzten Alter von sechzig Jahren ist augenscheinlich der jüngste Pulaskier, der sich notgedrungen hier eingefunden hat. Natürlich kommen erst mal die üblichen Fragen nach dem Woher und Wohin und wie super er alles findet. Da ich wahrscheinlich der erste Tourist seit Wochen bin, wird mir gleich noch die Geschichte dieses ehrenwerten Hauses in aller Breite erzählt: Abraham Lincoln hat im zweiten Stock gewohnt und gegenüber in diesem kleinen weißen Holzhaus mitten auf dem begrünten Marktplatz als Anwalt Leute aus der ganzen Region vertreten.

Das muss er so gut hinbekommen haben, dass er Jahre später sein ganzes Land verteidigt hat, und das als US-Präsident.

Mir wird immer komischer. Meine Augen drehen sich quer, ein Schwindelgefühl kommt auf, und ich habe den Eindruck, als ob ich mich jeden Moment übergeben könnte. Meiner Bitte nach etwas mehr Eiswürfeln wird mit einer kostenlosen Familienpackung nachgekommen. Ich verziehe mich direkt gegenüber in den Pavillon von Abraham, in dem er früher, wie mir gerade groß und breit erklärt wurde, seine Verteidigungen bei einem gepflegten Whiskey nochmals Korrektur gelesen hat, und packe mich hin. Das Wichtigste ist jetzt, meinen Körper so schnell wie nur möglich runterzukühlen. Auf mein aufgeschlagenes Handtuch kippe die Eiswürfel, breite die Stücke mittig auf der gesamten Länge aus, schlage das Tuch von oben und unten zusammen und lege mir anschließend diesen Gefrierbeutel über der Hüfte um den Bauch. Herrlich! Ich spüre, wie die Kälte langsam durch die Haut in den Bauchraum kriecht. Mein Basecap fülle ich auch noch mit Eiswürfeln und setze es auf. Es dauert keine fünf Minuten, bis mir mein Gehirn signalisiert, dass die Körpertemperatur etwas sinkt. Zwei Stunden lang wiederhole ich die Prozedur immer dann, wenn die Eiswürfel geschmolzen sind. Eine digitale Uhr mit Temperaturanzeige auf dem Marktplatz beweist, dass es jetzt um Mitternacht noch immer fünfunddreißig Grad Celsius sind. Ich muss dringend schlafen.

Ich komme ewig nicht zur Ruhe und weiß, ich habe einen Hitzschlag.

AUF ZWEI RÄDERN DURCH AMERIKA

Jedem begeisterten Radfahrer, der die Worte «Race Across America» hört, dem leuchten sofort die Augen. Hat man diese Sportart zu seinem Hobby gemacht, dann will man diesen verrückten Wettkampf unbedingt einmal im Leben fahren: mit dem Rennrad vom Pazifik zum Atlantik, einmal quer durch die USA mit knapp fünftausend Kilometern, die man in einem Zeitfenster von zwölf Tagen absolviert haben muss. Es geht durch mindestens zwölf Staaten und drei Zeitzonen, zweiundfünfzigtausend Höhenmeter sind zu absolvieren, und das bei einer Temperaturspanne von zwei bis hoch auf dreiundvierzig Grad.

Der Start ist total unspektakulär: Los geht es an der Ostküste, der Ort variiert jedes Jahr, genau wie die Streckenführung. Man fährt im ganz normalen Verkehr, immer schön an der rechten Straßenkante, rein gar nichts wird abgesperrt; es gibt keine Etappenziele, wie bei der «Tour de France» mit Empfangskomitee und Siegerehrung, wo man das Gelbe Trikot übergestreift bekommen würde. Das Rennen ist eine durchgehende Etappe mit ungefähr fünfzig Zeitstationen. Man muss als Teilnehmer ein Wohnmobil für die Crew organisieren und dazu ein Pace-Car, ein Sicherungsfahrzeug mit zwei Leuten, die sich bei Müdigkeit abwechseln können, denn das Auto muss vierundzwanzig Stunden am Tag hinter dem Radler herfahren. Man braucht in der Summe um die zehn Leute, die ein einzelnes Team betreuen, das kostet eine Menge Geld. Mittlerweile gibt es vier Kategorien: Das Allerhärteste sind die Solo-Fahrer, dann kommen Zweier-Teams und Zweier-Mix-Teams, und das alles gibt es auch noch als Vierer- und Achter-Team.

Ich habe das Rennen 2001 das erste Mal im Zweier-Team gemacht, mit Thorsten Vahl, einem knallharten Triathleten. Da waren wir von Oregon nach Florida acht Tage und zwei Stunden unterwegs, belegten in unserer Kategorie den zweiten Platz. Das Jahr darauf bin ich im Vierer-Mix-Team gestartet. Mit dabei waren Uli Weber, mein Lauf-Kollege, Sven Riedesel, ein Profi-Triathlet, und meine Frau Tanja. Wir funktionierten prächtig als Einheit, brauchten nur sieben Tage und sechs Stunden und wurden damit sensationell Erste. Ich liebäugelte nach diesem Erfolg insgeheim noch mit einem Start als Zweier-Mix-Team, da könnte man garantiert auch was reißen. Dafür brauchte ich aber eine Profi-Sportlerin, die sich quält und durchbeißt und auf die man sich hundertprozentig verlassen kann. Die Suche nach solch einer Kandidatin gestaltete sich nicht nur schwierig, sondern auch langfristig eher aussichtslos.

Damit war das Thema eigentlich für mich erledigt.

Im Herbst 2003 war ich als Firmenrepräsentant einer meiner Sponsoren auf der Internationalen Automobil-Ausstellung in Frankfurt am Main unterwegs und musste zwischendurch ein TV-Interview geben. Es ging um das Thema «Leidenschaft und Sport». Als zweite Protagonistin kam Jutta Kleinschmidt dran. Ich kannte sie nicht persönlich, nur aus dem Fernsehen. Sie war zu dieser Zeit ein Weltstar im Motorsport und ganz dick im Geschäft, nämlich Werksfahrerin von Volkswagen, mit einem Millionen-Deal ausgestattet. Ihr Manager war Willi Weber, der Finanzjongleur, der schon die Schumacher Brüder steinreich gemacht hat und sich selbst dabei natürlich auch. Sie machte also ihr Interview, und als sie fertig war, begrüßte ich sie. Ich wusste, dass Jutta Kleinschmidt viel Rad fährt als Ausgleich zu ihrem Motorsport. Das macht sie für die Kondition, damit sie körperlich fit bleibt für die immense Belastung bei dem stundenlangen Autofahren. Nach einem kurzen Smalltalk habe ich sie einfach gefragt, ob sie sich vorstellen könnte, mit mir zusammen nächstes Jahr das «Race Across America» zu fahren.

Sie schaute mich an und sagte: «Von dem Rennen habe ich

schon gehört, das soll gar nicht so schlecht sein. Also ja, warum eigentlich nicht?»

Ich war total perplex über ihre sofortige Zusage, unabhängig davon, ob sie wirklich ernst gemeint war. Wir tauschten unsere Telefonnummern aus und waren somit verabredet. Zumindest theoretisch.

Jutta Kleinschmidt hat im Motorsport alle Männer an die Wand geklatscht. Sie ist bis heute die einzige Frau, die die «Paris−Dakar», die berühmteste Langstrecken-Rallye der Welt, gewonnen hat. Das Brutale an Jutta ist, dass sie diese Rallye auch noch viermal mit dem Motorrad gefahren ist. Das ist meiner Ansicht nach nicht zu toppen: Diese Kraftpakete auf zwei Rädern kriegt selbst ein gut durchtrainierter Mann kaum hoch, denn die wiegen durchschnittlich eine Vierteltonne, dazu noch das Gepäck und die technische Ausrüstung, wie die Ersatzräder, obendrauf. Dann knattern die Fahrer damit durch den Wüstensand mit bis zu einhundertachtzig Kilometern in der Stunde.

Ich war von der «Paris−Dakar» schon immer fasziniert. Das hat auch mit meiner Kindheit zu tun. Wir lebten mit unserer Familie für vier Jahre in Frankreich, dort war die Rallye das Ereignis des Jahres, noch größer als die «Tour de France». Das lief von morgens bis abends im Fernsehen. Mich als kleinen Jungen von gerade mal zehn Jahren hat das so gepackt, dass ich mir damals vorgenommen habe, wenn ich eines Tages groß bin, fahre ich da mit. Aber aus mir ist nie ein richtiger Rennfahrer geworden, lediglich viermal bin ich auf dem Nürburgring gefahren und habe das Ding auch zweimal in meiner Klasse gewonnen. Das sind Auto-Rallyes über eine Zeitspanne von vierundzwanzig Stunden ohne Pause, fast so wie beim legendären «Le Mans». Mit dem Team «Peugeot Schirra» waren wir in der Zweitausend-Kubikzentimeter-Klasse immer in den Top Drei dabei, wenn das Auto durchgehalten hat. Allerdings muss ich fairerweise dazu-sagen, dass es in der Klasse jeweils nur etwa ein Dutzend gab, die

gefahren sind. Mein Ziel war es immer, auf größere Autos um-
zusteigen. Ich habe mir aber letztendlich eingestehen müssen,
dass ich durch meinen Ultrasport und das aufwendige Training
dafür kaum noch Zeit für den Motorsport abzwacken konnte.
Falls ich jedoch tatsächlich eines Tages nicht mehr geradeaus
laufen kann, dann setze ich mich wieder in eine Rennmaschine
und gebe Vollgas.

Ein paar Wochen nach unserer ersten Begegnung telefonierte
ich mit Jutta Kleinschmidt. Sie war in irgendeiner Werkstatt
zugange und hantierte hörbar lautstark mit einem Schraubenschlüssel. Als sie mit einer kurzen Zusammenfassung ihres
Rennalltages durch war, sagte sie nur: «Du, Joey, ich kann mir
das übrigens gut vorstellen, dass wir ‹Race Across America› zusammen machen. Das passt mir ganz gut in meinen Zeitrah-
men, weil die Saison dann auch durch ist.»

Das klang schon mehr nach einer Zusage. Ich erwiderte: «Du brauchst dich um nichts zu kümmern, ich organisiere alles.»

Ihre Antwort war kurz und knackig: «Okay, wir machen das.»

Wir haben uns in dem darauffolgenden dreiviertel Jahr nicht ein einziges Mal wiedergesehen, lediglich einmal miteinander telefoniert, um kurz ein paar Details zu besprechen. Obwohl wir nicht einmal eine schriftliche Vereinbarung unterzeichneten, hatte ich trotzdem immer das Gefühl, dass Jutta eine Frau des gegebenen Wortes ist. Das ist heutzutage ziemlich selten geworden, und es gibt wenige Menschen, die das auch wirklich ernst meinen. Aber ich hatte nie Bedenken, dass sie kurzfristig abspringt.

Ich habe Jutta tatsächlich erst wieder an der Startlinie zum «Race Across America» gesehen. Es war Mitte Juni, ein warmer Sommermorgen am Hafen von San Diego. Wir standen kurz nach acht Uhr auf einem unscheinbaren Parkplatz hinter unserem Hotel, die Sonne kam gerade über die Berge Kaliforniens herübergehüpft und wärmte mit den ersten Strahlen unsere leicht fröstelnde Haut, die der Pazifikwind schon eine Weile ordentlich abgekühlt hatte. Ich war den ganzen Monat über mit der Kelly Family auf Tournee gewesen und hatte nebenbei jede Menge Termine zu bewältigen gehabt, sodass ich relativ knackig von Frankfurt eingeflogen war. Von Los Angeles ging es mit dem Auto runter Richtung mexikanische Grenze bis nach San Diego. Am Tag bevor es losgehen sollte, war ich um Mitternacht schließlich im Hotel, habe meine ganze Ausrüstung sortiert, das Fahrrad zusammengeschraubt und noch mal für zwei Stunden die Beine langgemacht.

Jutta begrüßte mich kurz vor Rennbeginn wie einen alten Freund, als ob wir uns erst gestern nach einem letzten Bier verabschiedet hätten. Aber für großartige Vergangenheitsbewältigung blieb keine Zeit, wir mussten unser Equipment abgleichen und die Taktik des ersten Renntages mit der Crew schnell durchsprechen. Dann wurden noch Pressefotos gemacht, wie wir beide mit den Rädern in den Händen an der Startlinie posierten. Das war völlig skurril: Ich stand mit der erfolgreichsten Rallye-Fahrerin der Neuzeit kurz vor dem Beginn zum härtesten Amateur-Radrennen an einer weißen Linie und wartete darauf, dass der Hilfssheriff rechts neben den bunten Luftballons mit einem Schuss aus seinem Colt das Rennen startet. Ich konnte nicht behaupten, Jutta zu kennen, aber sie machte einen abgeklärten Eindruck, schaute mir ins Gesicht und sagte nur einen Satz: «Joey, das packen wir!»

Kurz bevor es losging, kam ein Profi-Fahrer zu uns und fragte, wie wir heißen, denn er hatte gehört, dass zwei Prominente aus Europa dabei wären.

«Die ganzen Promis, die es hier schon mal probiert haben, machten immer die ganz große Welle und sind am Ende gnadenlos gescheitert.»

Jetzt wurde es interessant. Ich stocherte nach: «Waren denn richtig bekannte Namen dabei?»

Der Fahrer in seinem «Tour-de-France»-Outfit klärte uns auf: «Vor ein paar Jahren ging ein Promi-Vierer-Team an den Start, eine berühmte amerikanische Rockband, ich kann mich bloß leider nicht mehr erinnern, wie die hieß. Auf jeden Fall gaben sie sich den Namen ‹American Team Number One›. Die hatten ein Wohnmobil, das hatte achthunderttausend Dollar gekostet und war gefühlte einhundert Meter lang, mit allem drin, was ein Rockstar so braucht: Alkohol, Groupies, Massage-Bänke und sogar einen kleinen Swimmingpool. Echt, das ist kein Witz!»

«Und wie haben sie sich auf der Strecke geschlagen?», will ich wissen.

«Die sind vom Start weg losgerast wie Lance Armstrong zu seinen besten Zeiten. Die ersten zwei Tage waren sie immer ganz vorn im Feld dabei. Sie hatten zum Teil einen vierziger Schnitt, wie beim Zeitfahren. Aber nach knapp drei Tagen hatte sich einer eine Muskelzerrung zugezogen, da haben die anderen gesagt, okay, wir sind ein Team, und deshalb hören wir zusammen auf. Die haben auf der Stelle abgebrochen und sind trotzdem mit ihrem Super-Wohnmobil bis nach Atlantic City durchgefahren. Und haben unterwegs tagelang gefeiert, dass die Kiste nur so rappelte!»

Unser mitteilsamer Gesprächspartner war aber noch nicht durch mit seinem Monolog, er erklärte uns in den schillerndsten Farben den Rennablauf und beendete seinen Kurzvortrag mit der Frage, ob wir denn überhaupt die leiseste Ahnung hätten, was da auf uns zukommen würde: «Nur, dass ihr ein Gefühl dafür bekommt: Das ist keine lustige Marathon-Einheit, das ist für euch jeden Tag die gefühlte Belastung eines Ironman, und das über eine ganze Woche lang!»

Ich wusste grob, was er meinte. Und Jutta entgegnete nur: «Lass uns einfach mal anfangen, dann sehen wir schon, wo wir landen.»

Wir waren nicht nach Amerika gekommen, um all den Experten hinterherzufahren. Wir wollten möglichst ganz weit vorn dabei sein, ohne Kompromisse. Unser Ziel war unausgesprochen ein Platz auf dem Podest, da gab es keine weiteren Fragen zwischen uns. Wir entschieden uns für ein System, welches in der Theorie super funktioniert, aber extrem grausam ist, weil man kaum Schlaf bekommt. Im Einzelnen bedeutet das alle zwei Stunden einen Fahrerwechsel. Du rollst noch auf dem Fahrrad, klatschst den anderen ab, der schon auf deine Höhe gerast ist und erst in diesem Moment kannst du das Tempo drosseln und absteigen. Diese wichtige Aktion bedeutet wertvolle Sekunden, die in der Summe schnell mal eine volle Stunde ausmachen können. Es geht allein darum, die Geschwindigkeit so hoch wie möglich zu halten, um Kilometer zu machen. Kommt man schnell voran, ist man motivierter. Und das sichert am Ende bessere Plätze.

So einfach ist das.

Man ist nach dem Start noch keine Stunde von San Diego weg und die frische Meeresbrise hat sich schon verflüchtigt, da empfängt einen wie aus dem Nichts eine drückende Schwüle von über vierzig Grad, die über ganz Arizona und New Mexico hängt und sich nicht bewegt. Das bleibt auch die ersten tausend Kilometer so, bis man langsam nach Colorado hineinkommt. Dieser Bundesstaat ist für Fahrradfahrer eine Traumgegend, man steigt über Pässe mit bis zu dreitausend Metern Höhe. Wir sind dort mit ungefähr siebzig Kilometern Stundenschnitt eine Abfahrt heruntergebrettert, die hat eine Länge von knapp sechzig Kilometern, wobei man schmerzhafte Krämpfe in den Händen vom Bremsen bekommt, weil man diese Entfernung im Voll-Speed in Deutschland gar nicht trainieren kann. Das Gute dabei ist der eingepflanzte Überlebenswille, genau deshalb lässt man keinen Millimeter locker, auch wenn die Hände glühen wie ein Stück Kohle.

Wenn ich nach meinen zwei Stunden Solofahrt am Straßenrand in einiger Entfernung das Wohnmobil sehen konnte, wusste ich, dass Jutta schon auf dem Sattel sitzt und meine Geschwindigkeit aufnimmt. Habe ich sie dann auf die Strecke geschickt, hatte ich wiederum Pause. Zwei Stunden, in denen man sich zuerst aus den durchgeschwitzten Sachen pellt und direkt unter die Dusche geht, um all den Schweiß, die schon kristallisierten Salze von seinem Körper zu spülen. Ich habe mich, weil wir uns so oft abgewechselt haben, zwölfmal am Tag in der Plastikkabine im Wohnmobil abgeduscht. Das ist eine faszinierende Leistung für einen Kelly. Ich wollte um alles in der Welt nicht wund werden zwischen meinen rückwärtigen Backen, denn ich hatte bereits leidliche Erfahrungen damit in der eisigen Kälte Alaskas, in der sengenden Glut der Sahara und sonst wo auf der Welt gemacht. Meine Hose habe ich dementsprechend zwölfmal am Tag gewechselt. Das war kein Problem, weil ich insgesamt vierundzwanzig Stück dabei hatte und die Crew in der Zwischenzeit, wenn ich auf dem Rad saß, die Dinger durchgewaschen hat. Für Jutta war es das erste Langstreckenrennen dieser Art. Und sie hatte logischerweise massive Probleme mit ihrem Hintern. Bei dieser Sommerhitze lässt es sich eben nicht vermeiden, dass man schwitzt. Am Rücken fließt der Schweiß hinunter bis in dein eigenes Death Valley, und dann ist ein paar Kilometer später alles schön wund da unten. Sie hat den gleichen Fehler wie viele andere auch gemacht, nämlich die Radlerhosen am ersten Tag nicht zu wechseln. Als ich das erste Mal beim «Race Across America» unterwegs war, hatte ich schon nach dem ersten Tag einen Hintern wie ein Pavian. Diese Schmerzen kann man nicht in Worten ausdrücken. Das Problem dabei ist simpel: Hast du dir einmal einen Wolf eingefangen, bekommst du das nicht mehr geregelt. Bist du einmal wund, wird das durch die penetrante Reibung auf dem Fahrradsattel logischerweise nicht weniger. Das ist eine Höllenqual, weil du weißt, das nimmt kein Ende bis zum Ziel. Es hört einfach nicht auf.

Hat man wieder trockene Klamotten am Leib, versucht man, ein paar Kohlenhydrate zu sich zu nehmen und jede Menge zu trinken. Man muss bis zu zehntausend Kalorien am Tag essen, allein das ist schon eine Überwindung, sich diese Masse reinzuschaufeln, denn man hat eigentlich nie Appetit. Es ist aber überlebenswichtig, um seine Speicher zu füllen und wieder zu Kräften zu kommen. Ist das nach ungefähr einer Viertelstunde erledigt, fällt man um wie ein toter Mann. Mir wurde von unserer Crew im Nachhinein erzählt, dass ich mehrmals mit vollem Mund, den Kopf auf dem ausgeklappten Campingtisch, für eine Viertelstunde eingenickt wäre. Ich konnte mich allerdings nicht daran erinnern. Man bekommt rein physisch eigentlich kein Auge zu, weil die dröhnende Laube auf vier Rädern ohne Pause mit fünfzig, sechzig Kilometern pro Stunde durchrattert, immer orientiert an der Geschwindigkeit des zweiten Team-Fahrers. Und wer schon mal versucht hat, in einem fahrenden

Wohnmobil einen Schönheitsschlaf zu absolvieren, weiß, wovon ich rede: Gepflegt abgebremst, weil eine rote Ampel naht, und schon rutscht man ganz galant auf den Plastikmatratzen auf die Kleinküche zu. Geht das Signal auf Grün, gleitet man wieder sanft auf seine Ausgangsposition zurück. Führt die Strecke geradeaus, mag das noch zumutbar sein, versucht der Fahrer allerdings, auf einer Steigung wie in den Rocky Mountains auf Geschwindigkeit zu bleiben, dann schreit der Kleinzylinder in der Motorhaube, und die ganze Hütte zittert in sich selbst, als ob sie gleich auseinanderbricht.

Spätestens nach einem Tag hast du dich damit abgefunden und schläfst auch im Stehen ein.

Ungefähr zwanzig Minuten bevor man wieder auf das Rad springen muss, wird man von der Crew geweckt. Jetzt heißt es, schnell aus dem wärmenden Trainingsanzug springen, die trockenen Klamotten anziehen, noch einen Espresso hinunterkippen, Schuhe in die Pedale klicken und am Straßenrand auf Jutta warten, die in den nächsten drei bis vier Minuten angerauscht kommen wird. Dann steht man auf dem Fahrrad mit dem Blick über die Schulter und fängt schon an zu rollen, wenn man sie in der Ferne erkennen kann. Kaum hat man Tritt gefasst, geht es im fliegenden Wechsel weiter. Und das heißt beißen, die nächsten zwei Stunden Vollgas, ohne Rücksicht auf Verluste. Das Wohnmobil bleibt stehen und kümmert sich um Jutta, unser Pace-Fahrzeug sichert mich als Fahrer. Diese Prozedur läuft immer im Zwei-Stunden-Takt, ohne Pause, fünftausend Kilometer am Stück.

Wenn man übermotiviert und auf Tempo strampelt oder auch vor lauter Müdigkeit vergisst, dass man nicht allein auf der Straße unterwegs ist, kann es saugefährlich werden, denn die komplette Strecke führt über unendliche Landstraßen. Nur ein paar wenige Abschnitte des Fahrradrennens gehen über Autobahnen, und die werden nicht extra für die Pseudo-Profis abgesperrt, welche sich hier einfach mal so richtig austoben wollen. Das heißt, man muss selbst auf den Verkehr aufpassen und so weit wie nur möglich an der rechten Seite fahren. Selbst da hat man genug zu tun, denn der Straßenbelag ist nicht so optimal wie in Europa. Der Beton ist rissig und uneben, der Asphalt viel rauer und grobkörniger, das schleift auch ordentlich die Reifen ab. Das eigene Pace-Car mit einer Sondergenehmigung für die Radfahrer hält direkt hinter dir gleichmäßig die Geschwindigkeit und schirmt dadurch Autoraser ab, die eventuell zu dicht auffahren und einen in die nächste Hecke am Straßenrand katapultieren würden. Fährt man durch die stockdunkle Nacht, wird man durch die Eintönigkeit des eigenen Lichtstrahles und die vollkommene Stille um einen herum zum Teil so müde, dass man am Lenkrad während des Fahrens in einen Sekundenschlaf fällt. Da hat es einige schon böse erwischt, Hautabschürfungen waren da noch das geringste Übel. Deswegen ist es so immens wichtig, dass der Wagen mit deinen Betreuern immer hinter dir ist. Wir hatten auf das Auto ordentliche Boxen draufgestellt und die ganze Nacht über Musik laufen. Meistens Bruce Springsteen oder Hard Rock, aber definitiv keine Kelly-Musik.

In Oklahoma gibt es eine Landstraße mit fast zweihundert Kilometern, die schnurgerade durch ein Tal führt, wie mit dem Lineal gezogen, ohne eine einzige Kreuzung, ohne eine Tankstelle. Wenn man die erblickt, denkt man: Super, jetzt gebe ich mal ordentlich Stoff, ich brauche nur den Kopf auf den Lenker zu legen, den einfach gerade halten und die Frequenz meines Oberschenkeltaktes verdoppeln. Dann erwischt dich wie aus dem Nichts dieser gnadenlose Gegenwind, du fährst mit einer maximalen Geschwindigkeit von zwanzig Kilometern in der Stunde, mehr geht nicht. Das ist ein Gefühl, als ob du stehst, obwohl deine Oberschenkel vor Schmerzen schon brennen. Und trotzdem vergehen die Minuten wie in Zeitlupe. Du fährst und fährst, und irgendwann kriegst du überhaupt nichts mehr mit. Du sitzt nur stumpf im Sattel und fährst. Auch wenn man vor sich einen Fahrer hat und dabei mit dem Gedanken spielt, sich in seinen Windschatten zu hängen, womit man tatsächlich bis zu vierzig Prozent Kraft sparen kann, sollte man dieser Versuchung widerstehen, denn das ist schlicht und einfach verboten und führt zur sofortigen Disqualifikation, wenn man dabei erwischt wird. Einige Teams dachten, die Aufpasser von der Rennleitung können sowieso nicht überall sein, und sind deshalb für einen schwierigen Streckenabschnitt einfach mal in ihr Begleitfahrzeug reingehüpft. Frei nach dem Motto: Hier sieht mich sowieso keiner, hier spare ich Zeit. Die Teams, die sich das erlaubt haben, sind sofort rausgeschmissen worden, und das mehr als verdient. Wer zu einem Wettkampf antritt, sollte den mit höchstem Einsatz und fairen Mitteln bestreiten. Sonst betrügt man nicht nur sämtliche Teilnehmer, sondern am Ende auch sich selbst. Ich kann bis heute nicht nachvollziehen, wie Leute ihr Gewissen einfach so auf Knopfdruck ausschalten können, wenn sie als Gauner über die Ziellinie rollen oder laufen und dabei genau wissen, dass sie betrogen haben. Das ist nicht nur unfair, sondern ganz einfach ein Schlag ins Gesicht aller Sportler, die mit ehrlichen Mitteln kämpfen. Der Veranstalter ist aber mittlerweile so gewieft, dass er die vakanten Stellen für die sportlichen Betrüger genauestens kennt. Dort verstecken sich freiwillige Helfer mit Fernrohren und kontrollieren stichpunktartig, ob ihre Schäfchen auch wirklich auf dem rollenden Fahrrad und nicht im Auto sitzen. Die fahren mit neutralen Wagen die gesamte Strecke ab, warten hinter unscheinbaren Gebäuden oder an Tankstellen und sind durch alle Bundesstaaten mit CB-Funk vernetzt.

Man fährt auch ab und zu durch ein paar Städte, und da wird einem eine hohe Fahrkunst abverlangt. Im Nachhinein habe ich gedacht, es wäre durchaus hilfreich gewesen, mal eine Trainingseinheit vorab mit dem Rennrad durch Köln zu kacheln, da

wäre ich für zackige Ausweichmanöver und spontane Brems-
aktionen besser vorbereitet gewesen. Bei uns in Deutschland
werden die Fahrradfahrer regelrecht durch die Straßen gejagt,
immer mit dem Ziel, einen auf die Kühlerhaube zu hebeln. In
Amerika ignoriert man Radfahrer einfach nur, weil es eigentlich keine gibt. Das kann man denen nicht einmal übel nehmen,
denn sie sind einfach nur überrascht, wenn sie überhaupt mal
einen zu Gesicht bekommen. Und solch ein Aufeinandertreffen
wird dadurch umso gefährlicher.

Zu den Reglements des Rennens gehört, dass man sich logischerweise an die örtlichen Verkehrsregeln halten muss. Steht
man mitten in der Einöde an einer roten Ampel, und es ist
weit und breit kein Auto zu sehen, sollte man trotzdem seinen
Drahtesel zum Stehen bringen, sonst droht die Disqualifikation.
Klingt logisch, ist aber unter Zeitdruck manchmal schwierig.
Man kommt zum Beispiel mit dreißig Kilometern Geschwindigkeit an eine Kreuzung angerauscht, muss eine Vollbremsung
auf null machen und aus den Tretkurbeln seinen Rennschuh
ausklicken. Erst wenn der Fuß den Boden berührt hat, darf
man weiterfahren. Dann klickt man ihn direkt wieder ein, geht
aus dem Sattel und wieder auf Tempo. Manche denken, diesen
Schwachsinn spare ich mir, hier stehen die Aufpasser garantiert
nicht. Werden sie aber erwischt, gibt es dafür eine Zeitstrafe von
einer Viertelstunde, bei Wiederholung noch mal eine Viertelstunde drauf. Beim dritten Mal hat der Spaß ein Ende, und das
gesamte Team kann die Rückflüge buchen.

Körperlich besonders gefährdet ist man in den Staaten als Radfahrer in den kleinen Orten am Wegesrand. Diese sind gesäumt
von Holzhäusern mit großen Grundstücken, die den Nachteil
besitzen, dass sie so gut wie nie umzäunt sind, und deshalb werden sie großräumig von freilaufenden Hunden bewacht, unter
denen wiederum diese niedlichen Pitbulls die Mehrheit bilden.
Diese Kampfhunde konzentrieren sich nicht nur auf potenzielle

Einbrecher, sondern haben auch teilweise einen unbändigen Hass auf Fahrradfahrer. Es ist mir nicht nur einmal passiert, dass ich durch den penetranten Schlafentzug schon fast wie im Delirium geradelt bin, und dann kommt wie aus dem Nichts heraus von der Seite so ein Wadenbeißer angeschossen. Du hämmerst augenblicklich in die Pedale wie ein Weltmeister und kommst sofort auf ein Tempo, das du bis dahin noch nicht gekannt hast. Das ist ein mörderischer Adrenalinschub, du bist danach für den Rest der Nacht hellwach. Da brauchst du keinen Energy Drink mehr. Da gehst du ab ohne Ende. In den letzten Jahren wurden tatsächlich einige Fahrer von Hunden so stark gebissen, dass sie aufhören mussten. Entweder hatte ich das bessere Timing oder einfach einen schnelleren Antritt. An mir ging dieser Kelch glücklicherweise vorbei.

In den acht Renntagen, die wir bis zum Ziel gebraucht haben,

sah ich Jutta Kleinschmidt beim Wechsel jeden Tag zwölfmal, und das immer nur gefühlte fünf Sekunden. Dein Rennpartner holt dich beim Wechsel ein, klatscht ab und lässt sich zurückfallen. Da hat man einfach nur einen kurzen Spruch mit auf den Weg geben können, wie: «Super, Jutta, siehst total frisch aus! Mach weiter so! Weltklasse!», mehr Zeit blieb da nicht. Es geht in diesem Moment um nichts anderes, als dem anderen das Gefühl zu geben, dass man total stolz ist, dass er hundertprozentig Gas gibt. Ansonsten bekommt man den anderen nicht zu Gesicht. Aber das war eigentlich völlig zweitrangig, denn wir wussten, der eine ist für den anderen da, dazu brauchte es nicht viele Worte. Bin ich manchmal etwas schneller gefahren, ist sie automatisch auch schneller gefahren. In meinen Pausen, in denen Jutta auf der Piste unterwegs war, habe ich die Crew gefragt, wie es ihr geht. War ich dann auf dem Rad, haben sie ihr ausgerichtet, dass bei mir alles bestens sei. So haben wir über Bande kommuniziert und den anderen grüßen lassen.

In den letzten achtundvierzig Stunden wird das Rennen immer härter. Das Feld hält sich relativ lange geschlossen, und der Kampf um das Siegertreppchen ist bis zum Schluss nicht entschieden. Es kommt darauf an, dass man seine Platzierung hält, auch wenn die Kräfte immer mehr schwinden. Wenn ich beispielsweise am letzten Renntag mal meine zwei Stunden um zehn Minuten überzogen hatte, weil ganz einfach die Stelle ungünstig war zum Wechseln, dann wollte Jutta auch zehn Minuten mehr fahren. In solch einer Grenzsituation erkennt man den wahren Charakter. Spätestens da wusste ich, dass ich die beste Teampartnerin habe, die man sich wünschen kann. Denn wenn es kein Verstecken mehr gibt und man trotzdem an das Limit geht, ist das wie Rückenwind.

Das Ziel Atlantic City ist eine unscheinbare Insel, die durch den Express Highway, eine ewig lange Brücke, mit dem Festland verbunden ist. Die Stadt gilt als das kleine Las Vegas der Ostküste, allerdings ohne diese überdimensionalen Glücksspieltempel wie in Nevada, stattdessen mit viel kleineren Casinos aus dem letzten Jahrhundert. Es gibt Dutzende Hotels, eng in Downtown aneinandergereiht. Auch der Immobilien-König Donald Trump hat sich hier mit dem «Taj Mahal» für eine Milliarde Dollar ein eigenes Denkmal gesetzt, genau am Pier mit Blick auf den Atlantik. Die Zockerstadt ist besonders bei den New Yorkern beliebt, sie brauchen keine zwei Stunden bis an die Spieltische. Vor allem am Wochenende ist die City rappelvoll, da wird gefeiert und gesoffen und das Geld zum Fenster rausgeschmissen, als ob es kein Morgen mehr gäbe.

Wir fuhren bei Tagesanbruch über die Brücke, das erste und letzte Mal mit einer Polizeieskorte auf der ganzen Strecke. Direkt am Strand ist das Ziel, dort steht eine Bühne in Form einer überdimensionalen Muschel, vollgehängt mit Werbebannern und Transparenten, so, wie man es von Marathon-Läufen kennt. Die Einzigen, die fehlten, waren die Zuschauer. Nur ein Moderator, der auch der Veranstalter des Rennens war, stand herum und kündigte uns an, als ob ihm gleich eine La-Ola-Welle mit fünfzigtausend Armen entgegenschwappen würde: «Und hier kommt das ‹No-Limits-Team› aus Deutschland! Begrüßen Sie mit mir die Fahrer Jutta Kleinschmidt und Joey Kelly!»

Nach acht Tagen, zwölf Stunden und einundvierzig Minuten rollten wir als Zweitplatzierte ins Ziel, bekamen unsere Medaille umgehängt und obendrauf sogar noch ein Preisgeld. Das ist mir das erste Mal in meinen siebzehn Jahren Extremsport passiert, denn im Ultrasport gibt es eigentlich so gut wie nie Siegerprämien. Feierlich wurde uns ein Scheck über anderthalbtausend Dollar in die Hände gedrückt, wovon sofort dreißig Prozent Steuern abgezogen wurden, weil wir keinen Wohnsitz in den Staaten haben. Das deckte noch nicht einmal einen Bruchteil unserer Reisekosten. So standen wir im Morgengrauen völlig fertig mit der Welt im Ziel, die letzten Beschwipsten torkelten gerade aus den

Diskotheken raus, ringsherum waren keine anderen Menschen zu sehen, außer ein paar Straßenfegern. Und die hat das nicht im Ansatz interessiert, was sich an der atlantischen Wasserkante in diesem Moment für ein absurdes Theater abspielte.

Ich rief in meinem Büro an und buchte einen Flug, der schon drei Stunden später ab Atlantic City über Kanada nach Frankfurt ging. Ich wollte keinen Tag länger bleiben, auch wenn für den Abend noch eine sogenannte Award Party mit allen Teilnehmern und der Rennleitung angesagt war. So etwas brauche ich überhaupt nicht, diese unpersönlichen Besäufnisse, wo sich alle feiern lassen, wie großartig sie sind und was sie alles schon geleistet haben. Die meisten der Kollegen füllen sich gegenseitig die Taschen mit Märchen aus ihrer Sportlerwelt und versuchen damit, sich zu beeindrucken. Waren sie erfolgreich, liegt das natürlich ausschließlich an ihrer Kämpfernatur, sind sie aber völlig abgeschmiert, so suchen sie die Schuld bei anderen. Und leider ist das dann vorzugsweise ihre eigene Crew, die sie behandeln wie den letzten Dreck. Dabei hat aber genau die den alles entscheidenden Anteil daran, dass du überhaupt durch das Ziel rollst. Die Jungs, die dich betreuen, versorgen und den ganzen Weg über begleiten, die an dich glauben und deinen Erfolg niemals in Frage stellen, auch wenn das Projekt zwischendurch mal auf der Kippe steht. Unterwegs schlafen sie noch weniger als ihre Probanden und sind im Ziel mindestens genauso fertig wie du mit deinem Drahtesel. Aber auch genauso glücklich, wenn alles gut gelaufen ist.

Ich habe Jutta hinter der Ziellinie kurz umarmt und mich nochmals artig bedankt. Wir klaubten uns aus den durchschwitzten Klamotten und schraubten die Fahrräder auseinander. Wir beide waren körperlich so am Ende, dass wir überhaupt keine Energie mehr hatten, miteinander zu reden. Obwohl wir uns die letzten acht Tage so gut wie kaum zu Gesicht bekommen hatten, mussten wir uns am Ende unseres Fahrradurlaubes definitiv nicht mehr gegenseitig bestätigen, dass wir uns auch ohne Worte bombastisch verstanden. Wir waren wie eine Einheit, ich habe so etwas noch nie in meinem Leben empfunden, dass zwei Sportler, die sich gar nicht kannten, in einem so perfekten Takt zusammen gekämpft haben. Das war ein Gefühl, als ob sie eine meiner Schwestern wäre und man sich allein durch Blicke verstünde, indem man sich nur kurz in die Augen schaut und sofort weiß, was der andere gerade im Kopf hat.

In den nächsten Jahren habe ich mit Jutta noch zwei weitere Wettkämpfe gemacht. Jedes Mal war es total unkompliziert und immer ein Riesenspaß. Ich muss sagen, ohne dass wir uns privat richtig gut kennen, ist eine Freundschaft entstanden, die ganz ungewöhnlich ist. Ich bin heute noch stolz darauf, dass ich als Fan von Jutta Kleinschmidt mit ihr das «Race Across America» machen durfte.

Sie ist der großartigste Teamplayer, den ich in meinem Leben kennengelernt habe.

BEGEGNUNG MIT DER HIGHWAY PATROL

Um kurz nach sechs ist die Nacht für mich zu Ende. Die Vögel fangen gerade an zu zwitschern, ein Auto biegt um den Platz, und der städtische Müllmann pickt mit einem langen Stab Papierreste von Menschen auf, die vor Urzeiten hier vorbeigekommen sein müssen. Die Sonne schiebt sich über Lincolns Haus, und das ist ein Zeichen, dass ich mich in Bewegung setzen sollte, bevor es unausstehlich heiß wird und meine gerade langsam erstarkende Motivation erneut ausgebremst wird. Als ich mich eine halbe Stunde später auf mein Rad schwinge, zeigt die Marktplatzuhr von Mount Pulaski bereits fünfundzwanzig Grad an. Das ist für meinen aktuellen Zustand, der sich noch in einer schleichenden Aufwachphase befindet, gerade so erträglich. Ich rolle aus dem Ort und wieder auf den Highway 54.

Ab jetzt geht es erneut auf den vermaledeiten Betonschwellen schnurgeradeaus.

Meine Erfahrung sagt mir: Wenn ich trotz meiner gestrigen körperlichen Überforderung erst mal gut in den heutigen Tag reingeradelt bin, kann mir nichts mehr passieren. Denn spätestens morgen bin ich in Chicago, von dort aus geht es mit einem Auto weiter, und dann habe ich die ganze Treterei endlich hinter mir. Egal, wie es mir dann geht. Ich brauche mich überhaupt nicht mehr verrückt zu machen, das Timing spricht eindeutig für mich. Ich muss nur noch den heutigen Tag überstehen.

Nach nicht einmal zwei Stunden sind es schon wieder über dreißig Grad. In der Kleinstadt Clinton kaufe ich mir an einer Tankstelle ein Paket Eiswürfel und drei Limonaden. Ich eröffne eine neue Strategie: Ich packe mir die Eiswürfel nicht nur unter das Basecap, sondern auch in die Hose. Die werden, wenn ich auf dem Sattel sitze, automatisch Richtung Bauchgegend geschoben, und das kühlt galaktisch gut meine Innereien. Wenn sie nach einer Viertelstunde weggeschmolzen sind, kann ich sogar während der Fahrt für ordentlichen Nachschub sorgen; einfach klack, klack, klack – immer schön reinpurzeln lassen, die Eiswürfel. Das ist herrlich.

Pünktlich zu High Noon erreiche ich Farmer City, ein altes Siedlerstädtchen, das noch ausschaut wie aus einem abgehalfterten Western. Wenn man die Supermärkte und Tankstellen ausblendet, ist die Zeit hier wahrhaft stehengeblieben: Jahrhundertealte, farbenfrohe zweistöckige Holzhäuser reihen sich die Main Street entlang, eng aneinandergebaut, mit der typischen Veranda am Obergeschoss und Brettbeschlägen mit eingravierten Geschäftsnamen. Unten drin warten Souvenirläden oder Saloons auf eine Kundschaft, die ich nirgendwo erblicken kann. Zu dem unwirklichen Szenario fehlt eigentlich nur der Sheriff hoch zu Ross, der einen ganz charmant mit den Worten begrüßt: «Hallo, Reisender, Sie wollen doch bestimmt gleich weiter, oder? Denn wir mögen hier keine Fremden wie Sie!»

Ich habe mir vorgenommen, ein ausgedehntes Mittagsschläfchen abzuhalten, um die brütende Hitze des Nachmittags zu überbrücken, damit mir nicht noch einmal der gleiche Fehler passiert wie gestern. In der örtlichen Tankstelle mit angeschlossenem «Subway» und einem «Niemann Market», so groß und menschenleer, dass die es sich sogar leisten können, Rasenmäher als das Angebot der Woche zum halben Preis rauszuschmeißen, decke ich mich zuvor noch nahrungstechnisch ein. Zwölf Dollar genehmige ich mir aus meinem Spendenpool für einen Eiswürfelpack von fünf Kilogramm, dazu drei Säfte und eine Gallone Wasser aus dem Kühlschrank. An der Kasse greife ich mir noch zwei Schokoriegel.

Der Stadtpark am Ende der Main Street, der die beeindruckenden Maße eines Tennisplatzes hat, ist größtenteils mit alten, großen Bäumen drapiert. Dieser beschauliche Fleck ist wie geschaffen für mich. Ich lege meine Isomatte hin, fahre die mobile Klimaanlage in Form meines Handtuches hoch, indem ich es wieder reichlich mit Eiswürfeln fülle und um meinen geschmeidigen Körper wickele. Kein normaler Rucksacktourist würde seinen Schlafsack in Eiswasser tränken, aber für mich ist das gerade mehr als angebracht. Es fühlt sich wunderbar an, als ich ihn wie eine Decke über mich ausbreite und das Wasser meinen ganzen Körper kühlt. Als ich endlich die optimale Liegeposition eingenommen habe, bemerke ich, wie es an den Füßen seltsam krabbelt. Die gemeine amerikanische Wiesenameise versucht sich überfallartig an mir zu laben. Zehn Minuten mache ich das Spielchen mit, dann reicht es mir: Ich zerre die Plastikplane aus meinem Buggy und breite sie so großflächig aus, dass ich meine Schlafmatte genau in die Mitte mit einem sicheren Abstand bis zur Kante platzieren kann. So brauchen die Ameisen ewig, bis sie an mir dran sind.

Und wenn sie es dann doch geschafft haben sollten, bin ich hoffentlich schon wieder aufgewacht.

Drei Stunden später habe ich genug. Immer wieder mal bin ich zwischendurch aufgewacht, weil mir eine Ameise am Finger hochkrabbelte oder am Bein oder auch am Hinterkopf. Als ich aber einen dieser Vielfüßler aus meiner Nase holen muss, ist mein Mittagsschläfchen abrupt beendet. Es reicht.

Auch wenn ich nicht in einen richtigen Tiefschlaf gefallen bin, habe ich mich doch einigermaßen erholen können. Noch leicht benommen vom Dösen, merke ich, wie sich mein Magen lautstark meldet und nach Nahrung ruft.

Jetzt kommen meine leckeren Ravioli mit Fleischfüllung zum Einsatz, ganze vier Büchsen hatte ich mir davon gestern gekauft, für den unschlagbaren Stückpreis von einem Dollar und neunundsechzig Cent. Mir tropft schon der Zahn, wenn ich nur daran denke, wie sich gleich der gefüllte Löffel zu meinem Mund bewegen wird. Normalerweise soll man den Doseninhalt auf einer Herdplatte heiß machen, aber bei der Hitze hier in Illinois wird der schon von ganz allein mundwarm und schmeckt dadurch richtig gut. Als Dessert gibt es noch eine Tüte Erdnüsse, die sind reich an Vitaminen und außerdem gesalzen, das sorgt für den notwendigen Natriumchlorid-Ausgleich, denn bei diesem grausamen Schwitzen heute gehen mehr Körpersalze aus mir raus, als ich mir vorstellen kann. Ich könnte glatt noch ein Verdauungsschläfchen dranhängen, aber es ist schon kurz vor siebzehn Uhr. Jetzt ist Schluss mit der Völlerei in dem gemütlichen Ambiente.

Ich muss wieder auf die Straße zurück.

Wie ich erst nach meiner Rückkehr nach Deutschland erfahren sollte, war das Jahr 2012 das heißeste seit Beginn der Klimaaufzeichnungen in den USA, allein der Juli lag fast zwei Grad über allen bisher gemessenen Daten. In fast zwei Dritteln des gesamten Landes fiel kein einziger Tropfen Regen mehr vom Himmel, der Landwirtschaftsminister rief in neunundzwanzig Bundesstaaten den Notstand aus. Diese historische Dürre hatte vor allem im «Corn Belt», dem sogenannten Korngürtel im Mittleren Westen, einen kompletten Ernteausfall zur Folge.

Erstaunlicherweise hat die US-Regierung mittlerweile erkannt, dass eine solche Sommerhitze nicht normal sein kann, wenn das bisherige Rekordjahr 1998 mit seiner Durchschnittstemperatur schon wieder um über ein halbes Grad übertroffen wurde. Das heutige Jahrzehnt ist jetzt schon wärmer als das vorherige. Jede Dekade davor war kühler. Durch den globalen Klimawandel können eigentlich jetzt bereits Wetten darauf abgeschlossen werden, dass es nicht der letzte Hitzerekord in den USA war.

Das Ortseingangsschild von Gibson City teilt jedem Neuankömmling mit, dass die Stadt dreieinhalbtausend Einwohner hat. An der schnurgeraden Durchfahrtsstraße steht ein «County Market», eine Art Supermarkt von der Dimension eines deutschen Baumarktes. Zehn Kassen sind besetzt, daneben steht zusätzlich eine Billigkraft, die dir deinen Einkauf in Tüten packt und auf Wunsch auch gern noch bis zum Wagen schiebt. Hier gibt es allein auf zwanzig Metern Regallänge Hunderte Sorten von Cornflakes, sodass man völlig verwirrt von dem Überangebot nach einer Viertelstunde Sucherei resigniert und vor lauter Verzweiflung letztendlich einfach nach der buntesten Packung greift.

Das Überangebot hat System, denn dem amerikanischen Kunden wird überall und zu jeder Zeit seine Kaufentscheidung durch den Fakt erleichtert, dass man alles zurückbringen kann. Man braucht nur den Kassenbon vorzuzeigen und kann selbst noch nach Monaten seine Ware ohne Begründung wieder gegen Bares oder ein neues Teil umtauschen, selbst wenn der einst gekaufte Föhn nicht mehr funktioniert oder die Gardine schon Flecken hat. Diese Selbstverständlichkeit verleitet schnell zum Kauf vieler lustiger Dinge, die man eigentlich gar nicht braucht. Und so wird der wahnwitzige Konsum angekurbelt, weil die Läden damit richtigliegen, dass der Kunde das meiste nutzlose

Zeug am Ende doch behält, und sei es nur, weil er zu faul ist, es umzutauschen. Geht mal irgendwann ein Gebrauchsgegenstand kaputt, ist eine Reparatur garantiert teurer, als einen neuen zu kaufen. Das hält die Wegwerfgesellschaft in Schwung.

Bezahlt wird grundsätzlich mit Kreditkarte. Damit kann man selbst eine Dose Cola für neununddreißig Cent erstehen, ohne gleich schief angeschaut zu werden. Ganz im Gegenteil, die Kassiererin bedankt sich noch herzlichst für deinen Einkauf in ihrer Filiale, wenn sie dir die Quittung reicht. Bezahlt man hingegen mit Bargeld, gilt man in der öffentlichen Wahrnehmung oft als nicht kreditwürdig und wird argwöhnisch beäugt. Die US-Bürger haben deshalb mindestens zwei bis drei Kreditkarten von verschiedenen Banken, damit man immer flüssig bleibt, wenn es ans Bezahlen geht: den neuen Kühlschrank von der einen, das Flugticket von der anderen, das Kleinzeug von der dritten. Die Karten werden nicht wie bei uns monatsweise abgerechnet, sondern bekommen einen wahrhaftigen Kredit, den man minimal zu hohen Zinsen abbezahlt. Hat man mehrere, verliert man schnell mal den Überblick und wenn man nicht aufpasst, steht am bitteren Ende die persönliche Bankrotterklärung.

Das Radfahren wird jetzt etwas entspannter, ich bin im richtigen Tritt, die Sonne steht am Horizont und ist kurz vorm Verschwinden. Nachts zu fahren, ist wirklich angenehm. Jetzt sind es geschätzt noch fünfundzwanzig Grad, eine regelrechte Wohltat gegenüber der extremen Belastung durch die Hitze tagsüber. Je schneller ich in die Pedale trete, umso mehr habe ich das Gefühl, dass mich der Wind beruhigend kühlt. Auch wenn es vielleicht nur Einbildung ist: Ich komme richtig gut voran.

Um zweiundzwanzig Uhr bin ich in Onarga City. An der Hauptstraße halte ich kurz an der Tankstelle, dem einzigen beleuchteten Gebäude im ganzen Ort, um meinen Eiswürfelvorrat aufzufüllen, und gönne mir einen Eiskaffee aus der Blechdose. Ich werde vielleicht noch bis Mitternacht weiterfahren, dann werde ich sehen, wo ich schlafen kann. Am Ortsausgang biegt der Highway 45 nach links ab, jetzt geht es nur noch geradeaus, bis nach Chicago.

Die absolute Dunkelheit lässt einen zeitlos reisen. Ich treibe völlig einsam auf der Landstraße entlang, kein Auto kommt mir mehr entgegen. Es ist eine solch tiefschwarze Nacht ringsherum, dass ich nur noch den immerfort wackelnden Kreis erkennen kann, den der Schein meiner Radlampe auf den Betonschwellen ausfüllt. Wenn ich an einer Farm vorbeikomme, kann ich das Licht in den Fenstern erahnen, das durch dicke Vorhänge gedämmt wird.

Man denkt an alles und nichts. Das Gehirn spielt Jo-Jo, regt sich über vergebene Chancen und falsche Freunde auf, freut sich über die eigene Familie und das baldige Wiedersehen, schmiedet aberwitzige Zukunftspläne, um sie eine halbe Stunde später gleich wieder zu verwerfen. Und dann fängt man noch mal von vorn an.

Ich bin ohne ein Gefühl für Zeit und Raum unterwegs, wie in einem Kokon gefangen, der mich von der Außenwelt abschirmt. Keine Geräusche, nur ein paar Vögel, die ich im Vorbeifahren aufschrecke, Hundegebell hinter Zäunen, die ich nicht sehen kann, das Rauschen des Fahrtwindes, der mir in unterschiedlichen Tönen um die Ohren pfeift. Die einzige Konstante dabei ist das rhythmische Quietschen des Zahnrades, untermalt durch das angenehme Surren der Fahrradkette.

Während meiner monotonen Treterei bemerke ich ein immer wiederkehrendes bläuliches Licht, das sich kurz an den Bäumen und Häusern bricht. Als ich noch darüber nachdenke, ob das vielleicht ein Disko-Laser aus dem nächsten Dorf sein könnte, überholt mich in gedrosselter Geschwindigkeit ein Polizeiauto mit aktivierter Rundumleuchte und hält etwa fünfzig Meter vor mir an.

Die Jungs in ihren schnittigen Streifenwagen sollte man

stets mit gebührlichem Respekt behandeln, ohne Ausnahme. Wer mit der uns eigenen flapsigen Art hier mit einem Polizisten eine Grundsatzdiskussion führen möchte, setzt das Gespräch meistens im Revier fort. Amerikanische Polizisten machen grundsätzlich keine Unterschiede und sehen wirklich alle gleich aus: gut gebaut, grimmiges Gesicht, kurzer Haarschnitt, eindeutige Hauptsätze und klare Gesten. Gesetzeshüter und Feuerwehrmann sind, ganz im Gegenteil zu Anwalt und Autoverkäufer, die gefragtesten Berufe in den USA, die kommen vom Status her gleich nach dem Präsidenten. Das ist wiederum historisch gewachsen: In den Bretterbuden der Siedlerdörfer brachen regelmäßig Feuer aus, da waren die Angestellten der örtlichen Feuerwehr die wichtigsten Leute der Stadt; gefolgt vom Sheriff, der für Ordnung und Sicherheit sorgte, marodierende Bösewichte und Bankräuber hinter Gitter brachte oder am besten gleich in den Sarg. Ein Job als Feuerwehrmann oder Polizist sorgte für Ruhm und Anerkennung, weil diese Leute für die Gemeinschaft ihr eigenes Leben aufs Spiel setzten. Dieser honorierende Blickwinkel hat sich bis zum heutigen Tage bei den Amerikanern nicht verändert.

Bist du ein Cop, dann hast du es geschafft.

Leicht nervös bringe ich mein Reisegefährt hinter dem Streifenwagen zum Stehen und überlege fieberhaft, wo ich meinen Pass hingesteckt habe. Garantiert hinten im Buggy, aber ganz unten. Der Polizist kommt auf mich zu, stellt sich als Sheriff von Ford County vor und fragt mit tiefer Stimme und unverkrampftem Lächeln nach meinem Weg. Während ich ihm meine Reiseroute erkläre, kontrolliert er flüchtig meine zusammengezimmerte Lichtanlage und bittet mich im Anschluss, auf jeden Fall auf den Verkehr zu achten.

«Ja, Sportsmann, das können Sie mir glauben, das ist nicht so wie bei Ihnen in Europa! Ich bin am Tag mindestens zehn Stunden durch den ganzen Bezirk unterwegs. Und ich kann

Ihnen sagen, da bekomme ich vielleicht einmal im Monat einen Radfahrer zu Gesicht. Die leben bei uns echt gefährlich.» Da kann ich ihm nur beipflichten: «Blöd ist halt, dass ich hier bei Ihnen keinen Radweg nutzen kann. Dadurch muss ich ständig aufpassen, dass mich keiner umfährt.» Der Sheriff nickt beschwichtigend. «Die Schlimmsten, das sind die Drunk Drivers, die besoffenen Typen, die glauben, ihr Auto auch noch mit einer Flasche Whiskey im Kopf steuern zu können. Davon haben wir leider viel zu viele. Also, passen Sie bloß auf, denn die sind die ganze Nacht unterwegs und das an sieben Tagen in der Woche!» Er berichtet mir voller Stolz, dass er vier Jahre in Deutschland war, in Schweinfurt und Würzburg als stationierter Soldat. Zum Abschied bietet er mir das Du an. «Also, ich bin Jason. Eine gute Weiterfahrt noch und viel Spaß in den Staaten!», sagt er und braust davon. Ich hätte nicht gedacht, dass meine erste Polizeikontrolle hier in den USA so charmant über die Bühne gehen würde. Aber vielleicht gibt es eine Ansage von ganz oben, dass sie Ausländern gegenüber immer schön freundlich sein sollen, damit wir auch im nächsten Urlaub wieder unser Geld in den Staaten ausgeben. Sheriff Jason wollte weder meinen Ausweis sehen noch meinen Buggy kontrollieren. Das könnte in einer Großstadt garantiert ganz anders laufen, wo die Ordnungshüter durch die zahlenmäßig überlegenen Wahnsinnigen bestimmt ein wenig verspannter drauf sind.

Zwei Meilen vor der Stadt Kankakee erahne ich in der Dunkelheit auf der linken Highway-Seite einen Gebrauchtwagenhändler für Landmaschinen, ein wenig versetzt steht auf dem Grundstück das Wohnhaus, umgeben von einem Fuhrpark, der von meterhohem Gras zugewuchert ist. Das Gelände liegt in völliger Dunkelheit und ist nicht eingezäunt. Mit leisen Schritten nähere ich mich den eingeparkten Mähdreschern. Hinter einem verrosteten Traktor, der schräg auf einem Erdhügel geparkt wurde, rolle ich mein Gepäck auseinander und schmeiße mich in mein

Nachtgewand aus schon leicht streng riechender Funktionsunterwäsche. Mein impulsives Naserümpfen bestätigt mir, dass ich das Zeug bei erstbester Gelegenheit mal durchwaschen sollte.

Pünktlich um Mitternacht mache ich die Augen zu. Das funktioniert auch ganz gut, bis ich mich auf einer Massagebank liegen sehe. Ein grimmig ausschauender Therapeut mit Oberarmen wie Jean-Claude van Damme und mit einem lauten gehässigen Lachen obendrein wringt über mir genüsslich ein klatschnasses Handtuch aus. Ich bin so erschöpft, dass ich mich nicht wehren kann, versuche ohne Erfolg, meine kraftlosen Arme nach oben zu reißen, und schreie dabei vor lauter Qual, denn das Wasser, das mir der Muskelprotz ins Gesicht schüttet, ist eiskalt. Ich brülle ohne Pause, das Wasser läuft mir in Augen, Ohren und den Mund, ich verschlucke mich immer und immer wieder. Es ist nicht zum Aushalten, und als ich es schließlich schaffe, mich auf die rechte Seite zu legen, damit mich das Wasser nicht mehr im Gesicht trifft, kann ich auch endlich meine Augen wieder öffnen. Ich blicke in ein dunkles, schwarzes Loch und brauche eine kleine Ewigkeit, bis ich realisiere, dass ich auf einer Wiese liege und Petrus sämtlich verfügbare Schleusen geöffnet hat.

Es schüttet wie aus Eimern.

Ich bewege mich wie ein volltrunkener Quartalssäufer auf allen vieren und schiebe mein Hab und Gut unter die Plastikplane. Ich konnte zwar alles retten, aber meine Klamotten samt Schlafsack sind so nass geworden, als ob ich sie aus einer gefüllten Badewanne herausgezogen hätte. Es ist erst sechs Uhr morgens, und ich zittere regelrecht vor Kälte. Ich fühle mich wie durch den Fleischwolf gedreht. Mir bleibt nichts weiter übrig, als frierend loszurollen.

So wie ich bin, damit mir wenigstens etwas wärmer wird.

DIE DEUTSCHEN VON CHICAGO

Ab Kankakee gibt es zwei Varianten, um nach Chicago zu kommen. Der Highway 50 führt parallel an der Interstate 57 entlang und sieht auf der Karte etwas kürzer aus als der 45er. Ich bleibe aber auf dem Highway 45, weil er jetzt eine Standspur hat, auf welcher ich gefahrlos radeln kann. Durch mein Smartphone lasse ich die Distanz genau errechnen: Frau Siri meint nach kurzer Denkpause, es wären zweiundsechzig Meilen, also fast genau hundert Kilometer. Bei einem Schnitt von fünfundzwanzig Kilometern pro Stunde kann ich die Distanz mit ein paar kurzen Stopps in gut fünf Stunden abspulen. Und die Strecke ist lang genug, um meine nassen Klamotten, angebunden an Fahrrad und Buggy, durch den Fahrtwind wieder trocken zu bekommen.

Für meinen Aufschlag in Chicago mache ich mich noch mal schick, auf einer großzügigen Toilette des Supermarktes «Speedway» in Frankfort. Ich stehe in Unterhosen vor dem Waschbecken und gehe meinen ganzen Körper mit einem durchtränkten Handtuch von oben nach unten durch. Nach dieser Erfrischung wasche ich mir noch die Haare. Jeder, der hier reinkommt, schaut mich so an, als ob es das Normalste der Welt wäre, sich halbnackt auf einem öffentlichen Klo frisch zu machen. Ohne Kommentar gehen die Leute an mir vorbei, waschen sich die Hände und wünschen mir alles Gute. Aus den Regalen suche ich mir mein Mittagessen heraus, die Auswahl fällt auf Limonade, Eiskaffee und mal wieder meine geliebten Ravioli aus der Büchse. Satt und zufrieden, kann mich Chicago jetzt in seine Arme schließen.

Vor noch nicht einmal zweihundert Jahren war es ein überschaubares Dorf mit hundert Menschen, heute ist Chicago mit knapp drei Millionen Einwohnern nach New York und Los Angeles die drittgrößte Stadt der USA und hat den größten Flughafen und den größten Bahnhof der Welt. Ihr Spitzname ist «The Windy City», weil immer eine steife Brise vom Michigan Lake in das Zentrum weht, die durch die eng aneinandergebauten Wolkenkratzer noch multipliziert wird. Im Sommer mag das angenehm sein, im Winter allerdings muss man sich dadurch zuweilen vorkommen wie in einem Kältesturm in der offenen Arktis. Mein Vater erzählte uns Kindern früher manchmal ein paar Schauergeschichten von Al Capone, der mit illegalem Glücksspiel, Prostitution und Alkoholschmuggel in dieser Stadt ein Millionenvermögen scheffelte. Als man ihm endlich den Prozess machen konnte, steckte man ihn auf die Gefängnisinsel Alcatraz. Die Ironie des Schicksals wollte, dass er nach seinem Knastaufenthalt nicht etwa durch die Kugel eines befeindeten Gang-Mitgliedes starb, sondern an der Syphilis. Die hatte er sich beim Besuch seines eigenen Bordells eingefangen.

An den zugepflasterten Straßen und Gehwegen gibt es kaum einen Baum mehr, auch Grünflächen sind Mangelware. Ich fahre durch South Chicago, ein Armenviertel, das wirkt wie eine Blaupause aus Hollywood-Filmen, die in der tiefsten Bronx spielen. Der alte Highway 171 nach Downtown ist beidseitig gesäumt von schmalen, zweistöckigen Wohnhäusern mit Läden im Erdgeschoss, die allerlei Schnickschnack verkaufen, den kein Mensch wirklich braucht, der aber anscheinend Umsatz bringt: Telefone, Fastfood, Matratzen und alte Autos. Augenfällig viel Müll liegt auf der Straße, die Kids hängen lässig besitzergreifend in übergroßen Jeans und mit Goldkettchen überfrachtet vor ihren mit Drahtgeflecht gesicherten Basketball-Plätzen herum und belächeln mich in ihrer großherzigen Überlegenheit.

Um kurz nach vier Uhr nachmittags bin ich am Lincoln Square. Einige Namen an den Türen und Geschäften bezeugen, dass hier viele meiner deutschen Landsleute leben müssen.

Zahllose kleine Springbrunnen spucken in der Mitte des überschaubaren Platzes ohne erkennbaren Rhythmus Wasser aus dem Beton, Kinder tanzen unerschrocken drum herum, und die Mütter warten geduldig mit der Eistüte in der Hand darauf, dass ihre Nachkommen hoffentlich bald müde werden und es zurück nach Hause geht. Ein paar einladende Tische um dieses kleine Spektakel aufgereiht, umrahmt von kurzgeschnittenen Bäumen, deren Blätter das Sonnenlicht in einem Flackerlicht hindurchwinken, lassen eine Atmosphäre fast wie in Südfrankreich entstehen, wo die Hektik des Alltags schon aus Prinzip ausgebremst wird. Gegenüber lässt ein großes Schild das Wasser in meinem Mund regelrecht zu Bächen zusammenlaufen: «Chicago Brauhaus» steht über einem Fachwerkeingang, unter dem ich hindurchlaufe und mich eine Minute später inmitten einer deutschen Schenke der Gemütlichkeit wiederfinde. Hier wird geschunkelt und gelacht, die Kapelle spielt bayerische Folklore, und ein paar Einheimische, die sich Mut angetrunken haben, tanzen eine Art Hüpfpolka für Arme. Ein Dunst von Schweinshaxe, gemischt mit dem Geruch von verschüttetem Bier und verschwitzten Unterhemden liegt in der Luft. Ich bestelle mir erst mal einen großen Eimer Gerstensaft.

Als die Jungs von der Combo ihre verdiente Pause einlegen, kommen wir ins Gespräch. Die beiden sind ursprünglich aus Ostberlin. Wolfgang, der Kleinere von beiden, flüchtete 1952 nach Westberlin. Aus dem Bullauge eines Flugzeuges sah er zum letzten Mal die geteilte Stadt von oben, bevor er in Hamburg landete.

«Seitdem war ich nie mehr in Berlin», erzählt er mir.

Ich kann das nicht so richtig verstehen, denn ich bin da komplett anders drauf. «Aber du musst doch so eine Art von Heimatgefühl haben, tief in dir drin, also dass du zum Beispiel dein Elternhaus mal wiedersehen willst, wo du groß geworden bist und du mit deinen Kumpels Fußball gespielt hast und so weiter!»

Wolfgang weicht mir nicht aus. In einem noch ansatzweise vorhandenen preußischen Akzent fährt er fort: «Weißt du, ich bin 1972 nach Chicago gekommen, Klavier spielen war das Einzige, was ich richtig konnte. Ich habe vorher als Pianist in Stuttgart gearbeitet, immer in unterschiedlichen Volksmusik-Bands, jeden Tag in einem anderen Ballhaus und am Wochenende auf großen Dorffesten. Da habe ich richtig Geld verdient. Jetzt bin ich bereits mein halbes Leben hier in Amerika, in einer ganz anderen Welt. Berlin war schon damals nicht mehr meine Heimat und jetzt sowieso nicht mehr.»

Ich bohre weiter und versuche, ihn an seiner musikalischen Berufsehre zu packen. «Aber wenn du hier den deutschen Hallodri spielst, da müssen dich doch sentimentale Momente erwischen, wenn du von der schönen Maid singst oder vom gelben Wagen, oder nicht?»

Wolfgang hat nicht wirklich alles hinter sich gelassen. Seine Antwort ist sehr kurz: «Ja, das stimmt.» Danach schiebt er seinen Kirschsaft samt Bierdeckel Richtung Tischmitte, steht auf und setzt sich wieder auf der Bühne an seine Hammondorgel.

Mit dem Restaurant-Chef, der gebieterisch vor seiner Kasse thront, komme ich schnell überein: Ich helfe in der Küche beim Kartoffelschälen, das geht mir flott von der Hand, und nach zwei Stunden Schnipselei sitze ich am Tisch und lasse mir meinen Lohn auf der Zunge zergehen: ein großes Eisbein mit Pommes und Krautsalat. Dazu kann ich trinken, was ich will und solange ich kann.

Diese Ansage wird großzügig ausgenutzt.

Das Durchschnittspublikum hier besteht aus amerikanischen Touristen, die sich mal einen lustigen Abend bei dieser komischen germanischen Musik machen wollen. Dazu gibt es deutsche Küche und ein Bier, das wirklich lecker schmeckt, das muss man neidlos anerkennen. Nach dem dritten großen Glas komme ich mit meinem Tischnachbarn ins Gespräch. Er heißt zwar Joseph, spricht aber keinen zusammenhängenden deutschen Satz mehr. Wie ich erfahre, liegt das daran, dass er schon im Alter von zehn Jahren mit seinen Eltern und vier Schwestern nach Chicago kam.

«Das war nun schon vor sechzig Jahren, seitdem hat es keinen Sinn mehr gemacht, deutsch zu sprechen. Nur zu Hause am Esstisch wurde das von meinem Vater noch verlangt.»

Seine Eltern kamen aus dem österreichischen Liezen in der Steiermark, sie wollten in eine bessere Welt, dorthin, woher die schönen bunten Postkarten mit Präsidentenköpfen auf Briefmarken kamen, von Auswanderern an die Zurückgebliebenen in der Heimat geschickt.

«Daran kann ich mich noch ganz genau erinnern, wie ich als kleiner Bub diese Postkarten in einem Album gesammelt habe und davon träumte, auch mal dort zu sein.»

Nach der Schule machte Joseph hier eine Lehre an einer Heidelberger Druckmaschine und blieb der Firma treu, bis er vor zwanzig Jahren vorzeitig pensioniert wurde.

«Ich bin einmal die Woche im Brauhaus, das ist schon so etwas wie mein zweites Wohnzimmer geworden. Meine Frau ist tot, mein Sohn schon längst aus dem Haus. Wenn du allein lebst, freust du dich, wenn du mal ein paar andere Gesichter siehst. Und wenn die auch noch ein paar Brocken deutsch sprechen können, ist es umso netter.»

Mit über fünfzig Millionen bilden die Deutschstämmigen die größte Bevölkerungsgruppe in den USA, und die Wahrscheinlichkeit, gerade hier in Chicago einen Amerikaner mit deutschem Migrationshintergrund zu treffen, ist relativ hoch. Wie mir Joseph lang und breit erklärt, wurde Chicago nach der Besiedlung des Mittleren Westens im neunzehnten Jahrhundert ein beliebtes Gebiet für deutsche Einwanderer, die größtenteils im Handwerk ihr Standbein aufbauten: Apotheker, Brauer, Tischler und Schlosser. Andere wiederum, wie seine Eltern, bewirtschafteten als Landwirte die Gebiete in der Umgebung. Sie begründeten den Aufschwung der Stadt vor der Industrialisierung und waren somit das Fundament der heutigen Mittelschicht. Der Lincoln Square im Nordosten ist bis heute das Einkaufszentrum der deutschen Gemeinschaft. Das konnte selbst ich an zahlreichen Geschäften mit mir vertrauten Produkten wie Schwarzbrot, Schokolade, Bier und Sauerkraut erkennen. An den Fassaden stehen noch die Familiennamen der Hanseaten, Bayern oder Sachsen, die diese Gebäude vor über hundert Jahren hingestellt haben.

Als der Bierdusel in meinem Kopf schon merklich seine Kreise zieht, machen wir uns auf den Weg. Joseph wohnt nur einen Steinwurf entfernt vom Brauhaus, an der North Claremont Street. Er hat mir angeboten, dass ich bei ihm im Garten mein Zelt auf-

schlagen könnte, und das kommt mir mehr als gelegen, denn ich will nicht in meinem leicht angesäuselten Zustand kurz vor Mitternacht auf gefährliche Nachtlagersuche gehen und am Ende vielleicht noch überfallen werden. Der Siebzigjährige ist nicht mehr ganz so flink zu Fuß, so schlendern wir gemütlich durch die fast menschenleere Stadt und saugen den regenschweren Dunst in unsere Lungen. Die Luft ist voll davon, denn der gestrige Wolkenbruch hat auch Chicagos Zentrum nicht verschont, das kann man immer noch durch das Stauwasser der von Müll verstopften Gully-Löcher am Bordsteinrand erahnen.

Josephs Domizil ist ein zweigeschossiges Reihenhaus, gebaut mit eigener Hand. Hintendran, genauso breit wie das Gebäude, liegt der Garten mit einem kleinen Geräteschuppen. Auf dem klitschnassen Rasen mit englischer Stängellänge baue ich mein Bergzelt auf.

Als ich gerade meinen Schlafsack ausgerollt habe, kommt Joseph noch mal vorbei und gibt mir zum Abschied ein Geschenk: «Hier, das ist ein Pin-Sticker für dich, von der ‹German American Police Association›. Mein Sohn ist nämlich Polizist und Mitglied in dem deutschen Verein.»

Das erste Mal am heutigen Abend sehe ich einen leichten Stolz in seinen Augen.

DIE AUTOHÄNDLER
DER NORTH WESTERN AVENUE

Leichter Nieselregen weckt mich aus einem erholsamen Schlaf. Ich konnte tatsächlich ganz entspannt einnicken, ohne Gedanken an eventuelle Gefahren, die mich vielleicht über Nacht ereilen könnten. Denn die kommen, wenn sie kommen, meist unangekündigt und immer gerade dann, wenn man sich völlig erledigt mitten in der Walachei einfach hinlegt. Niemals ist man beim Draußenübernachten so tiefenentspannt, dass einem alles egal ist und man sich sorglos in den Tiefschlaf verabschiedet. Es bleibt immer ein Restrisiko. Wenn es mal ein Geräusch gibt, das man nicht einordnen kann, schlägt einem schnell das Herz bis zum Hals, und man braucht ein paar Minuten, bis man sich beruhigt hat und einigermaßen die Augen wieder zubekommt. Das kann ganz schön belastend sein.

Hier in Josephs grüner Oase jedoch konnte sich mein Körper mal ordentlich erholen. Noch im Schlafsack liegend, schmiede ich um sechs Uhr morgens, als die Zeltwand langsam durch den Sonnenaufgang in einem diffusen Licht immer heller wird, einen Plan für die folgende Etappe: Das nächste Transportmittel steht an, ich will mir heute ein Auto kaufen, nicht zu teuer und einigermaßen gut in Schuss, sofort fahrbereit und in einem Zustand, mit dem ich es mindestens bis Washington schaffen kann. Ich zähle mein gesamtes Bargeld noch mal durch und komme auf tausendvierhundertachtundachtzig Dollar. Damit ich nicht Gefahr laufe, auf dem Weg durch eine kostenintensive Autopanne oder sonstige Unwägbarkeiten auf einmal völlig mittellos hängenzubleiben, lege ich für mich persönlich fest, dass ich nicht mehr als tausend Dollar für einen Wagen zahlen werde.

Ich könnte natürlich auch mein Fahrrad versetzen, das bringe ich bestimmt noch für mindestens hundert Dollar an den Mann, wenn ich will. Aber ich will nicht. Ich werde es behalten. Ich bringe es nicht übers Herz, mein liebgewonnenes Rennrad an einen Fremden zu verkaufen. Wir beide sind über eine Strecke von fast fünfhundertvierzig Kilometern zu einem eingeschworenen Team geworden, auch wenn mein Hintern brummt und der Rücken schmerzt und beide Körperteile definitiv gegenteiliger Meinung sind: Ich nehme mein Rad mit zurück nach Deutschland. Egal, dass ich das altersschwache Teil zu Hause wohl im Leben nicht mehr fahren werde, und egal, wie aufwendig und teuer der Transport sein wird. Und wenn ich es mir nur als Erinnerung an die Garagenwand nagele. Das Ding kommt mit nach Deutschland.

Um kurz nach neun Uhr fällt mir an der Ecke eines «Walgreens»-Marktes eine Schrauberbude auf. Ruben, der mexikanische Inhaber, verzieht kaum eine Miene, als ich ihm mein Anliegen vortrage. Eher skeptisch beäugt er mit seinen ölverschmierten Händen meinen Reiseprospekt, aber mein gebrochenes Spanisch hilft mir weiter.

«Das ist echt verrückt!», sagt er. «Gerade vor einer Viertelstunde habe ich einen 124er Benz für sechshundert Dollar verkauft. Ich glaube, das wäre genau das Richtige für dich gewesen.»

Er telefoniert mit einem Cousin und versucht, etwas für meine Preisvorstellungen zu arrangieren. Der hätte einen Wagen für dreihundert Dollar im Angebot, den man allerdings nur noch in der Stadt fahren sollte. Mit anderen Worten: schrottreif.

Doch Ruben beruhigt mich: «Ich habe noch acht weitere Cousins, die sind alle in meinem Gewerbe tätig.»

Wir tauschen unsere Handynummern aus, ich soll ihn nachmittags mal anrufen, bis dahin hat er garantiert irgendeine Kiste für mich organisiert.

Die Zeit bis dahin werde ich nicht sinnlos verstreichen lassen.

Am Ende wird das nichts, und ich hätte dadurch einen ganzen Tag verloren. Ich ziehe weiter und frage an einer Tankstelle nach dem nächsten Autohaus. Der Kassierer schickt mich fünf Kilometer weiter, auf die North Western Avenue, da soll sich ein Autohändler an den anderen reihen. Tatsächlich ist die ganze Einfallstraße auf beiden Seiten mit leicht lädierten Autos zugeparkt, die Plätze am Straßenrand sind sogar ohne Parkgebühr. Nur, wenn es richtig frisch wird, müssen die vielleicht mal öfters weggefahren werden, denn das einzige Verkehrsschild weit und breit verspricht mindestens einen halben Meter Schnee im Winter: «No parking when snow is over 2 inches – Tow zone!»

Auf der linken Straßenseite stehen unzählige Werkstätten, eingezäunte Autoparkplätze und jede Menge offizieller «Car Dealers». Gleich beim ersten Händler werde ich fündig: Ein schicker weißer Oldsmobile, Baujahr 1976. Allerdings wurde der nie ein zweites Mal lackiert. Die Farbe wirkt stumpf und vom Wüstensand so abgeschliffen, dass man an einigen Stellen das Metall der Karosserie durchschimmern sieht, was für meine Zwecke aber eher egal ist. Nicht von der Hand zu weisen ist allerdings der Zustand seines Innenlebens, denn als ich die Fronthaube aufmache, sehe ich, dass der Motorblock komplett verrostet ist und ein paar seltsam ausschauende Kabel keinen Anschluss haben. Die Bremsscheiben sind rostrot und bringen die Kiste bei einer Gefahrenbremsung garantiert nur gemächlich zum Stehen. Obwohl der Oldsmobile meiner Meinung nach bloß noch zum Ausschlachten taugt, will der Werkstattchef tatsächlich ganze tausendfünfhundert Dollar dafür haben. Ich wünsche ihm alles Gute und weiterhin viel Erfolg.

Am nächsten Block gibt es einen «Body Shop». Die Amerikaner nutzen die Wortkombination für eine klassische Autoklempnerei: «Body» steht für Karosserie, das «Shop» für die Werkstatt. Muss man nicht zwingend wissen, denn man sieht schon von außen, dass sich die allgemeine Körperpflege in den Geschäftsräumen lediglich auf das Reinigen von ölverschmutzten Händen mit einer kernigen Seife beschränkt.

Ein Chevrolet, der mir vor der Eingangstür ins Auge gefallen ist, hat optisch einige Macken vorzuweisen: kaputter Kotflügel, zerfetztes Frontlicht und eine leicht gesprungene Frontscheibe. Das Gefährt soll achthundert Dollar kosten. Allerdings, so der Chef, müsse noch der Kühler gewechselt werden, der hat bei einem Crash bestimmt auch was abbekommen. Aber das Ganze klingt nicht uninteressant. Er wollte das Ding heute sowieso reparieren, nachmittags könnte es dann fertig sein.

Auf jeden Fall eine Option, wenn ich nicht noch etwas Besseres finde.

Auf dem Parkplatz gleich nebenan stehen eine Menge Neufahrzeuge, vermischt mit alten Straßenkreuzern, die – so die Werbung am Tor – alle fahrbereit sein sollen. Mal schauen, was da so geht. Ein Buick, Modell «Park Avenue», hat es mir auf der Stelle angetan: Baujahr 1991, letzte Zulassung vor sechs Jahren. Nur das Preisschild fehlt. Ich spreche einen dunkelhäutigen Mann in einem Anzug an, der nur darauf zu warten scheint, auf Knopfdruck den Kundenberater zu spielen.

«Nur achthundert Dollar!», sprudelt es aus dem Verkäufer heraus. Das wäre der Preis, alles inklusive. Und er stellt sich gleich mit seinem Vornamen Dave vor, um das Gespräch auf die Kumpelebene zu heben. Ein Reifen vorn hat kein Profil mehr, aber den könnten sie auf die Schnelle umsonst noch austauschen. Anscheinend bin ich an den Richtigen geraten. Nachdem Dave eine kurze Diskussion über sein Sprechfunkgerät abhält, rauscht ein Kollege herbei und überreicht mir den Schlüssel für eine Probefahrt. Die beiden Jungs klemmen noch eine mobile Starthilfebox an die Batterie und schon brummt der Motor. In dem Geschoss thront man wie auf einem Trucker-Sitz, die Mittelkonsole ist so breit wie ein Schuhkarton und die Gangschaltung lediglich ein kurzer Stock, der rechts hinter dem Lenkrad herausschaut.

Ich brause über den Parkplatz und bin schnell mit dem Wagen einer Meinung: Wir zwei sind ein super Team und werden die nächsten Tage gemeinsam verbringen. Im Verkaufsraum allerdings ereilt mich dann die Offenbarung. Nachdem ich schon endlos irgendwelchen Papierkram ausgefüllt habe, holt Dave zu guter Letzt seinen Taschenrechner aus dem Schieber und tippt mit einer stoischen Ruhe endlose Zahlenreihen ein.

«Also, mit allen Gebühren, der Anmeldung, der Versicherung und den Steuern kommen wir auf einen Endpreis von zwölfhundertachtunddreißig Dollar und ziemlich genau siebenundvierzig Cent.»

Über seine Brille hinweg erwartet er eine zustimmende Reaktion meinerseits, die aber zu seinem Erstaunen ausbleibt. Ich bin echt sauer. Von achthundert Dollar Gesamtpreis war noch vor drei Stunden die Rede, jetzt ist mein Traumwagen ein Drittel teurer geworden. Was ich aus dem verschenkten Nachmittag mitnehme, ist kein Auto, aber eine Menge Erfahrung.

Ab sofort wird ganz anders verhandelt.

Ich versuche als Erstes, Ruben zu erreichen. Nach mehrmaligen Versuchen und minutenlangem Klingeln wird meine Laune nicht besser. Wer weiß, unter welcher Auspuffanlage der gerade liegt.

Wenn ich heute noch aus Chicago loskommen will, muss ich mein Tempo ein bisschen anziehen. Es ist schon siebzehn Uhr, als ich wieder vor dem «Body Shop» stehe. Der Chevrolet «Sedan» wird gerade repariert, Schrauber Tony widmet sich voller Elan der Fixierung des Kühlers.

«Das Ding wird heute nicht mehr fertig», nimmt der schmächtige Zweiundzwanzigjährige mir die nächste Illusion. «Morgen könntest du es irgendwann haben. Ich denke mal, so gegen zwölf Uhr.»

Ich biete ihm an, dass ich mit anpacken könnte, um die Sache ein wenig voranzutreiben. Wenn ich ihm zur Hand gehe und durch die Zeitersparnis der Wagen heute noch vom Hof rollt, könnte ich bestimmt den Preis noch herunterschrauben. Aber John, der Werkstatt-Chef, der auf einmal neben uns steht, bleibt hart.

«Bei achthundert Dollar kann ich nichts mehr machen, und das nach all den nötigen Reparaturen. Das ist definitiv meine unterste Preisgrenze.»

Ich erkundige mich nach den zusätzlichen Gebühren, die mir heute überall noch draufgeschlagen wurden.

«Bei mir bekommst du das Auto für den Endpreis, und da ist alles drin, auch die Mehrwertsteuer. Anmelden musst du das Teil aber selbst, das ist dann dein Problem.»

John stammt eigentlich aus Syrien. Das kann nur ein Künstlername sein, wahrscheinlich damit er keine Probleme hier bekommt. 1988 wanderte er nach Amerika aus.

«Das war relativ einfach, weil ein Großteil meiner Familie schon hier lebte.»

Von Syrien aus ging er erst nach Deutschland, arbeitete dort drei Jahre als Automechaniker in Offenburg und Wiesbaden.

«Als ich dann hier ankam, war mir klar, dass ich sofort einen eigenen Laden aufmache. Koste es, was es wolle. Ich hatte keinen Bock mehr, zehn Stunden am Tag unterm Auto zu hängen.»

Der mittlerweile Fünfzigjährige scheint alles richtig gemacht zu haben. «Amerikaner brauchen immer einen Wagen, der rollt. Und das jeden Tag. Die machen keinen Weg zu Fuß. So einfach ist das. Und genau aus diesem Grund läuft mein Laden, seitdem ich denken kann, ohne große Probleme. Ich habe keinen Mega-Stress und auch nie Langeweile. Das ist das richtige Mittelmaß, um nicht wahnsinnig zu werden.»

Ein paar Wortbrocken, die seinen kurzen Deutschlandaufenthalt beweisen, hat er noch behalten. Unter anderem den Klassiker «Ein Bier, bitte!». Das bringt ihn auf die grandiose

Idee, aus seinem Bürokühlschrank zwei eiskalte holländische Exportflaschen hervorzuzaubern.

«Wenn du einmal ein richtiges Pils getrunken hast, dann fasst du das Zeug hier nicht mehr an. Denn das amerikanische Bier ist kein Bier, sondern nur Wasser mit Hopfengeschmack.»

Diese Erfahrung durfte ich auch schon machen.

Der Kühler sitzt jetzt genau dort, wo er einst mal hingehörte. Zwar ist die Frontscheibe mit einem durchgehenden Riss verziert, aber das ist zu verschmerzen. Auch, dass der Vorratsbehälter der Scheibenwischanlage tropft, als Tony und ich Wasser nachgießen, ist egal. Wir kloppen wie die Verrückten mit einem Stahlhammer den zerbeulten Kotflügel wieder annähernd in seine ursprüngliche Form. Als wir vorn rechts eine Lampe von einem anderen Chevrolet einsetzen wollen, stellen wir fest, dass das Teil aus einer anderen Baureihe stammen muss. Es ist viel zu groß. Aber mit etwas Nachdruck wird die Öffnung passend

gemacht. Der anschließende Lichttest verläuft erfolgreich. Jetzt muss noch das Thermostat ausgetauscht werden, und dann ist die Kiste fahrbereit.

Irgendwie scheine ich John sympathisch zu sein. Jedenfalls bemerkt er beiläufig, dass er so etwas noch nie erlebt habe, dass ein Käufer selbst seinen Wunschwagen repariert. Jetzt bestellt er zwei große Salami-Pizzen, eine für mich und eine für ihn.

Tony muss das Thermostat allein wechseln.

Die Wartezeit auf den Lieferservice wird im Büro mit dem nächsten Bier überbrückt. Dazu gibt es einige hilfreiche Tipps von John, um die überfallartigen Polizeikontrollen zu vermeiden.

«Du musst immer deine Bremslichter kontrollieren, ob sie auch wirklich funktionieren, bevor du losfährst. Ich weiß, das ist lästig, aber das fällt den Jungs am schnellsten auf, wenn sie hinter dir fahren.»

Ich komme mir vor wie in der Fahrschule.

«Und, Joey: Niemals bei Gelb noch über die Kreuzung kacheln! Da bist du sofort fällig. Und denke daran, du bist hier nicht auf einer deutschen Autobahn. Am besten immer etwa zehn Meilen unter der Höchstgeschwindigkeit fahren. Was die Cops hassen wie die Pest, sind Raser. Das ist fast schlimmer als ein Kapitalverbrechen.»

Um acht Uhr abends ist das Werk vollbracht: Die Kiste läuft, und wir kommen zum Geschäftlichen. John sitzt hinter seinem vollgepackten Schreibtisch und widmet sich den notwendigen Papieren. Meinen EU-Führerschein aus hellrotem Papier, den ich ihm herüberreiche, betrachtet er ungläubig mit hochgezogenen Augenbrauen.

So etwas hat er noch nie gesehen.

Die amerikanische Fahrerlaubnis gibt es nur in Form einer Plastikkarte, und die ist viel mehr wert, als man glaubt, denn sie erfüllt gleich noch die Funktion des Personalausweises, den es in den Staaten so nicht gibt. Diesen Führerschein, kurz «ID» für Identifizierung, braucht man hier tagtäglich: als Ausweis bei einer Polizeikontrolle, beim Gang zum Amt und als Altersnachweis an der Tür der Kneipe oder des Tanzschuppens, in den man reinwill. Obwohl ich nicht mehr das faltenfreie Gesicht eines Jünglings besitze, wurde ich auf meiner Reise mehrmals an der Supermarktkasse gefragt: «Can I see your ID?» Das machen die Amerikaner aber eher unbewusst und ohne Unterschied bei nahezu jedem, weil empfindliche Strafen drohen, wenn sie nur ein einziges Bier an einen Minderjährigen verkaufen sollten, denn bis zum einundzwanzigsten Geburtstag ist der Alkoholkonsum staatenübergreifend illegal. Auto fahren darf man allerdings schon mit fünfzehn Jahren mit einem «Learner's Permit», wenn Mutti oder Vati als Privatlehrer mit an Bord sind. Die Fahrprüfung selbst wird ein Jahr später relativ locker gehandhabt: Meistens wird auf einem großen, leeren Parkplatz dem Prüfer gezeigt, dass man die Blinker bedienen kann, die Kiste ordentlich beschleunigt und zum Stehen bringt und ohne größere Probleme einparken kann. Das kostet um die zweihundert Dollar, und man hat als Teenager seine Fahrerlaubnis in der Hand.

John akzeptiert schließlich meinen deutschen Führerschein in Kombination mit meinem Reisepass und bezahlt online ein Überführungskennzeichen, das zwar nur sieben Tage gültig ist, aber bis dahin habe ich den Wagen hoffentlich wieder verkauft. Die Haftpflicht für neunundzwanzig Dollar muss ein Kumpel von John per Fax für mich abschließen, da ich keinen festen Wohnsitz in den USA habe. Das wiederum dauert keine halbe Stunde, dann ist die Bestätigung der Versicherung da. Da ich leibhaftig miterleben darf, was es für einen bürokratischen Aufwand für John bedeutet, mir den Chevy zu verkaufen, biete ich ihm schließlich einen Freundschaftspreis von neunhundert Dollar.

Und das ist dann inklusive Bier, Pizza und Anmeldegebühr.

Ein Batzen Geld liegt jetzt auf dem Tisch. Ich zähle die Scheine nun schon zum dritten Mal. John ist sichtlich entzückt ob meiner deutschen Gründlichkeit.

«Joey, diese ganzen Häufchen von Fünfern, Zehnern und Zwanzigern hier», und er grinst mich dabei mit seiner heruntergezogenen Lesebrille an, «das sieht aus wie die Tagesabrechnung eines Drogendealers.»

BLAUER HIMMEL ÜBER MICHIGAN

Als ich aufwache, brauche ich fast eine Minute, um zu realisieren, wo ich bin. Ich habe, seitdem ich in den USA angekommen bin, das erste Mal überhaupt durchgeschlafen.

Nachdem ich bei John vom Hof gerollt bin, fuhr ich noch eine Viertelstunde in Richtung Zentrum und erfreute mich wie ein kleiner Junge an meiner Jungfernfahrt mit meinem ersten eigenen Chevrolet. Ich war richtig happy, dass ich für einen völlig intakten Wagen, für den ich in Europa garantiert das Doppelte bezahlt hätte, so einen super Preis herausschlagen konnte. Gleich an dem Highway 14 West bog ich rechts ab und hielt nach ein paar hundert Metern an dem «River Park Motel». Der «River» entpuppte sich bei näherer Betrachtung als eine zugemüllte Flusssenke, der «Park» war nichts anderes als ein Parkplatz. An der hintersten Ecke stellte ich mein Auto ab, schmiss meinen ganzen Krempel auf den Asphalt, sortierte alles nach der Wahrscheinlichkeit des nächsten Zugriffs, um endlich wieder mal ein bisschen System in meinen Klamotten zu haben. Nichts nervt mehr, als wenn man eine Kleinigkeit braucht, die entweder ganz unten im Rucksack ist oder man überhaupt keine Ahnung hat, wo man zuerst anfangen soll zu suchen. Der Kofferraum wird mein Kleiderschrank, das Fahrrad packe ich auseinandergeschraubt einfach obendrauf.

Dafür, dass das Motel nicht gerade durch seine perfekte Lage glänzt und einen ziemlich abgeranzten Eindruck macht, war richtig viel Betrieb heute Nacht. Meistens kamen aufgehübschte Frauen ganz allein angereist, ohne Gepäck, nur mit Handtasche und cooler Sonnenbrille ausstaffiert. Kurz danach parkte die passende Begleitung dazu ein. Anfangs machte ich mir noch keine großen Gedanken darüber, bis der mutmaßliche Ehemann dann aber eine halbe Stunde später wieder wegfuhr und der nächste Typ auftauchte. Es war ein einziges Kommen und Gehen, in den Erdgeschosszimmern herrschte reger Männerauflauf. Ich stand auf dem Parkplatz eines vermeintlichen Stundenhotels. Der Vorteil für mich bestand darin, dass ich dadurch nicht auffiel.

Kurz nachdem es dunkel geworden war, baute ich mir auf der Rückbank ein gepflegtes Bett, machte noch mal einen Kassensturz und drehte mich zufrieden und glücklich um. Selbst nach meinem Autokauf hatte ich immer noch knapp sechshundert Dollar übrig. Und das erste Mal auf meiner Reise schlummerte ich mit einem Dach über dem Kopf. Schön trocken und sicher.

Ich schlief elf Stunden am Stück.

Vor fünfundzwanzig Jahren fuhren wir mit unserer Kelly Family in einem Cadillac «Fleetwood» durch die USA, Baujahr Mitte der 1970er Jahre, ein zweitüriges Monstergeschoss mit dunkelroten Ledersitzen. Das Auto hatte zweitausend Dollar gekostet, das war für damalige Verhältnisse auch kein Schnäppchen mehr. In diesem Panzer aus Stahl saß mein Vater am Steuer, auf der durchgehenden Fahrerbank neben ihm und auf den Rücksitzen wir Kinder. So reisten wir durch die Staaten. Die Kiste hing immer auf halb acht, weil wir in dem Riesenkofferraum unser ganzes Equipment verstaut hatten, den kleinen Generator, die Lautsprecher und eine Großpackung selbstkopierter Kassetten mit unseren schönsten Volksliedern. Du lümmelst auf der Rückbank herum wie auf Omas Sofa aus Federkernmatratzen und hast das Gefühl, als ob du in einem Wohnzimmer durch die Gegend fährst. Die Sitze sind so glatt, dass man ständig nach vorn rutscht, bis einem der Hintern richtig weh tut. Bei den immensen Strecken, die man in den USA zurücklegen muss, kann das schnell zum Trauma werden. Was für meinen Vater damals das Wichtigste dabei war: Obwohl diese Straßenpanzer mit fünfundzwanzig Litern Durchschnittsverbrauch selbstredend umweltfeindlich sind, ist die Sicherheit dagegen unbezahlbar.

Selbst wenn man einen heftigen Auffahrunfall hat, kommt man relativ heil wieder raus. Du musst nur aufpassen, dass du angeschnallt bist, sonst fliegst du durch die Scheibe wie Spiderman.

Als meinem Vater unser kindliches Gejammer ob der Enge zu bunt wurde, kaufte er für zwölfhundert Dollar noch einen ausrangierten US-Schulbus, diese großen gelben Kastenwagen, die jedes Kaff mit der Außenwelt verbinden. Für meinen Vater kam das einer blanken Ironie gleich: Er, der jegliche Schulpflicht ablehnte, kutschierte seine Kinder in einem Schulbus durch die Gegend. Dieses Vehikel wurde zu unserem fahrenden Zuhause; Taxi, Lastenesel und Schlafraum in einem. Der Cadillac wurde ab diesem Zukauf zum Shuttle-Service degradiert, denn der Bus mit einer gefühlten Länge von zehn Metern war in den Großstädten nicht zu gebrauchen. Damit kann man nirgendwo parken, und in viele Metropolen darf man gar nicht erst mit solchen großen Teilen hineinfahren. So haben wir die Familienkutsche meistens auf einer Raststätte stehengelassen und sind mit dem Auto ins Zentrum gefahren. Für unseren Job war das optimal: unauffällig schnell geparkt, die Technik zackig hingestellt und losgespielt. Und dann direkt zum nächsten Ort. Mit einem Bus verlierst du zu viel Zeit. Und die ist gerade für Straßenmusiker Gold wert.

Auf dem Land haben wir meistens auf Campingplätzen gelebt, in den Städten in Motels. Waren wir unterwegs zu einem neuen Ort, schlugen wir unser Lager einfach im Wald auf. Wir fühlten uns wie Robin Hood, machten ein Lagerfeuer und grillten leckere Steaks. Geschlafen wurde in dem Bus, in einem Zelt und unserem Cadillac. Jeder hatte seinen ganz bestimmten Platz, wo er sein Musikerhaupt bettete. Ich habe immer in der Limousine gepennt, hinten auf dem Rücksitz, das war meine Ruhezone. Innerfamiliäre Konflikte wegen der Schlafplätze gab es nicht. Stress kam nur auf, wenn wir losfahren wollten. Ich hockte auf der Rückbank am rechten Fenster, und wenn eines von uns Kindern ausnahmsweise mal falsch saß, gab das immer ein Riesentheater. Es war ein ungeschriebenes Gesetz: Man konnte sich nicht umsetzen, wie man wollte. Weil wir stundenlang in engsten Räumen zusammengelebt haben, war das einfach tödlich für den Familienfrieden.

Die aufkommende Hitze weckt mich, begleitet durch das laute Schnattern der Reinigungsfrauen vor den Motel-Zimmern. Als ich endlich um zehn Uhr fertig bin mit Katzenwäsche und Bettenrückbau, drehe ich den Zündschlüssel um. Ich werde wahnsinnig. Es passiert nichts. Kein Stottergeräusch des Motors, nicht einmal das Rattern der Zündung ist zu hören. Mit ziemlicher Sicherheit ist die Batterie durch das lange Stehen komplett leergelutscht. Eine erste Schweißperle macht sich auf meiner Stirn breit, ich spüre leichte Panik in mir hochkommen. Wenn ich John nicht erreichen kann, hänge ich hier fest. Und falls ich heute überhaupt noch eine neue Batterie bekommen würde, kostet die bestimmt um die hundert Dollar.

Aber auf meinen Autoverkäufer ist Verlass. Eine halbe Stunde nach unserem Telefonat steht er breit grinsend mit einem Starterkabel vor mir. Mit seinem Wagen bringen wir meinen Motor im Handumdrehen wieder zum Laufen.

«Du musst ihn mal etwas länger tuckern lassen, die Lichtmaschine braucht eine Weile, um die Batterie aufzuladen. Ist halt nicht mehr die neueste. Am besten, du fährst mal eine Stunde am Stück, das müsste reichen.»

John drückt mir zum Abschied noch das Kabel-Set in die Hand. Als ein Geschenk.

Mittags um zwölf Uhr komme ich endlich los. Die Einfallstraße, auf die ich drauffahre, führt geradewegs nach Downtown Chicago. Was mir in dieser Großstadt jetzt als frischgebackener Autofahrer sofort auffällt, sind die Verkehrsanlagen, mit denen die Nordamerikaner den Europäern um Meilen voraus sind. Steht man bei Rot an einer Ampel, schaut man geradewegs auf die fortführende Straße zwanzig Meter weiter, denn dort sind die runden Ampellichter exakt auf der Kreuzung über der eigenen Fahrbahn angebracht; mit einer gepflegten kleinen Sonnenblende, die jegliche Einstrahlung vermeidet, damit man sie ganz entspannt betrachten kann. Nicht wie bei uns auf der rechten Straßenseite, wo man sich als Erster an der Kreuzung halb den Kopf verrenken muss, um die Farben zu erkennen. Erst recht, wenn man die Sonne im Rücken hat und dadurch aus den Farben Rot und Gelb und Grün eine Soße wird und man das Umschalten der Ampel erst zur Kenntnis nimmt, wenn man von hinten durch penetrantes Hupen daran erinnert wird. Auch der Name der Straße, die man in diesem Moment kreuzt, ist direkt neben der Ampel auf einem grünen Schild in Großbuchstaben draufgemalt. So groß, dass man nicht mal eine Brille braucht zum Lesen. Eine perfekte Orientierung für Ortsfremde wie mich, denn dadurch weiß ich immer, wo ich gerade bin, und kann eigentlich so gut wie keinen Abzweig verpassen. Außer-

dem gilt die unabdingbare Regel auf der Rechtsabbiegerspur, dass man nach einem kurzen merklichen Stopp grundsätzlich bei Rot abbiegen darf, wenn kein Gegenverkehr von links auf der Hauptstraße angerauscht kommt. Das macht den Verkehr flüssig und komplett stressfrei. Dafür brauchen die Amerikaner nicht einmal den so hochgelobten grünen Pfeil, der bei uns in Deutschland so selten ist wie ein Känguru in der Arktis.

An der Michigan Avenue im Stadtzentrum kann ich schon das Blau des großen Sees durch die Wolkenkratzerschluchten erkennen. Ihn wollte ich unbedingt sehen, wenn ich schon mal in Chicago bin: den Lake Michigan in seiner grenzenlosen Weite, mit einem leichten Wellengang, in den sich die kleinen Fährboote werfen, mit stoischen Passagieren an Bord, begleitet von kreischenden Möwen, die sich blitzartig wie Greifvögel auf jeden noch so kleinen Happen herunterstürzen, der von aufgeregten Kindern in die Luft geworfen wird. Schaut man auf den See, hat man das Gefühl, man steht an einem Ozean. Durch die Erdkrümmung kann man das andere Ufer, welches hoch oben in Manistique/Michigan liegt, nicht sehen, weil es unglaubliche fünfhundert Kilometer entfernt ist. Es ist ein traumhafter Tag mit blauem Himmel, die Promenade ist voller Menschen, die ihr freies Wochenende genießen. Familien gehen spazieren, ältere Ehepaare haben sich gemütlich auf den Parkbänken eingerichtet, Jogger rennen an mir vorbei, überholt von Inlineskatern und Fahrradfahrern in enganliegenden Profi-Trikots. Die Stimmung lässt sich fast mit der von Los Angeles am Venice Beach vergleichen, allerdings mit dem einen Unterschied, dass die Leute hier nicht so von ihrer eigenen Eitelkeit gepeitscht sind und dadurch in ihrer lässigen Behäbigkeit viel europäischer rüberkommen. Von der überschwappend guten Laune lasse ich mich anstecken.

Ich kaufe mir eine Kugel Vanilleeis, hocke mich vor die plätschernden Wellen und freue mich darüber wie ein kleines Kind.

LAND DER
BEGRENZTEN WAFFENNARREN

Wenn man die Stadt ostwärts verlässt, kann man auf der Interstate 90 durch das linke Autofenster ewig lang die faszinierende Skyline von Chicago bewundern. Man hat das Gefühl, man fährt noch durch den Speckgürtel der Großstadt und ist auf einmal in Indiana, ohne dass es dafür einen optischen Hinweis gibt. Viele Staaten wurden auf dem Reißbrett aufgeteilt, und so wurden auch die Grenzen festgelegt. Dadurch sind sogar zahlreiche Städte in den USA staatentechnisch zweigeteilt, was solch kuriose Fluchten von Verbrechern erklärt, die in dem einen Staat die Bank ausraubten und dann schnell die Hauptstraße entlang in den nächsten rasten, weil dort das Strafmaß viel geringer ausfällt, falls man durch einen dummen Zufall doch noch geschnappt wird.

Nachmittags um drei biege ich auf den Highway 121 South ab, kurz danach auf den Highway 6 East. Ab jetzt geht es immer geradeaus durch Indiana, das auf mich den gleichen Eindruck macht wie Illinois. Auch hier stehen links und rechts der Straße Maisfelder ohne Ende, ewig lang sieht man nichts anderes am Wegesrand, nur alle fünfzig Meilen mal eine kleine Ortschaft mit einem Rasthof und angeschlossener Fastfoodkette. Jeder, der hier überhaupt noch einen Job hat, arbeitet in der Landwirtschaft. Es ist total eintönig. Nur die Bäume sehen etwas anders aus als die letzten Tage. Sie erinnern mich an zu Hause.

Es sind Laubbäume.

In der Kleinstadt Ligonier tanke ich vierzehn Gallonen Benzin, dafür bezahle ich ziemlich genau fünfzig Dollar. Ein schöner runder Betrag, der mich spontan dazu motiviert, das Ganze mal genauer durchzurechnen. Ich bezahle also rund drei Dollar fünfzig für eine Gallone, das wiederum sind umgerechnet dreiundfünfzig Liter für siebenunddreißig Euro. Das heißt, wir reden hier über einen Literpreis von siebzig Cent in Euro. Kein Wunder, dass die Amerikaner sämtliche Wege mit dem eigenen Wagen erledigen, denn es bleibt unter dem Strich immer noch billiger, als mit Bus oder Bahn zu fahren.

Als ich gerade aus dem Tankstellen-Shop wieder herauswill, quatscht mich ein Einheimischer mit Barrett auf dem Kopf an. Er hat an der Kasse anhand meiner leichten Skepsis beim Bezahlen bemerkt, dass ich nicht von hier sein kann. Ich erzähle ihm, wo ich herkomme und wohin ich will. Er interessiert sich für meine Reiseroute im Detail, hat allerhand sinnvolle Tipps parat und war natürlich auch schon mal zum Armeedienst in Deutschland. Nach einem kurzen Diskurs über die Vorzüge der deutschen Esskultur, des Reinheitsgebotes und über seine eigenen Erfahrungen als Navy-Soldat in Bayern fragt er mich, ob ich denn schon von dem Massaker in Aurora gehört hätte. Er zeigt durch das Tankstellenfenster auf den Fernseher, der über der Kasse hängt, auf dem gerade wieder ein News-Beitrag mit Bildern von dem abgesperrten Kino mit ernsten Reportergesichtern flimmert. Ich halte mich mit einer subjektiven Meinung vorsichtig zurück, denn ich kenne die Vergangenheit des vermeintlichen Nahkämpfers nicht. Solche Zeitgenossen sind meist übermotivierte Patrioten, die ihr Land sogar über das eigene Leben stellen. Er wünscht mir noch eine gute Reise. Und wenn ich wieder daheim bin, soll ich Deutschland von ihm grüßen.

Von dem Massaker wusste ich schon seit heute Morgen, als ich eine E-Mail von Karen auf mein Handy bekam, der Frau, die ich in dem Irish Pub in Denver kennengelernt hatte. Sie schrieb mir von dem Anschlag in Aurora, einem Vorort von Denver, keine zwanzig Minuten von Downtown entfernt. Das Kinderkrankenhaus, wo sie arbeitet, wurde von der Polizei und Spezialeinheiten hermetisch abgeriegelt, weil der Attentäter genau gegenüber seine Wohnung hatte. Und kurz danach kamen in den Rettungswagen die ersten schwerverletzten Teenager, um deren Leben man stundenlang kämpfte. Es sei das Schlimmste gewesen, was sie je in ihrem Beruf als Krankenschwester erlebt habe.

Es war der Tag der Premiere des neuen «Batman»-Films. Ein offensichtlich wahnsinniger Student der Neurowissenschaften von der Colorado University zog sich am Abend ein schwarzes Kostüm an, darüber eine schusssichere Weste und eine Gasmaske über den Kopf. Er stellte sich fünf Minuten nach Beginn der Kinovorstellung vor die Leinwand und schmiss eine Tränengaspatrone in die Menge. Am Anfang dachten alle, das sei eine unerwartete Show-Einlage des Hauses. Als die Ersten bemerkten, dass der Typ bis an die Zähne bewaffnet war, versuchten sie zu flüchten. Doch James Holmes, ein vierundzwanzigjähriger Doktorand, traf mit seiner Schrotflinte und einem Gewehr insgesamt einundsiebzig Menschen, zwölf davon tödlich. Wie die Polizei ermittelte, hatte Holmes sechstausend Schuss Munition ganz einfach über das Internet bestellt. Die Schießeisen erwarb er kurz vor der Tat ganz legal in drei verschiedenen Waffenläden.

Das Thema läuft hier gerade überall hoch und runter, die Menschen bleiben in den Fastfood-Restaurants oder Malls vor den TV-Bildschirmen stehen und lauschen wortlos den neuesten Erkenntnissen über den Amoklauf. Und wenn man den Statistiken glaubt, schaut fast jeder, der hier gleich nach Hause fährt, verängstigt in seinem Wäscheschrank nach, ob denn die Knarre noch da ist. Jeder zweite Haushalt in den USA besitzt mindestens eine Schusswaffe, insgesamt redet man von fast dreihundert Millionen in Privatbesitz. Also hat statistisch vom Kleinkind bis zum Pazifisten jeder eine Waffe. Pro Jahr werden in den Staaten rund hunderttausend Menschen durch Kugeln verletzt und mehr als dreißigtausend Leute erschossen, in Deutschland erwischt es etwa einhundertfünfzig Menschen, und das, obwohl wir im internationalen Vergleich mit fast sechs Millionen Waffen in Privatbesitz auf einem bemerkenswerten vierten Platz liegen – hinter den USA, der Schweiz und Finnland. Das bedeutet im Direktvergleich ganz nüchtern, dass der Finger bei den Amerikanern ziemlich locker am Abzug sitzt. Und da machen auch die Cops keine Ausnahme: Wurden im Jahr 2011 in ganz Deutschland von der Polizei fünfundachtzig Schüsse abgefeuert, knallte allein die New Yorker Polizei bei der Verhaftung eines einzigen Verdächtigen vierundachtzig Mal um sich, und das mitten in Harlem.

Die News von Massakern in Familien, Schulen und Firmen in den USA ereilen uns in steter Regelmäßigkeit. Und ich gehe mal davon aus, dass wir dabei nur die Spitze des Eisberges mitbekommen, nämlich ausschließlich die wirklich schockierenden Fälle. Alle anderen sind schon nicht mehr so sensationell, als das man über sie berichten müsste oder wollte. Versinkt die ganze Nation nach Katastrophen wieder in kollektiver Trauer, wie bei dem Attentat an der «Columbine High School» in Colorado, bei dem zwei durchgedrehte Schüler dreizehn Menschen wie in einem realen Computerspiel erschossen haben und anschließend Selbstmord begingen, werden trotzdem nur halbherzige Konsequenzen gezogen. An der Highschool wurden Metalldetektoren an die Schultore drangeschraubt. An übergreifenden Gesetzen aber ändert sich nichts, im Gegenteil, sie werden immer mehr gelockert. Das hat auch damit zu tun, dass in den USA kein einheitliches Waffenrecht existiert und jeder Bundesstaat sein Waffengesetz selbst regeln kann. Mitunter treibt das ganz abstruse Blüten. In North Carolina haben die Republikaner beispielsweise durchgewunken, dass man, wenn man einen Waffenschein besitzt, seine Knarre auch in der Kneipe dabeihaben darf, denn das wäre ein Grundrecht des freien Bürgers. Wenn man überlegt, dass sich ein paar Saufkumpane wie überall auf dieser Welt mal in die Haare kriegen, kann man sich ungefähr ausmalen, wie das im Zweifelsfall mit einem Waffengürtel um die Hüfte endet. Der Regierung war vorab durchaus die landesweite Studie der «University of California» bekannt, die statistisch belegte, dass Waffenbesitzer erstens sowieso zu viel Hochprozentiges trinken und zweitens ein Drittel aller Morde von alkoholisierten Schießwütigen begangen werden. Und trotzdem darf man nun in North Carolina in einer Schenke mit seiner Knarre herumwedeln.

Dieses Gesetz haben mittlerweile sieben weitere US-Staaten durchgesetzt.

Nun kann man, wenn man will, zur Entschuldigung der laschen Waffengesetze auch die Einwanderungsgeschichte ins Feld führen. Wenn ich mich damals als Siedler mitten in der Prärie mit einem selbstgebauten Holzhaus und einem Viehstall voller Kühe sesshaft gemacht hätte, wäre ich auch nicht ohne meinen Colt unter dem Kissen ins Bett gegangen. Zu viele Gauner raubten und mordeten sich quer durch das Land, und ehe dich jemand gefunden hätte, wärest du schon längst mumifiziert gewesen. Also hat man zur Selbsthilfe gegriffen und jeden Verdächtigen ohne Nachfrage gleich umgenietet. Dass sich dieser Überlebenstrieb in der Gegenwart komplett überholt hat, leuchtet eigentlich ein, aber aus dem damaligen Zwang zur Eigeninitiative ist über das letzte Jahrhundert ein Zusatzartikel zur Verfassung geworden, das sogenannte «Second Amendment». Dieser besagt, kurz zusammengefasst, die amerikanischen Bürger haben das Recht, Waffen zu tragen, um sich selbst und den Staat zu verteidigen. Im Krieg mag so etwas vielleicht noch ansatzweise Sinn machen, aber nicht auf den Straßen einer Großstadt. Das aber ist genau die Gesetzeslage, für die die «National Rifle Association», die NRA, landesweit kämpft. Dieser öffentliche Verein hat vier Millionen Mitglieder und gibt pro Jahr eine Viertelmilliarde Dollar für Lobbyarbeit aus. Kein US-Präsident wagte es bisher, sich mal entschieden mit den Waffenliebhabern anzulegen, denn die NRA macht aus dem allgemeinen Recht auf Waffenbesitz taktisch durchaus intelligent eine politische Diskussion zur Freiheit in Amerika. Mit solch einem tief im Volk verwurzelten Thema kann man in den USA jede Menge Wählerstimmen gewinnen.

Und deshalb wird sich auch in Zukunft daran nichts ändern.

VON INDIANA BIS NACH PENNSYLVANIA

Kurz vor Mitternacht war ich in Fort Wayne, mit einer Viertelmillion Einwohnern nach Indianapolis die zweitgrößte Stadt von Indiana. Hier gab es genügend Motels, an einem davon fuhr ich raus und stellte mich in die dunkelste Ecke des Parkplatzes. Obwohl ich mich den ganzen Tag so gut wie gar nicht körperlich bewegt hatte, war ich hundemüde.

Ich habe kein großes Theater mehr veranstaltet und mich einfach auf die Rückbank gelegt.

Neun Stunden schlief ich durch, zwar etwas zusammengekrümmt und in der Körperhaltung suboptimal, aber ich war ausgeruht für meine Weiterfahrt. In einem «Starbucks» gegenüber kaufte ich mir ein Sandwich plus Kaffee und erledigte eine ausführliche Morgentoilette auf dem hauseigenen WC. Das ist in den Staaten sowieso ein Luxus: Wenn mal schnell die Blase drückt, dann hat man überhaupt kein Problem, denn die Toilettenbenutzung ist überall umsonst, nicht nur auf sämtlichen Raststätten und in WC-Häuschen in öffentlichen Parkanlagen, auch in Supermärkten oder Malls. Egal, wo man ist, ob auf der Fifth Avenue in New York oder mitten in der Wüste von Nevada: Es gibt überall eine Notdurftmöglichkeit in Reichweite, und die ist immer auch behindertengerecht ausgebaut. Dabei muss man nicht wie bei uns in Deutschland bis in die oberste Etage eines Kaufhauses fahren und sich bei der Kassiererin mit hochrotem Kopf durchfragen; hier sind gleich im Erdgeschoss Männlein und Weiblein mit großen Emblemen ausgeschildert, sodass man problemlos durchmarschieren kann, ohne gleich das Gefühl zu haben, als Gegenleistung etwas kaufen zu müssen. Man kann sogar die Örtlichkeit in einem Restaurant aufsuchen, ohne schief angeschaut zu werden. Fragt man hier nach, wird einem ohne mit der Wimper zu zucken freundlich der Weg gezeigt. Anmaßende Hinweisschilder, wie: «Nur für Gäste – alle anderen zahlen 50 Cent!», gibt es nicht. Wahrscheinlich spekulieren die amerikanischen Inhaber insgeheim darauf, dass man auf dem Rückweg die Lokalität doch als einladend empfindet und mal so eben einen Espresso bestellt. Und schon ist die imaginäre Schüsselbenutzungsgebühr wieder gegenfinanziert. Es gibt nirgendwo die typische Klofrau wie in Deutschland, die sich schon zähnefletschend ob der drohenden Zechprellerei an der Eingangstür aufbaut und einem zum eigenen dringenden Bedürfnis gleich noch ein schlechtes Gewissen mit auf den Weg zur Keramik gibt, weil man tatsächlich nur zehn Cent in der Hosentasche hat, anstatt des knallhart geforderten halben Euros. Und diese Erleichterungsgebühr wird mit Nachdruck eingetrieben, ob die Hütte nun sauber ist oder nicht. Während meiner Reise durch die USA hätte ich locker auch noch den Nebenjob eines WC-Testers machen können, ich war schließlich jeden Tag mehrmals auf einem öffentlichen Klo und immer auf einem anderen. Müsste ich einen Bericht abgeben, würde ich zusammenfassend sagen: Beispielhaft. Ich habe kaum eine einzige stinkende, geschweige denn verdreckte Toilette gesehen, selbst nicht im letzten Kaff am Ende einer Einbahnstraße, dafür aber einige Male eine Truppe von Staatsbediensteten, die mit großem Eifer die öffentlichen Nasszellen gereinigt haben. Zu jeder Tages- oder Nachtzeit. Und für uns Nutznießer kostet der Service keinen Cent.

Heute geht es den Highway 30 East immer geradeaus. Ich schiebe meinen Fahrersitz noch etwas nach hinten und lasse das Autoradio auf einem Country-Sender ein paar alte Hits dudeln. Die Seitenfenster habe ich runtergekurbelt, hänge lässig meinen linken Arm heraus und genieße den Fahrtwind, der die drückende Hitze etwas erträglicher macht. Ein entspanntes Fahren, es ist kaum Verkehr, und vor allem gibt es keine nervenden Autofahrer, die von hinten drängeln oder an einem vorbeirasen wie Geistesgestörte. Die Amerikaner fahren grundsätzlich stressfreier als die Deutschen, das mag daran liegen, dass sie durch die großen Entfernungen, die sie täglich zu überbrücken haben, notgedrungen die Fahrerei etwas ruhiger angehen. Die Geschwindigkeitsbegrenzung liegt sowieso bei maximal fünfundsiebzig Meilen, also hundertzwanzig Kilometer pro Stunde. Das ist für uns Europäer nicht gerade fix, aber man sollte sich tunlichst daran halten, denn eine überhöhte Geschwindigkeit wird unnachgiebig bestraft. Hier kommt man nicht mit ein paar Punkten davon, sondern zahlt ordentlich Strafe oder geht gleich mal in den Knast. Da verstehen die Cops überhaupt keinen Spaß.

Ist man wie ich gerade auf dem Land unterwegs, sieht man keine Ampelanlagen mehr. Es greift an Kreuzungen auch nicht mehr die geläufige «Rechts-vor-links»-Regel, stattdessen gibt es die sogenannten «4-Way-Stops», bei der alle Richtungen einer Kreuzung ein eigenes Stopp-Schild haben. Die Regel ist ganz einfach: Wer zuerst kommt, fährt zuerst. Das wirkt nicht nur verkehrsberuhigend, sondern hat nebenbei auch noch eine erzieherische Wirkung, denn die Wagenlenker überbieten sich zum Teil an Höflichkeit und winken dich durch, obwohl du eigentlich erst nach ihnen dran bist.

Was mir auch schon bei meiner Fahrradetappe aufgefallen ist, sind die zahlreichen Schilder in allen Farben und Varianten, welche die Autofahrer vor ihren eigenen Smartphones warnen. Auf einem ganz besonders knackig getexteten Hinweisschild an einer Kirche am Highway steht in großen Lettern: «Honk if you love Jesus, text while driving if you want to meet him!» Heißt nichts anderes, als dass man mal eben auf die Autohupe drücken soll, wenn man Jesus liebt, und dass man ihn garantiert persönlich treffen wird, wenn man die Hände nicht von seinem Streichel-Handy lassen kann.

Mehr als hunderttausend Unfälle werden pro Jahr in den USA nur aus einem Grund verursacht, weil die Leute hinterm Lenkrad auf ihren Handys herumfummeln. Der Durchschnittsamerikaner verbringt vier Stunden in der Woche bei Twitter, bei Facebook sogar sieben Stunden. Und das wird vorzugsweise nicht am Rechner, sondern unterwegs zwischen heimischem Herd, Supermarkt oder Arbeitsplatz gemacht. Als Amerikaner ist das durchaus nachvollziehbar, denn auf diesen ewig langen Strecken mit zum Teil stundenlangen Geraden ohne Gegenverkehr kann man damit wunderbar nutzlose Zeit füllen. Das macht man so lange, bis man völlig unerwartet irgendwo hineinkracht und sich damit von seinem irdischen Dasein verabschiedet.

Ich fahre über die Staatengrenze von Indiana nach Ohio und bin kurz danach im Van Wert County. Der Zeitunterschied nach Deutschland beträgt nur noch sechs Stunden. Ich komme meinem Ziel immer näher und feiere diesen Moment gebührend mit zwei Büchsen Ravioli von der Tankstelle.

Zum ersten Mal auf meiner Tour sehe ich bis zum Horizont diese stählernen Windräder, die bei uns zu Hause schon auf jedem Acker stehen. Auf dem Highway 30 fährt man gemütlich mitten durch mannshohe Felder, so weit das Auge reicht. Ein Bauernhof sieht aus wie der andere, nichts scheint sich zu verändern. Nur ein paar vereinzelte Wolken am Himmel werfen kurz einen Schatten auf die Straße, der im gleichen Augenblick wieder verschwindet.

Zum Reisen sind die USA ein unvergleichliches Land. Wenn man wie ich aus dem dichtbesiedelten Europa kommt, erschlägt einen die Wildnis geradezu, man kommt sich klein und nichtig vor inmitten dieser gewaltigen Weite mit ihren Tausenden Facetten, abstrakt unterschiedlichen Gegenden, Gebirgen und Prärien, Stränden und Wüsten, alles bunt verstreut wie in einem Bilderbuch auf einem Kontinent.

Wer so viel Schönheit auf ewig einatmen kann, wird diese Einzigartigkeit wahrscheinlich gar nicht bewusst wahrnehmen.

Es ist ein komischer Zwiespalt, welcher sich über die letzten

Tage in mir entwickelt hat, schon seitdem ich aus Kalifornien und Nevada weg bin. Je weiter ich nach Osten komme, umso mehr bin ich verunsichert. Ich habe die Staaten vor fünfundzwanzig Jahren ganz anders erlebt, genauso, wie man sie aus den typischen Filmen und Serien kannte: Straßenkreuzer und Harleys, Basketball und Bruce Springsteen, Hotdogs und Burger, Westernlandschaft und Wolkenkratzer. Und dazu eine unglaubliche Leichtigkeit des Seins: Man ist das, was man selbst lebt, ohne sich dem anderen gegenüber rechtfertigen zu müssen.

Der amerikanische Patriotismus ist echt bewundernswert: Vor jedem Haus hängt weiterhin die Nationalflagge, aber das Eigenheim selbst zerfällt. Der krasse Gegensatz zwischen Arm und Reich war damals radikal sichtbar, man ist noch durch hochgesicherte Villenviertel gefahren, und gleich hinter der nächsten Ecke begann das Ghetto, das es in jeder größeren Stadt gab. War es schon durch deine Herkunft vorbestimmt, ob du ein Anwalt oder sein Mandant wirst, scheinen heutzutage die sozialen Grenzen fast vollständig verschmolzen zu sein.

Jedes zweite Anwesen ist zu verkaufen, überall hängen «For Sale»-Schilder, der Pleitegeier kreist scheinbar über jeder Stadt. Die USA wirken verarmt, viele Dörfer auf meinem Weg scheinen verlassen, selbst in den größeren Städten sieht man kaum eine Menschenseele auf der Straße, keiner bewegt sich mehr, überall herrscht eine leicht depressive Stimmung. Es schwappt keinerlei Motivation oder positive Energie mehr herüber, die von den Leuten ausgehen müsste und die die Amerikaner eigentlich alle schon in die Wiege gelegt bekommen.

Es ist wahrlich keine gute Zeit für Amerika, jeden kann es mittlerweile erwischen.

Nichts ist mehr zu spüren von dem so oft zitierten «American Dream», der märchenhafte Aufstieg vom Tellerwäscher zum Millionär scheint längst Vergangenheit zu sein. In den letzten Jahren war die Facebook-Geschichte von Mark Zuckerberg dabei lediglich ein glücklicher Ausreißer. Da machen andere Nationen längst mehr Ballett in Sachen Aufschwung, nicht nur wirtschaftlich, sondern auch sozial. Und das kriegen die US-Bürger so langsam, aber sicher ebenfalls mit.

Es ist eine gewisse Gleichgültigkeit, die sich hier breitmacht. Die so oft von uns bewunderte Gelassenheit kippt langsam um in Resignation, nur die patriotische Ader allein bestärkt die Hoffnung an den Staat, der immer wieder Besserung gelobt. Die euphorische Aufbruchsstimmung von früher ist verschwunden, jeder lebt anscheinend in den Tag hinein und hofft, dass das Geld noch bis zum Monatsende reicht. Und dann wird geschaut, wie es weitergehen kann. Alles, womit man irgendwie noch einen Dollar machen kann, wird verkauft. An der untersten Kante der Gewinnspanne. Alles ist «For sale».

Die Amerikaner machen gerade eine echt harte Zeit durch.

Wenn wir uns als Europäer mit ihnen vergleichen müssten, könnten wir ohne Umschweife behaupten, dass wir wie die Made im Speck leben.

MEINE WURZELN IM AMISCH-LAND

Am Vortag habe ich es noch bis Waynesburg/Pennsylvania geschafft. Wie gewohnt, suchte ich mir eine ruhige Ecke auf einem Motelparkplatz und schlief zusammengekauert auf meiner Autorückbank. Als ich mich am nächsten Morgen endlich sortiert hatte und losfuhr, war es schon zehn Uhr.

Waynesburg selbst lohnt nicht einmal den Blick in den Rückspiegel, es ist eine verdreckte Stadt mit drei großen Kraftwerkstürmen. Ich fahre auf dem Highway 21 weiter, einer einsamen Landstraße, wo ich untertourig fahren und damit den dollarfressenden Strudel im Tank vermeiden kann. Wenn ich wegen einer Panne hängenbleiben sollte, muss ich wahrscheinlich nicht ewig auf Hilfe warten. Hier kommt bestimmt mal jemand vorbei.

Meine Windschutzscheibe ist mit unzähligen geplatzten Insekten gesprenkelt. Ich rolle vor mich hin, ganz in Gedanken versunken, um mich herum sieht es aus wie im schönen deutschen Fichtelgebirge: Leicht hügelige Landschaft, die Straße zerteilt die Wälder wie eine Furche das Feld, das Ambiente wird von der Sonne beleuchtet wie auf einer Postkarte. Die Staatengrenze von Pennsylvania nach Maryland bemerkt man lediglich an einem unscheinbaren Straßenschild, welches durch mehrere Pistolenkugeln durchlöchert ist.

Nachmittags um eins bin ich auf dem alten Highway 40, dem «National Pike». Eine Meile vor Grantsville sehe ich auf der rechten Seite ein Gehöft. Ein Plastikzelt mit den aufgemalten Lettern «Fresh produce» steht am Straßenrand, hier wird Obst verkauft, da mache ich einen Stopp. Kaum bin ich aus meinem Auto gestiegen, kommen zwei altertümlich wirkende Jungs auf mich zu. Sie sehen aus wie Zwillinge, was neben den gleichen hochgekrempelten blauen Hemden und grauen Stoffhosen auch noch der rote Zottelbart der beiden verstärkt. Die verwirrende Optik hat ihren Grund: Sie sind Amische.

Etwas ungläubig hören sie sich eine kurze Zusammenfassung meines USA-Abenteuers an. Ich schenke ihnen ein eingeschweißtes Kleeblatt und dazu noch eine Visitenkarte mit Telefonnummer drauf und meiner Homepage. Jetzt kommt Freude auf. Nachdem die Brüder sich halb totgelacht haben, sagen sie mir, dass sie mich nicht anrufen können, denn sie haben kein Telefon zu Hause, auch kein Handy. Und keinen Strom, und auch kein Auto. Den Beweis dafür kann ich in ihrer weiß getünchten Scheune bewundern: eine Pferdekutsche aus dem letzten Jahrhundert. Zwei Achsen mit Blattfedern hat das schwarz lackierte Gefährt, eigenhändig aus Holz zusammengeschraubt mit einer Fahrgastkabine, wo ohne Probleme vier Leute reinpassen. Das Pferd dazu steht auf der Wiese nebenan. Mit dieser Kutsche fahren sie tatsächlich auf der Landstraße, wie sie mir erzählen, am Wochenende besuchen sie meistens Verwandte in der Umgebung und kaufen ein paar notwendige Dinge ein. Alles, was sie sonst zum Leben brauchen, wird eigenhändig angebaut. An den Amisch-Leuten geht grundsätzlich jede Krise dieser Welt komplett vorbei. Schmieren mal wieder die Finanzmärkte ab, beißen sie ganz entspannt in einen Apfel und erfreuen sich des Lebens. Völlig von der Außenwelt abgeschottet, verdienen sie sich lediglich ein paar Dollar mit dem Verkauf von Gemüse. In ihrem Plastikzelt liegen aufgereiht frische Tomaten, Gurken, Möhren und Zwiebeln, gleich daneben sorgfältig beschriftete Gläser mit selbstgemachter Marmelade. Ich wähle eine Gurke und zwei Pfirsiche. Der ältere Bruder meint, er wolle mir nichts dafür berechnen, ich gebe ihm trotzdem einen Dollar und verabschiede mich. Als ich voller Vorfreude in den Pfirsich beiße, sehe ich im Rückspiegel die beiden Jungs noch an der Straße stehen und winken.

Wir haben immer gedacht, die Kellys seien eine irische Familie mit ganz dickem keltischem Blut. Aber das ist nur die halbe Wahrheit. Tatsächlich sind meine Vorfahren väterlicherseits alles Iren, sie waren Ewigkeiten als Bauern an der Westküste von Irland ansässig. Im neunzehnten Jahrhundert, nach einer katastrophalen Hungersnot, sind Hunderttausende unserer Landsleute in die Staaten geflüchtet. Mit dieser großen Einwanderungswelle kam auch mein Urgroßvater Sean O'Kelley im Alter von acht Jahren nach Boston. Mit seinem völlig verarmten Vater und ein paar Habseligkeiten, hineingepresst in einen einzigen Koffer, fuhr er 1870 von der Hafenstadt Cork aus auf einer der großen Atlantik-Fähren in die Staaten und begann ein neues, zweites Leben.

Seinen Lebensunterhalt verdiente mein Großvater in den USA mit der Schildermalerei für Saloons und Manufakturen. Seine eigene Firma mit zwanzig Leuten lief prächtig, bis er durch die Weltwirtschaftskrise alles verlor. Danach musste er wieder ganz von vorn anfangen und ging als Einzelkämpfer mit einer Kiste Pinsel von Laden zu Laden, um für ein paar Dollar die Schilder aufzubessern, die er selbst mal produziert hatte. Von ihm hat mein Vater auch diese Affinität zum Malen übernommen, das berühmte Logo der Kelly Family stammt von ihm. Er hat es sich auch nicht nehmen lassen, unseren Doppeldeckerbus und auch unser Hausboot von vorn bis hinten mit eigener Hand zu streichen.

Mein Großvater, mein Vater und meine älteren Geschwister sind alle in den Staaten geboren. Das machte es für uns möglich, zusätzlich noch einen irischen Pass zu bekommen, denn für Iren in dritter Generation war die doppelte Staatsbürgerschaft in den USA bis zum Ende der 1980er Jahre noch möglich, danach war Schluss.

Der ursprüngliche Plan meines Vaters Daniel Jerome Kelly war es eigentlich, knallhart die Laufbahn eines Priesters einzuschlagen, doch sein Leben ging in eine andere Richtung.

Nach seinem fünfjährigen Theologiestudium in Rom arbeitete er in den USA als Highschool-Lehrer für Mathe und Religion. Als mal wieder eines seiner Kinder versuchte, mit einer Gabel ein Stück Brot aus dem Toaster zu fingern und das Ding durch einen Kurzschluss abbrannte, schnellte der Frustpegel bei meinem Vater so hoch, dass er keinen neuen kaufte, sondern zur Abwechslung mal einen gebrauchten Toaster auf dem Flohmarkt besorgte. Der kostete nur einen Dollar und lief ohne Probleme. Das war der Beginn seiner Karriere als Antiquitätenhändler. Nach seinen Schulstunden fuhr er nun mit einem vom Bestattungsinstitut günstig abgekauften Leichenwagen, auf den er «Kelly Antiques» draufgemalt hatte, durch die Vorstädte, kaufte den Leuten alten Plunder ab und vertickte das Zeug mit Gewinn wieder direkt aus seiner Garage heraus. Er hatte ein relativ gutes Händchen dabei, wurde zu einem ständigen Gast auf den Flohmärkten der Region und weitete sein Geschäftsgebiet sogar bis nach Europa aus. Dort kam er über einen Händler günstig an antike Stücke heran, für die die Amerikaner richtig gutes Geld zahlten. Irgendwann merkte er, dass dies zum Überleben reichte, und da er die schulischen Zwänge sowieso als anmaßend empfand, fiel es ihm umso leichter, mit voller Überzeugung seinen Job hinzuschmeißen.

Für meinen Vater war immer die Familie als soziale Gemeinschaft der Sinn und Mittelpunkt seines Lebens. Das hat sich im Laufe der Zeit auch quantitativ in der Anzahl seiner gezeugten Kinder niedergeschlagen: Nach seiner ersten Ehe mit vier Kindern heiratete er die sehr viel jüngere US-Amerikanerin Barbara Ann Suokko, sieben weitere kleine Kellys kamen in den nächsten Jahren dazu. Alles hätte so wunderbar weitergehen können, aber das Schicksal schlug gnadenlos zu. Bei einer Routineuntersuchung stellte man fest, dass meine erst achtunddreißig Jahre alte Mutter schwer krank war. Sie hatte Brustkrebs im fortgeschrittenen Stadium, die ersten Anzeichen hatte sie komplett ignoriert. Mit Angelo war sie bereits schwanger und verzichtete deshalb auf eine Chemotherapie, die sie vielleicht noch gerettet hätte. Sie entschied sich für das Ungeborene, nicht für sich selbst. Zehn Monate nachdem sie Angelo auf die Welt gebracht hatte, ist sie in unserem Haus in Spanien gestorben.

Was wir von der Ahnengalerie meiner Mutter wussten, beschränkte sich lediglich darauf, was sie uns zu Lebzeiten erzählt hat. Vor drei Jahren bekam ich von einer TV-Produktionsfirma das Angebot, auf professionelle Ahnensuche zu gehen. Und was dabei herauskam, war wirklich faszinierend.

Ahnenforschung ist in den Staaten ein Riesending. Jeder hat sofort seinen lückenlosen Stammbaum parat, denn der wird von Sippe zu Sippe weitergegeben. Für die Amerikaner ist das auch nicht unbedingt schwierig, denn ihre Vorfahren sind alle früher oder später mit einem Schiff hier gelandet. Ab diesem Zeitpunkt beginnt ihre eigentliche Geschichte, nämlich anhand der originalen Passagierlisten, die seit dem Jahre 1650 bei Ankunft der Einwanderer in allen Häfen der Ostküste erstellt wurden. Über diverse Internetportale kann man ohne größere Probleme seine Linie zurückverfolgen, da mittlerweile fast alles digitalisiert worden ist, auch so gut wie jedes Kirchenbuch.

Meine Großmutter mütterlicherseits hieß Barbara Ann Bailey, von ihr haben wir noch einige Fotos im Familienarchiv. Sie und ihr Mann waren Kaufleute in Ohio, neben Kohle haben sie mit Gemischtwaren und Immobilien gehandelt. Meine Uroma wiederum hieß Helen Kline, und ab da wurde es interessant: In den Volkszählungslisten von 1870 fanden wir auch meine Ururoma, die sich Kathryne Fassnacht-Mentzer nannte. Die Frau mit dem so deutsch klingenden Nachnamen wurde auch schon in Amerika geboren, vor über hundertzwanzig Jahren. Ihre Eltern Kate und Enoch Fassnacht entdeckten wir dann über das Internet, wo man Grabsteine auf jedem noch so kleinen Friedhof der USA überprüfen kann. Dabei kam Erstaunliches zutage: Unsere Vorfahrenlinie geht zurück bis zum Jahr 1757, zu Eva und Johannes Mellinger.

Und die waren Amische.

Ab dem 17. Jahrhundert war Amerika der Zufluchtsort vieler religiöser Minderheiten, die in Europa verfolgt wurden und deshalb zu Tausenden nach Pennsylvania und Maryland strömten. Bis heute gibt es dort viele mennonitische Gemeinden der Amisch-Leute. In Lancaster County, zwei Autostunden von Philadelphia entfernt, gründeten die Mellingers in dem Dorf Ephrata vor zweihundertsechzig Jahren ein Kloster. Es gab hier Werkstätten, eine Zimmerei, eine Druckerei und sogar eine deutsche Schule.

Dort wohnt bis heute Scott Mellinger, ein Cousin von mir, wenn auch nur siebten Grades. Er hat sich intensiv der Familienforschung gewidmet und darüber auch ein Buch geschrieben, es ist die Geschichte der Mennoniten-Familie Mellinger im Cocalico-Tal von Pennsylvania. Darin steht, dass Johannes Mellingers Vater Benedict Mellinger hieß. Er stammte aus Ruchheim in der Kurpfalz und war sozusagen der erste Kelly in den USA, 1749 eingewandert.

Wie wir Kellys, haben auch die Mellingers Musik komponiert und aufgeführt. Die wird noch heute in der mennonitischen Gemeinde gespielt, in der Kirche neben dem Friedhof, wo die Ahnen meiner Mutter ihre letzte Ruhe gefunden haben: die Fassnachts, die Mellingers und die Mentzers. Wie mir Scott erzählte, ist eines der ältesten Gräber auf dem Friedhof das von Maria Mellinger, meiner Großmutter in sechster Generation.

Die Mellingers, die in Deutschland noch Möllinger hießen, waren eine berühmte Uhrmacher-Familie. Und ihre Zeitmesser laufen zum Teil heute noch.

Die Turmuhr im «Altpörtel» zu Speyer ist das Meisterwerk von Jakob Möllinger, einem deutschen Urahnen unserer Kelly Family.

MIT DEN DIRTY KIDS NACH WINCHESTER

Keine zehn Meilen vor Cumberland/Maryland halte ich in dem Durchgangsort Lavale auf einem Parkplatz. Mit zwei leeren Plastikflaschen bewaffnet, betrete ich eine Filiale der Pizzakette «Cisco». Es ist vierzehn Uhr, und der Laden ist brechend voll. Ich frage eine Kellnerin, die gerade mit einer Pizza vorbeigeschossen kommt, die so groß ist, dass sie sie mit beiden Händen tragen muss, ob sie mir denn Leitungswasser geben könnte. Meinem Wunsch wird freundlich und umgehend nachgekommen.

Kostenlos natürlich, ein Lächeln gibt es obendrauf.

Als ich wieder zu meinem Auto gehe, sehe ich von weitem an der Ampelkreuzung ein Tramper-Pärchen. Die beiden befinden sich gerade in einem augenscheinlich ungewollten Gespräch mit der Highway Patrol und werden kurzerhand von der Straße weggejagt. Mit dieser Aktion haben die Polizisten ihren Job erledigt und fahren weiter. Keine Minute später laufen mir die beiden auf dem Parkplatz fast in die Arme. Neben uns hält ein Pick-up, und der Fahrer reicht eine Packung Hundefutter aus dem Seitenfenster.

«Good luck, folks!», kann ich gerade noch vernehmen, ehe der Präriepanzer weiterfährt. Die Häppchen sind für die zwei Kläffer gedacht, die aufgeregt an der kurzen Leine hüpfen.

«Kannte der Fahrer euch?», frage ich die beiden.

«Nein, das passiert uns öfters. Die Leute schenken uns kein Geld, sondern immer nur Hundefutter.»

Damit beruhigen die Normalsterblichen ihr Gewissen. Denn mit Bargeld, so die Unterstellung, decken sich Obdachlose sowieso nur mit Alkohol und Drogen ein. Und die armen Hunde, die sie mit sich durch die Gegend zerren, würden am Ende hungrig bleiben.

Die zwei Tramper Freddie und J-Bear sind «Dirty Kids». So nennen die Amerikaner ihre Straßenkinder. Heimatlose Seelen, die ohne Ziel und Geld durch die Staaten reisen, stets auf der Flucht vor der eigenen Beständigkeit, weil am Ende keiner mit ihnen etwas zu tun haben will. Es ist hart, auf der Straße zu leben, das weiß ich aus meiner eigenen Kindheit. Wir hatten zumindest immer irgendein Auto und sogar später einen Bus, wo wir nachts drin pennen konnten. Kein wirkliches Zuhause und keine Familie als Kind zu haben, ist eine ganz eigene Geschichte.

«Ich fahre Richtung Virginia, kann ich euch vielleicht ein Stück mitnehmen?», frage ich und kenne die Antwort eigentlich schon vorher.

«Völlig egal wohin, wir wollen einfach nur weg hier.»

Freddie, die meinen Beifahrersitz in Beschlag genommen hat,

sieht viel älter aus als ihre erst vierundzwanzig Lenze. «Life is an adventure!», sagt sie voller Inbrunst, zieht an ihrem Joint und lacht im Kreis. Und man kann es ihr kaum glauben. Als sie vierzehn war, starb ihr Vater. Sie war das jüngste von vier Kindern, ihre Mutter bekam ihr Leben danach als Alleinerziehende nicht mehr in den Griff. Alkohol, Drogen und absolutes Desinteresse an ihren Kindern waren die Folge. So kam eins zum anderen: Die Mutter konnte die Miete nicht mehr bezahlen, und sie flogen aus der Wohnung raus. Ein Jahr lang fanden sie Unterschlupf bei Verwandten, dann haute Freddie aus dem Mittleren Westen ab nach New York.

Sie sieht aus wie eine Kreuzberger Punk-Lady, die ohne Plan im Hochsommer durch den Görlitzer Park schlendert. Schulterlange schwarze Haare – mit einem Tuch zusammengebunden –, ein Metal-Shirt, kurze Jeans-Hose und halbhohe Boots. Ihr Körper ist mit sinnfreien Tattoos bepflastert: eine Schildkröte, Prinzessin mit Schlangen im Haar, ein Hammelkopf mit überdimensionalen Hörnern und der übliche, komplett schwarz ausgemalte Stern.

«Ich wollte unbedingt nach Big Apple, das war mein ultimativer Traum. Ich landete in Lower East, in einem verfallenen Fabrikgebäude, da hingen die gleichen Kids herum, wie ich eines war.»

Nach ein paar Wochen zog Freddie weiter, mit dem erstbesten Zug nach Philadelphia. Von dort aus ging es ziellos durch die Staaten, sie war nie länger als zwei Wochen am Stück an einem Ort. Hunderte Meilen weiter in Savannah/Georgia lernte sie vor drei Jahren einen Typen namens Gregg kennen, ein «Dirty Kid» wie sie. Die beiden blieben schließlich in Nashville/Tennessee hängen, denn durch Zufall ergatterte Freddie in der Touristenmeile am Cumberland River einen Job im «Hard Rock Café».

«Ich glaube bis heute, dass die mich nur wegen meiner Tattoos eingestellt haben. Das macht bei den Gästen Eindruck und passt zur Musik, die da den ganzen Tag dudelt.»

Sechs Monate in einer knackevollen Kneipe als Kellnerin zu arbeiten, das ist kein Zuckerschlecken.

«Die Bezahlung stimmte, das muss ich sagen. Die gaben mir zwar nur zwei Dollar fünfzehn die Stunde, aber mit Trinkgeld kam ich auf vier- bis sechshundert Dollar die Woche.»

Als Freddie schwanger wurde, haute sie mit Gregg wieder ab. In Ashville/North Carolina kam ihr Sohn zur Welt.

«Ich kann dir nicht sagen, was mit mir los war. Ich war völlig überfordert mit dem Baby, das war alles zu viel für mich. Ryder ist jetzt vierzehn Monate alt, und ich vermisse ihn wirklich.»

Für mich ist es unvorstellbar, wie eine Mutter ihr Kind allein lassen kann, auch wenn sich jetzt der Vater darum kümmert.

«Ja, ich weiß, das klingt für Leute wie dich komplett absurd, Joey. Aber ich konnte mich mit diesem konservativen Leben nie anfreunden. Dieser ganze Babyalarm, immer dieses Kaffeetrinken mit den Jungmüttern aus meiner Nachbarschaft und kein Privatleben mehr. Das war ein totaler Eingriff in meine eigene Welt. Das ist nichts für mich.»

Gregg ging zurück nach Nashville und wartet bis heute auf Freddie. Darauf, dass sie zur Besinnung kommt, ihr rastloses Dasein aufgibt und endlich zurückkommt – zu ihrem Sohn, dessen Vater und dem Zuhause, vor dem sie geflohen ist.

J-Bear aus San Diego, der auf der Rückbank lümmelt und sich mittlerweile die dritte Tüte dreht, könnte eigentlich Freddies kleiner Bruder sein. Ein schmächtiger Körper steckt in einem viel zu großen Shirt, die mindestens zwei Nummern zu große Hose muss von Trägern gehalten werden. Sein flaumiger Zottelbart legt die Vermutung nahe, dass er noch keine dreiundzwanzig ist, wie er vorgibt.

Und seine Geschichte ist ähnlich wie die von Freddie.

«Das College ging mir mörderisch auf den Zeiger. Alle haben

sich nur über das Lernen definiert. Jeden Tag das Gleiche: aufstehen, in die Schule, dann nach Hause und nach dem Abendessen hinlegen. Und wenn du am nächsten Morgen aufgewacht bist, ging das Drama wieder von vorn los. Also ehrlich, warum muss man in so einer Art offenem Vollzug leben? Überall nur Aufpasser: in der Schule die Lehrer, im Sportverein die Trainer und daheim auch noch die Eltern. Und alle erzählen dir irgendeinen Schwachsinn, den sie als Kinder selbst nicht geglaubt haben. Die verblöden dich, bis du gar nicht mehr mitbekommst, was du eigentlich tust. Ich sage dir, ich bin fertig mit diesem Bildungssystem. Daran nehme ich auf keinen Fall mehr teil.»

Vor vier Jahren holte J-Bear den Fernseher aus dem Wohnzimmer seiner Eltern und vertickte ihn in einem Trödelladen für hundert Dollar. Zurück zu Hause, verabschiedete er sich – auf Nimmerwiedersehen.

«Dieser Moment hat sich eingebrannt in meinem Hirn wie eine Endlosschleife: Ich bin in die Küche rein und hab zu den beiden gesagt: ‹Ja, ich habe den Fernseher geklaut! Und ja, mit der Kohle haue ich ab! Ich bin fertig mit euch! See you later.›»

Ein paar Monate blieb er in Südkalifornien, arbeitete als Tellerwäscher und Pizza-Bote für acht Dollar die Stunde.

«Das war eine komplette Katastrophe. Ich war nur von Vollidioten umgeben.»

Von seinesgleichen wurde J-Bear mit Dope versorgt. Irgendwann zog er sich den ersten Joint des Tages schon kurz nach dem Aufstehen rein.

«Ich habe keine einzige Kippe mehr geraucht, nur noch Gras. Das macht dich echt fertig. Du verschenkst deine Lebenszeit und kriegst es nicht mal mit.»

Ein Jahr später in Chicago lernten sich J-Bear und Freddie in einem leergewohnten Mietshaus kennen. Mit zehn Gleichgesinnten hausten sie dort illegal einen Monat, bis sie sich entschlossen weiterzuziehen. Über die Runden kommen beide mit den sogenannten «Food stamps». Zweihundert Dollar pro Monat gibt es vom Staat auf Gutscheine, die man in bestimmten Läden gegen Lebensmittel und andere Waren eintauschen kann. Landesweit erhält inzwischen jeder achte Amerikaner solche Lebensmittelmarken.

J-Bear fummelt ständig an seinem Nasenring herum. Freddie nötigt ihn, meine nicht gestimmte Klampfe zu bearbeiten. Was dabei herauskommt, ist ein gemeinsam gesungenes Medley mit den größten Hits von AC/DC bis Led Zeppelin. Die beiden Hundedamen springen derweil unentwegt zwischen Rückbank, Mittelkonsole und meinem Lenkrad hin und her.

In meiner Kiste ist richtig gute Stimmung.

«Wir bleiben hier und da einfach hängen. Wo es gerade passt mit Arbeit.»

Schwierig wird es anscheinend nur, wenn die zwei nach einem Job mit direktem Kundenkontakt fragen. Kneipe, Einzelhandel oder Supermarkt – das funktioniert mit ihrer unprofessionellen Erscheinung nicht.

«Da hören wir jedes Mal das Gleiche: ‹Um Gottes willen, das können wir unseren Gästen nicht zumuten!› oder: ‹Eure Klamotten und erst die Tattoos, das geht überhaupt nicht!›»

J-Bear ergänzt noch lapidar: «Das Schärfste war eigentlich, dass sie uns nicht mal bei McDonald's nehmen wollten. Das ist schon echt bitter.»

Dafür, dass die beiden ohne Plan umherreisen, wissen sie aber, wo es letztendlich Geld zu verdienen gibt. Im September beginnt im Bundesstaat Maine die Blaubeerernte, danach müssen in North Dakota die Zuckerrüben aus der Erde geholt werden. Da sind Freddie und J-Bear garantiert dabei. Das ist ihre grobe Richtung. Bis dahin ist es zwar noch ein paar Wochen hin, aber somit haben sie auf jeden Fall ein Ziel. Und wenn es mal mit dem Trampen gar nicht funktioniert, dann machen sie Trainspotting. Abgesehen davon, dass es nicht ungefährlich ist, mit den beiden

Hunden im Huckepack auf fahrende Güterzüge aufzuspringen, auch wenn die Eisenbahnen mancherorts im Schritttempo zuckeln, kommen sie dadurch schnell und kostenlos Hunderte Meilen voran. Egal, in welcher Stadt sie gerade sind, checken sie online, welche Jobs dort momentan angeboten werden. Die beiden haben sich auf das Internet-Portal «Craigslist» spezialisiert.

«Irgendwas geht immer», meint Freddie. «Häuser putzen, Rasen mähen oder irgendwelche Feldarbeiten. Rancher suchen ständig Leute, das ganze Jahr über, zur Saat und zur Ernte. Und da wir grundsätzlich dem guten Wetter hinterherreisen, finden wir im Zweifelsfall immer einen Job auf einer Farm.»

So ein Tagesjob wird überall pauschal mit fünfzehn Dollar cash auf die Hand entlohnt. Steuern zahlen die beiden sowieso nicht, auch keine Krankenversicherung, denn es gibt dafür keine gesetzliche Pflicht. Über vierzig Millionen Amerikaner sind nicht versichert, viele können sich das finanziell nicht leisten und verzichten deshalb einfach darauf. Wenn man wirklich mal krank wird, kriegt man ein Problem, denn man muss alles selbst bezahlen. Der normale Gang zum Hausarzt wegen einer Erkältung fällt dann aus, ganz zu schweigen von einem Krankenhausaufenthalt oder einer langwierigen Krebs-Therapie. Gerade unter den Obdachlosen gibt es viele, die ihre Miete nicht mehr zahlen konnten, weil sie durch Krankheit ihren Job verloren hatten. Man muss der Regierung von Barack Obama allerdings zugutehalten, dass sie mit ihrer Gesundheitsreform, der «Obama-Care», eine Pflichtversicherung einführen will, aber sie scheitert schon daran, dass eine Menge US-Bürger das als einen Eingriff in die eigene Freiheitsbestimmung sehen. Sie wollen selbst entscheiden, was sie brauchen und was nicht. Und jedem Amerikaner ist bewusst, dass er sich zuallererst um sich selber kümmern muss. Das ist aus seiner Sicht nicht die Aufgabe des Staates. Aber die Ärmsten bleiben dabei auf der Strecke, denn sie haben keine Wahl.

«Wie lange wollt ihr denn noch so weitermachen?», frage ich die beiden. «Ich kann mir nicht vorstellen, dass ihr das ewig durchziehen wollt, jeden Tag von der Hand in den Mund zu leben.»

Das sage ausgerechnet ich mit meiner Kelly-Vergangenheit. Wir waren als Großfamilie auch jahrelang unterwegs, aber wir haben wenigstens noch ordentlich was damit verdient.

Freddie hat schon eine Option in der Hinterhand. «Ich will irgendwann nach Ohio gehen, gemeinsam mit meinem Sohn. Ich habe dort in Columbus gute Freunde, die haben ein bombastisch laufendes Tattoo-Studio, da würde ich am liebsten arbeiten. Und wenn ich genug Geld zusammenhabe, dann kaufe ich mir einen RV, so ein großes Wohnmobil, und reise mit meinem Sohn durch die Staaten, bis er in die Schule kommt. Ich glaube, das mache ich nächstes Jahr. Dann kannst du dir eine neue Punk-Queen suchen, J-Bear!»

Der Angesprochene versucht, ihrem Blick auszuweichen. «Ich wollte über den Winter sowieso mal Pause machen.»

Das scheint für Freddie eine ganz neue Information zu sein. «Ach so? Wieso das denn?»

J-Bear schaut wie beiläufig aus dem Fenster und versucht, am Horizont einen Punkt zu fixieren. «Ich werde mich bei einem Kumpel in Rochester in New York abparken und vielleicht ein bisschen arbeiten. Da kann ich mir mal in Ruhe Gedanken machen, wie es weitergehen soll. Ich bin echt müde von der Tramperei oder auch schon zu alt dafür. Mal sehen, wenn ich mich wieder erholt habe, dann fahre ich vielleicht wieder los, oder ich bleibe halt dort.»

Er macht eine lange Pause und schaut Freddie direkt ins Gesicht. «Ich glaube langsam, ich habe den Sinn verloren, warum ich reise.»

Wir halten an einer Tankstelle, und ich spendiere eine Runde Pizza Margherita, um die leicht melancholische Stimmung, die sich breitmacht, wieder etwas aufzuhellen. Die handtellergroßen

Teile werden kurzerhand von dem Kassierer aus der Plastikfolie gerissen und hinter seinem Tresen in die Mikrowelle gesteckt. Ich kann fünf Minuten später nicht verhelen, dass die Teigfladen genauso schmecken, wie ihr Preis schon vermuten ließ: Sie kosten neunundneunzig Cent das Stück. Meine beiden Mitfahrer drehen sich noch eine Zigarette, dann springen wir wieder ins Auto und rollen los. Als ich schon den Blinker gesetzt habe, um wieder auf den Highway zu fahren, höre ich ein lautes Bellen von draußen. In Höhe meines Seitenfensters hüpft einer der beiden Hunde wie ein Gummiball auf und ab und versucht krampfhaft, an uns dranzubleiben. Der ist richtig sauer, dass wir ihn beim Losfahren fast vergessen hätten. Freddie und J-Bear brauchen eine Weile, um den Schock zu verarbeiten. Es wird mit dem kleinen Racker gebusselt, was das Zeug hält. An so einer Hundeseele hängt man dann doch wie an einem Familienmitglied.

Mich hat man auch schon mal an der Autobahn vergessen. Einfach so. Und es ist niemandem aufgefallen, keiner aus unserer Sippe hat es mitbekommen. Ich war gerade sieben Jahre alt, schmächtig von Statur, mit einem runden Gesicht voller Sommersprossen. Wir Kellys kamen aus Spanien, fuhren über Frankreich nach Italien. Für uns als Straßenmusiker waren Grenzen stets eine heikle Sache, weil wir den Beamten eigentlich immer nur das Gleiche erzählen konnten: Wir machen Urlaub in Europa, und die ganzen Instrumente sind deshalb im Bus, weil wir eine musikalische Familie sind. Diese Geschichte hat uns jeder geglaubt.

Und sie stimmte sogar.

Vor dem Schengener Abkommen gab es an jeder Landesgrenze in Europa Passkontrollen. Ein Personalausweis oder eine Plastikkarte mit Foto reichte nicht, man brauchte diese dicken Reisepässe mit ungefähr zwanzig Seiten für Einreise- und Ausreisevisa. Darin wurde an jedem Schlagbaum eifrig der Grenzübertritt in

Form eines Stempels des jeweiligen Staates hineingehämmert. Das war eigentlich ein ganz normales Prozedere, aber nicht bei uns. Wenn auf einmal so ein Londoner Doppelstockomnibus angerauscht kam, auf dem in großen Lettern «Kelly Family» draufstand, schauten die Grenzbeamten stets verwundert aus der Wäsche. Es lief dann immer nach dem gleichen Muster ab.

Die Grenzer sagten: «Bitte anhalten und da drüben parken!» Wenn ihnen mein Vater dann durch das Seitenfenster den Packen mit zwölf US-Reisepässen in die Hand gedrückt hatte, mussten sie erst mal durchzählen. Also zwölf Pässe, zwölf Personen. Die haben echt Bauklötze gestaunt, wenn ein langhaariges Kind nach dem anderen aus dem Bus gehüpft kam und wir aufgereiht wie eine Fußballmannschaft unsere Namen aufsagten. Die Grenzbeamten kontrollierten unsere Personalien und waren sich danach trotzdem nie sicher, ob wir auch die waren, die wir vorgaben zu sein. Sie hielten deshalb in steter Regelmäßigkeit ein Passbild auf Augenhöhe und riefen zum Beispiel: «Jimmy!» Und Jimmy machte dann einen Schritt nach vorn und sagte: «Hier!» Mit dem Augenvergleich wurde festgestellt, dass er es mutmaßlich auch wirklich war. Das Problem für die Kollegen war allerdings, dass Reisepässe nun mal zehn Jahre gültig sind. Ich selbst hatte noch mit vierundzwanzig Jahren einen Pass, den ich mit vierzehn bekommen hatte. Unser Familienoberhaupt wurde regelmäßig an die Seite geholt und ernsthaft gefragt, ob diese Sprösslinge wirklich alle seine wären. Der erste Verdacht war meistens, dass er ein Kinderhändler sei, und das könne er auch gern jetzt direkt zu Protokoll geben, das würde dann bei einer eventuellen Gerichtsverhandlung bestimmt positiv für ihn gewertet werden. Und um seine Erben müsse er sich keine Sorgen machen, wir kämen alle in ein schönes Heim. Bis mein Vater die Kollegen vom Gegenteil überzeugen konnte, ging meistens eine Stunde ins Land, in der wir die Chance nutzten und aufs Klo gerannt sind. Jeder musste, immer und überall. Wenn ich darüber nachdenke, wie viele Stopps wir auf Autobahnen wegen der zahllosen schwachen Blasen machten, habe ich bestimmt in der Summe ein gesamtes Lebensjahr durch die Pullerpausen verloren. Hatten die Zöllner dann final alle noch mal durchgezählt und die Pässe abgestempelt, konnte es weitergehen.

Irgendwann kam ich zu spät von der Toilette zurück, und keiner war mehr da. Ich stand im Niemandsland zwischen Frankreich und Italien. Ohne Pass, ohne Familie, ohne Zukunft.

Die Grenzer schauten mich erstaunt an und wussten gleich, was los war. «Nein, der rote Bus ist schon lange weg!»

Für einen Siebenjährigen bricht in solch einem Moment die ganze Welt zusammen. Man fühlt sich einsam und verloren, von der eigenen Familie verraten und verkauft. Ich heulte vor lauter Verzweiflung wie ein Schlosshund und konnte mich nicht mehr beruhigen. Die italienischen Beamten schleppten mich in ihr Büro und verfrachteten mich in eine Ecke, um sicherzugehen, dass der Kleine bloß nicht abhandenkommt. Die dachten ernsthaft, mein Vater würde das spätestens nach fünf oder zehn Minuten merken, dass da einer fehlt. Und dann würde er schnurstracks umkehren. Aber die Jungs hatten keine Ahnung, wie sich das anfühlt, wenn ein Dutzend Kinder in einem Bus her umtoben. Da fällt einer mehr oder weniger nicht auf. Da geht man im Gewühl einfach unter.

Eine Stunde später war unser Kelly-Mobil noch immer nicht zurück. Ich hatte mich schon langsam damit abgefunden, mein restliches Leben als Zwangsadoptierter in einer italienischen Grenzerfamilie zu verbringen. Da wurden die Beamten auf einmal aktiv. Sie riefen per Funk die Polizei.

«Haltet mal die Augen auf, da ist ein alter London-Bus unterwegs! Der muss so langsam wie eine Schnecke fahren, das fällt euch garantiert auf. Ach so, und rot lackiert, Kelly Family steht drauf. Die haben hier ihren kleinen Sohnemann am Zoll vergessen. Für den geht gerade die Welt unter.»

Dieser Linienbus aus London, den wir damals in Europa fuhren, war logischerweise nur für den Stadtverkehr konzipiert, mit einem Vier-Gang-Getriebe und einer Spitzengeschwindigkeit von sechzig Kilometern pro Stunde. Auf den Autobahnen war die Kelly Family deshalb nicht sonderlich beliebt. Wir haben alles und jeden ausgebremst. Und die Lkw-Fahrer haben uns am meisten gehasst. Sie durften in der Regel nicht überholen, und wir waren auf der rechten Spur das Verkehrshindernis schlechthin. Das fanden die nicht wirklich lustig.

Anderthalb Stunden später überholte die Polizei mit Blaulicht meinen Vater am Steuer unseres Doppeldeckerbusses. Er dachte gleich, um Gottes willen, jetzt habe ich wieder irgendeinen Fehler gemacht, die Rücklichter sind kaputt, oder ich habe nicht genug Abstand zum Vordermann gehalten. Seine Angst war nicht unbegründet, denn zu dieser Zeit wurden wir wegen jeder Lappalie rausgewunken.

Der Streifenwagen stoppte also unseren Bus, und einer der Uniformierten ging zu meinem Vater.

«Und, fehlt Ihnen irgendwas?»

Mein Vater, noch völlig verstört, fragte zurück: «Habe ich etwas falsch gemacht?»

Der Polizist wiederholte seine Frage: «Nein, ich wollte wissen, ob Sie irgendetwas vermissen.»

Unser Familienoberhaupt war jetzt völlig verunsichert. «Nein, nicht dass ich wüsste.»

Der Polizist entgegnete ihm: «Haben Sie schon mal durchgezählt, wie viele Kinder Sie dabeihaben?»

Das wurde prompt erledigt mit der Feststellung, dass der Joey fehlt.

Ich werde diesen Glücksmoment nie vergessen, als der rote Bus wieder an der Grenze auftauchte und ich schluchzend in die Arme meines Vaters sank.

STILLE VOR DEM WEISSEN HAUS

Als wir die Brücke über den Potomac River überquerten, waren wir auf einmal in West Virginia. Es war klar, was jetzt kam. J-Bear nahm sofort wieder die Klampfe in die Hand, und Freddie brüllte mit sich fast überschlagender Stimme einen allseits beliebten Gassenhauer von John Denver: «Country roads, take me home, to the place I belong, West Virginia, mountain mama, take me home, country roads!»

Das ging ohne Pause, immer wieder von vorn, bis Freddie unvermittelt aufhörte. Ihr Mund blieb offen stehen, mit dem Finger zeigte sie auf das vorbeirauschende Verkehrsschild. «Ich glaube es nicht, jetzt sind wir schon in Virginia! Das kann doch nicht sein!»

Wir waren gerade mal eine Viertelstunde unterwegs, da hüpften wir schon über die nächste Staatengrenze.

An der Peripherie von Winchester setzte ich die «Dirty Kids» an einer Trucker-Tankstelle ab, am North Frederic Pike, wo alle zwingend vorbeifahren müssen, die auf die Autobahn wollen. Es war kurz nach fünf Uhr nachmittags, die beiden wollten weiter hoch nach Norden, vielleicht sogar bis nach Hagerstown, das wäre heute auf jeden Fall noch machbar.

Ich nutzte gleich die verwaiste Zapfsäule und tankte meinen Wagen für neunundzwanzig Dollar einmal voll. Ich wartete noch, bis Freddie und J-Bear ihre nächste Mitfahrgelegenheit erwischten, einen Kleinbus mit einem in die Jahre gekommenen Flower-Power-Pärchen im Cockpit, dann kurbelte ich erst mal meinen Sitz nach hinten und genoss die Ruhe, die mich auf einmal unvermittelt umgab. Fünf Minuten später drehte ich den Zündschlüssel wieder um und fuhr weiter.

In Fairfax, an dem Highway 620 kurz vor den Toren Washingtons, rollte ich in der Dunkelheit auf einen Motel-Parkplatz. Das sind mir die liebsten Übernachtungsplätze auf meiner Reise durch die Staaten, da kann einem so gut wie nichts passieren. Die sind immer beleuchtet, damit relativ ungefährlich und bestenfalls noch durch einen Nachtdienst im Stundentakt kontrolliert. Und das ist auch der einzige Kandidat, der einem letztlich Probleme machen kann.

Es war gerade mal kurz nach zehn, ich hatte kaum die Augen zugemacht, da wurde ich schon unsanft aus meinem Halbschlaf gerissen.

«Sorry, Sir! You have to go!» Die tiefe, sonore Stimme gehörte dem Nachtportier, der neben meiner Autotür stand. Seine Taschenlampe strahlte mir genau zwischen die Augen.

Ich spielte den völlig Überraschten: «Sorry, I didn't understand.»

Der Kollege holte einmal tief Luft und wurde etwas deutlicher, wohl ahnend, dass ich hier kein Zimmer gebucht hatte: «Why are you not in your room?»

Eine klare Frage erfordert immer eine Antwort, die keine Gegenfrage mehr zulässt. Ich konterte mit einem Argument, das er verstehen musste. «My wife is in the room. She threw me out.»

Der saß.

Ein müdes Lächeln umspielte sein Gesicht, welches zur Hälfte unter einem Vollbart verborgen blieb. Halb im Wegdrehen sagte er: «Okay, I see.» Der Schein seiner Lampe zeigte ihm den Weg zurück zu seinem Empfangstresen, und ich konnte mir nun sicher sein, dass ich schön durchpennen konnte.

Ich schlief wie ein Murmeltier, erst um neun Uhr wurde ich wach, aufgeschreckt durch ein paar überdrehte Motel-Gäste, die sich lautstark mit ihren Papp-Kaffeebechern in der Hand unterhielten, ihre metallenen Rollkoffer einzeln quer über den Parkplatz schoben, diese mit großem Hallo in ihre vier Autos wuchteten, ohne zu vergessen, dass die Motoren schon mal eine halbe Stunde vorher im Standgas laufen mussten, damit die Klimaanlage die Fahrgastzelle runterkühlen konnte, bevor sie schließlich vom Hof rollten.

Eile hatte ich heute Morgen überhaupt nicht, ich war völlig ausgeruht und tiefenentspannt. Nur noch dreißig Kilometer trennten mich von Washington. Ich wusch mir die Haare, kämmte sie minutenlang pedantisch durch und machte mir meinen alltäglichen, aber weltberühmten Kelly-Zopf. Dann holte ich mir an der Rezeption noch einen Becher Kaffee, schwarz und mit Zucker. Den rührte ich in einer Gelassenheit um wie Picasso seine Farbeimer.

Ich war bereit für meinen Besuch in der Hauptstadt der Vereinigten Staaten von Amerika.

Washington D. C. ist eine souveräne Stadt, reingequetscht zwischen die Grenzen der zwei Bundesstaaten Virginia und Maryland. Hier tagt der Kongress, hier plant der Senat. Der zwingend notwendige Namenszusatz «D. C.» steht für District of Columbia, eine poetische Huldigung an den Eroberer Amerikas, Christoph Kolumbus. Der Distrikt selbst wurde durch den damaligen Präsidenten George Washington bestimmt, der eine eigenständige Hauptstadt auf neutralem Boden gründen wollte, unter der ausschließlichen Verwaltung des Kongresses, völlig unabhängig und ohne irgendwelche Verpflichtungen gegenüber einem Bundesstaat. Fährt man über Arlington in das Zentrum, sieht man schon von weitem das Washington Monument, einen fünfundsiebzig Meter hohen Obelisken. Dieses bis heute höchste Steinbauwerk der Welt wurde als Denkmal für den ersten Präsidenten der USA durch die Freimaurer-Loge finanziert. Der Namensgeber war bekennender Großmeister des Bundes, schwor seinen Eid auf einer Logen-Bibel, mit der seine Nachfahren bis zum heutigen Tag in ihr Amt gehoben werden.

George Washington selbst hat so gut wie jeder in seinem Leben schon mal von nahem gesehen: Er starrt uns nämlich mit völlig emotionsfreiem Gesicht von der Ein-Dollar-Note an.

Ich fahre durch das imperiale Freiluftmuseum Amerikas und sehe Gebäude, die ich auch mit dem Abstand von einem Vierteljahrhundert nach unserer Straßentour sofort wiedererkenne: am anderen Ende der breiten Schneise der «National Mall» die steinerne Kuppel des Kapitols, dazwischen das «Vietnam Veterans Memorial» mit den eingravierten Namen der fast sechzigtausend gefallenen US-Amerikaner des Vietnamkrieges. Hier ballt sich die Geschichte eines Staates, der selbst noch keine zweihundertfünfzig Jahre alt ist, auf nicht einmal siebzig Quadratmeilen.

Mein Ziel ist eine Stadtvilla an der Pennsylvania Avenue, Hausnummer 1600, in die Mitte eines großzügig angelegten Grundstückes gebaut, von englischem Rasen umgeben, abgegrenzt durch mannshohe schmiedeeiserne Zäune, im Volksmund das «Weiße Haus» genannt. Seit dem Terroranschlag auf das «World Trade Center» in New York ist die Straße vor dem Präsidentenpalast für den öffentlichen Verkehr gesperrt. Polizeiwagen stehen vor den durch Poller blockierten Zufahrten, einige galant unauffällige Arbeitnehmer des Geheimdienstes schlendern auf und ab, Hunderte Touristen halten alles in die Höhe, was in irgendeiner Form Bilder fabrizieren kann.

Ich reihe mich ein und schieße ein Erinnerungsfoto: Joey allein vor der Residenz des angeblich mächtigsten Mannes der Welt. Nur getrennt von Barack Obama durch den Zaun.

Erstaunlicherweise darf man so nah an der Zentrale der Weltpolitik sogar demonstrieren, das ist schon sehr bemerkenswert bei dem oft überzogenen Sicherheitswahn der Amerikaner. Denn wenn man ein paar Meter rückwärtsgeht, um den besten Winkel für das Foto mit dem Weißen Haus zu erwischen, latscht man ungewollt fast in ein Zelt hinein, das zugestellt ist von allerhand Antikriegsplakaten.

Daneben hockt ein Typ mit langen, offenen Haaren auf einem Campingstuhl und erklärt den ungläubigen Touristen mit einer Engelsgeduld, dass Schweigen allein schon eine Zustimmung zum Krieg bedeutet.

«Man muss die Dinge ansprechen, die passiert sind, damit die Leute begreifen, dass die Gefahr bis heute nicht gebannt ist», sagt der Mann und zeigt zur bedeutungsschweren Untermalung seiner Worte auf ein großes Schild, auf dem «Silence is a war crime!» steht.

Barry schreit seine Parolen nicht heraus, sondern redet leise und bestimmt und untermalt seine Sätze mit einem fröhlichen Lächeln. Auf seiner Nase tanzt dabei eine rabenschwarze Gletscherbrille, durch die man seine Augenfarbe nicht erkennen kann.

Seit 1981 schon gibt es diese Dauerdemonstration der gemütlichen Art, die sich selbst «Anti-Nukleare Friedenswache» nennt. Angefangen hat das Ganze durch die Spanierin Connie Picciotto, eine ehemalige Mitarbeiterin der Vereinten Nationen, die mit ein paar Anti-Kriegs-Plakaten bewaffnet vor dem Zaun am Weißen Haus aufmarschierte und einfach stehen blieb, und das ohne Pause vierundzwanzig Stunden am Tag. Die Friedens-kämpferin wurde als Sicherheitsrisiko betrachtet und musste so notgedrungen auf die andere Straßenseite rüberziehen, hundert Meter weiter an den Rand des Lafayette-Parks. Camp-Gründerin Connie ist mittlerweile vierundsiebzig Jahre alt und kommt nur noch sporadisch vorbei. Sie wurde unlängst von einem Taxi angefahren und hat sich dabei einen komplizierten Schulter-bruch zugezogen. Wenn sie aber erscheint, wird ihr gehuldigt wie einem Mega-Guru.

Das aus Wetterplanen und Eisenstangen zusammengezimmerte Zelt, vor der grünen Rasenfläche auf den Betonquadern aufgebaut, ist vollgepackt mit Kartons voller Flyer, einer aus-gerollten Bastmatte, wo Barry seine kurzen Ruhepausen ver-bringt, und einer Plastikbox mit seinen persönlichen Sachen, wie Taschenlampe, Regenschirm, warme Klamotten und zwei Thermoskannen mit Kaffee.

«Schlafen kann ich hier drin nicht, denn das ist im Umkreis

des Weißen Hauses verboten. Die Matte ist nur mal kurz zum Ausstrecken gedacht, wenn mir vom langen Sitzen die Beine schon kribbeln.»

Barry kam vor einem Jahr aus Massachusetts, seitdem wechselt er sich mit zwölf Freiwilligen an dieser Friedenswache ab, um das Camp ohne Unterbrechung am Leben zu erhalten. Die Sommer sind gemäßigt warm, da hält man es gut aus, sagt er. Aber im Winter werden es auch mal zwanzig Grad minus, das geht dann schnell an die körperliche Substanz.

«Wir können nicht einfach so herumlaufen, um uns ein wenig die Beine zu vertreten und uns aufzuwärmen, denn sobald wir uns auch nur einen Meter von unserem Zeug und den Plakaten wegbewegen, kann die Polizei rein rechtlich alles beschlagnahmen.»

Die großformatigen Fotos und Parolen auf den Schildern wirken in ihrer Einfachheit fast kindlich, und man wird den Verdacht nicht los, dass sie bewusst so einfach gehalten sind, damit es auch die Leute verstehen, die sich noch nie für Politik interessiert haben. Auf einem Plakat ist der Irakkrieg thematisiert, mit für mich ganz neuen Theorien. Es soll während der Besatzung im Nahen Osten auch angereichertes Uran eingesetzt worden sein. Barry fügt gleich einen statistischen Beweis an. «Joey, es ist nachgewiesen, dass siebenundsechzig Prozent der Kinder von Irak-Veteranen mit Geburtsschäden auf die Welt kommen. Das sagt doch alles! Es ist fast die gleiche Geschichte wie damals in Japan, nur ohne Atombomben.»

Er zeigt auf ein Schild direkt neben seinem Zelt, darauf sind Fotos mit einem Atompilz und viele missgebildete japanische Kinder zu sehen.

An dem Tag des Atombombenabwurfs über Hiroshima stand mein Vater in einem kleinen Ort in der Nähe von Boston mit hundert anderen Amerikanern vor dem einzigen Fernseher, den es damals dort gab, und der thronte im Schaufenster eines

Technikgeschäftes. Schwarzweiße Filmbilder aus dem Cockpit des Totenbringers liefen, die zeigten, wie die Bombe ausgeklinkt wurde und sich Minuten später der Atompilz über der Stadt bildete. Erst ging ein Raunen durch das Publikum, kurz danach brach die Masse in Jubel aus und beklatschte minutenlang die aus ihrer Sicht zwingende Entscheidung, es den Japanern nach dem Desaster von Pearl Harbor mal so richtig gezeigt zu haben. Jemand brüllte in die Menge: «Unsere US-Boys sind die Besten auf dieser Welt, und jetzt kriegen die Japaner endlich den Rest! Wir löschen Hiroshima einfach aus!»

Mein Vater stand in der freudetrunkenen Masse und feierte mit.

Es war der dritte August 1945, frühmorgens um kurz nach acht. Tausende Japaner strömten in der Hafenstadt zur Arbeit, die ersten Läden öffneten, und nach tagelanger Bewölkung ließ sich erstmals wieder die Sonne am Himmel sehen. Das allerdings war für die amerikanische Luftwaffe der alles entscheidende Faktor, denn sie konnten unter Sichtflug die Millionenmetropole anvisieren. Ein Flugzeug warf aus knapp zehntausend Metern Höhe die erste Atombombe der Welt, getauft auf «Little Boy», über Hiroshima ab. Neunzigtausend Menschen waren sofort tot, bis heute starben noch zweihunderttausend an den Strahlenschäden. Aber die Amerikaner hatten damals noch nicht genug. Zwei Tage später schmissen sie die nächste Atombombe ab, eine viel stärkere, jetzt über Nagasaki. Der einzige Grund dafür, so undenkbar viele zivile Opfer in Kauf zu nehmen, war allein das Ziel, Japan in die bedingungslose Kapitulation zu zwingen. Der Zweite Weltkrieg war damit offiziell beendet.

Mein Vater wurde nicht zur US-Army eingezogen, er hat durch die Gnade der späten Geburt einfach den Krieg verpasst, denn wehrpflichtig war man in den Staaten erst mit siebzehn. Seine sechs Brüder aber gingen alle in den Krieg, meine Onkels Bob, Ray, Jack, Larry, Joe und Jim. Ich hatte nur eine Tante,

Marylin, und die wurde Nonne. Onkel Jim war als Funker auf einem Flugzeugträger eingesetzt, glücklicherweise nicht in Pearl Harbor, denn nur deshalb hat er wahrscheinlich überlebt. Die haben jede Menge Kamikaze-Piloten abgeschossen, die einfach in einem heroischen Selbstmord in die Schiffe reinfliegen wollten, wie er uns Kindern erzählte.

Das muss ein absoluter Albtraum gewesen sein.

Als mein Vater damals den Tod Tausender unschuldiger Menschen mit bejubelt hatte, brauchte er einen ganzen Tag, bis er begriffen hatte, was da eigentlich passiert war. Er schämte sich, ein Amerikaner zu sein. Obwohl er den Krieg nicht leibhaftig miterleben musste, holte ihn dieser Irrsinn vierzig Jahre später wieder ein. Er las einen Artikel in der «Times», es ging um den Jahrestag der Hiroshima-Bombe. US-Soldaten erzählten von ihrem Einsatz, Überlebende von den jahrelangen Schmerzen und Hinterbliebene von dem sinnlosen Tod ihrer Familien. Und mein Vater erinnerte sich minuziös an dieses Ereignis, welches die ganze Welt in Atem hielt.

An diesem Jahrestag kamen diese Szenen in ihm wieder hoch, wie er sich durch die Masse hatte mitreißen lassen, wie die amerikanische Arroganz damals das Auslöschen einer ganzen Stadt gutgeheißen hatte, um den Glauben an die Sache hochzuhalten und damit den eigenen Patriotismus. Mein Vater setzte sich hin und schrieb den ersten eigenen Kelly-Song überhaupt und nannte ihn: «Hiroshima, I'm sorry». Wir Kinder haben das Lied jahrelang gesungen und fanden die Melodie immer richtig gut. Den Hintergrund konnten wir durch unser Alter nicht einschätzen, erst mit der Zeit wurde uns klar, was unser Familienoberhaupt damit wirklich ausdrücken wollte.

Die Zeilen gehen so: «Hiroshima, gomennasai. Hiroshima, es tut mir leid. For what we did that day to you. Hiroshima, I'm sorry.»

OBDACHLOSE SEELEN VON BALTIMORE

Um zwölf Uhr mittags fahre ich weiter auf der Inter-state 95. Mein Auto rollt fast nur noch mit heißer Luft, ich muss jetzt definitiv in Baltimore tanken, bevor ich wieder aus der Stadt rausfahre. An der Orleans Street / Ecke Washington sehe ich hinter der nächsten Kreuzung eine Tankstelle. Vor den Ampeln in Fahrtrichtung steht ein Mann mit einem Schild in den Hän-den: «Homeless, please help, god bless you». So simpel die Wörter, so bezeichnend die Aussage. Ich kurbele das Seitenfenster des Wagens runter und sage, dass ich ihm drüben an der Tankstel-le etwas Geld und Essen geben kann. Ich kaufe drei in Plastik eingeschweißte Sandwiches, zwei Cola und eine große Flasche Wasser. Dazu gebe ich ihm noch einen Zehn-Dollar-Schein. Was ich in seinen Augen sehen kann, ist nicht nur Dankbarkeit für den Moment, es scheint, als ob er froh ist, dass sich irgendeiner überhaupt für ihn interessiert, ihn einfach nur wahrnimmt. Wie er mir später erzählen wird, stand er schon seit den frühen Morgenstunden in den Autoabgasen, mit gerade mal fünf Dollar Ausbeute.

Bradley ist zweiunddreißig Jahre alt und sieht nicht im Ge-ringsten aus wie ein Penner. Ein schlaksiger, großgewachsener Typ mit Siebentagebart und einem XXL-Shirt, auf dem in großen blauen Lettern «Ready to fish» prangt. Ein Basecap, marineblaue Shorts und Laufschuhe komplettieren den unscheinbaren Ein-druck, als ob er gerade von zu Hause los wäre, um sich mit ein paar Freunden auf ein Bier zu treffen. Aber er ist dort unten angekommen, wo in Amerika jeder innerhalb kürzester Zeit landen kann. Man sieht es ihm nicht an, doch er hat einfach nichts mehr: keine Wohnung, keinen Job, keine Familie. Und keine soziale Bindung, die ihn auffangen könnte. Bradley ist einer von Tausenden «Homeless» hier, den Obdachlosen von Baltimore. Er steht völlig fassungslos vor einem kaputten Leben, das er sich selbst eingebrockt hat und für das er nun so gut wie keinen Ausweg mehr sieht. Außer dass er stets aufs Neue versucht, sich ein paar Dollar für Essen und Trinken zu erbetteln, um sich bis in den nächsten Tag zu retten. Und danach wieder von vorn anfängt.

«Ich stehe immer hier. Das ist kein guter Platz, weil die Leute nur auf die Ampel starren und mich dadurch gut ignorieren können, aber ich habe hier keine Konkurrenz und irgendeiner hat immer Mitleid und steckt mir dann einfach mal ein paar Dollar zu.»

Es ist ihm sichtlich peinlich. In seinem eingefallenen Gesicht sehe ich Falten, die keine Lachfalten sind. Seine Augen sind leicht glasig, Bradley scheint auf Drogen zu sein. Das ist wahrscheinlich auch mit ein Grund dafür, warum er auf der Straße steht und betteln muss, damit er sich die nächste Flucht ins Nirwana leisten kann. Meine Vermutung bestätigt er ohne Umschweife.

«Ja, ich war zehn Jahre lang abhängig. Ich wollte aufhören, war sogar sechs Monate lang in einer Entzugsklinik. Das hat auch gut funktioniert. Aber dann kam auf einmal alles zusammen. Ich hatte keinen Job mehr, fing wieder an mit Dope, aber glaub mir, von dem harten Zeug bin ich weg, das bläst dir nur den Schädel weg. Dann ist man zu gar nichts mehr in der Lage, man bekommt keinen Tag mehr geregelt und auch keinen Sinn mehr rein ins Dasein. Dann kann man sich auch gleich den Strick nehmen.»

Durch seinen Rückfall hat sich seine Freundin, eine Kosmetikerin, von ihm getrennt. Sie hat den Entzug damals gemeinsam mit ihm durchgestanden. Beide hatten nicht weit von hier ein Ein-Zimmer-Apartment, aus dem sie ihn vor einem Monat rausgeschmissen hat. Seitdem hat er sie nicht mehr gesehen. Und kein Zuhause mehr.

«Mein Dad ist ein steinreicher Grundstücksmakler, stadt-
bekannt in ganz Baltimore. Wir wohnten in einem noblen Vorort, in einer riesigen Villa. Aber meine Eltern trennten sich, als
ich noch ein Teenager war. Danach lebte ich bei meiner Mutter.
Sie wollte nur das Beste für mich, hat sich halb totgearbeitet,
damit es uns gutging. Ich hatte nie Sorgen, immer versuchte
sie, es mir so angenehm wie möglich zu machen. Ein Football-
Spiel der ‹Ravens›? Wie viel kostet das Ticket? Fünfzig Dollar?
O.k., sie hat noch eine Nachtschicht drangehängt. Als meine
Eltern noch verheiratet waren, musste sie nicht arbeiten. Sie
war immerzu daheim. Nach der Scheidung ging sie putzen. Bei
wohlbetuchter Kundschaft, lauter Millionäre, wie mein Dad einer war. Nur hat der uns nicht einen einzigen Cent mehr gegeben. Ich weiß bis heute nicht, wie er das geschafft hat, die

Gesetze zu umgehen. Aber er hat es hingekriegt. Ich hasse ihn dafür. Dafür, dass er meine Mutter hat sitzenlassen. Dass er uns einfach vergessen hat.»

Seit der Scheidung hat Bradley seinen Vater nicht mehr gesehen, seine Mutter ist mittlerweile pensioniert und auf sich allein gestellt. Er wird sie nie mehr besuchen, weil es ihm zu peinlich ist. Seine ganze Drogengeschichte und nun auch noch die Obdachlosigkeit. Er meint, das würde sie ihm nie verzeihen. So entscheidet er sich für die Option, mit seiner Mutter, die er schon seit fünf Jahren nicht mehr gesehen hat, komplett zu brechen. Nicht weil es ihm guttut, sondern weil er sie nicht mit seiner eigenen und schockierenden Wahrheit konfrontieren will. Er hat Angst, dass sie ihr Leben dadurch als Ganzes in Frage stellen könnte. So, wie er es bereits für sich selbst tut.

«In East Baltimore gibt es jede Menge Obdachlose, drei Blocks Richtung Westen, in dem Stadtpark da oben treffen sie sich alle abends zum Pennen. Das ist relativ sicher, weil so viele aufeinanderhängen. Die Stadt hat außerdem sogenannte Shelter für drei Dollar die Nacht eingerichtet, also Gemeinschaftsunterkünfte mit Toiletten und Bettzeug. Aber das ist nichts für mich. Da bekommt man kein Auge zu, ständig kommen und gehen die Leute, alles ist verlaust. Und selbst drei Dollar muss man am Ende des Tages erst mal dafür übrig haben. Und das ist es nicht wert. Ich habe keinen Bock auf die abendlichen Besäufnisse mit billigem Fusel und die stundenlangen Diskussionen, wie schlecht es einem geht. Dafür brauche ich keine Bestätigung, das weiß ich selbst zur Genüge. Da schlafe ich lieber draußen, dort, wo es einigermaßen trocken ist.»

Ich versuche einzuwerfen, dass das nicht ungefährlich sein kann, denn ich habe schon viel von Überfällen oder sogar Morden an Obdachlosen in den Staaten gehört. Aber Bradley winkt ab. «Ich schaue immer, dass ich mich in Parkhäuser oder auf verlassene Grundstücke verziehe, die sind eigentlich relativ sicher. Und wenn die Bullen kommen, wird man geweckt und aufgefordert zu gehen. Grundsätzlich ist das denen egal, sie drehen sich um und interessieren sich nicht einmal dafür, ob du wirklich dein Zeug packst. Aber du solltest dann trotzdem deinen Standort wechseln. Erwischen sie dich ein zweites Mal an derselben Stelle in einer Nacht, drohen sie dir mit Arrest. Ist mir insgesamt schon dreimal so ergangen, aber außer der Androhung ist nichts weiter passiert. Das finde ich schon schwer in Ordnung, dass sie uns Penner nicht noch um unseren Schlafplatz bringen.»

Bradley hat eine Tischlerlehre gemacht und nebenbei das CPR-Zertifikat, eine Art Erste-Hilfe-Ausweis, der in Amerika eine Menge zählt und bei der Arbeitssuche tatsächlich förderlich sein kann. Seinen ersten Job als Schreiner verlor er durch sein langwieriges Drogenproblem, und das Drama begann. Wenn er heute Glück hat, verpflichtet ihn jemand von der Straße weg für die fixe Reparatur von Möbeln, da kann er glänzen als Tischler. Auch Rasen mähen klappt manchmal, das ist ein ziemlich gängiger Tagesjob, weil quasi jeder zweite einen Garten vor der Tür hat. Letzten Sonntag konnte er auf der Messe arbeiten, Stände zusammenbauen für fünfzehn Dollar Tagesgage.

Er selbst bezeichnet sein Dasein als «Gravity of the situation». Keine Ahnung, was er sich da einredet und wie er aus dieser Spirale wieder herauskommen will.

«Am meisten Angst habe ich davor, dass ich meine Freundin irgendwann an der Ampel sehen könnte. Während ich ein Schild in der Hand halte wie ein Bettler. Was ich eigentlich auch bin, aber ich will das alles nicht wahrhaben. Ich habe ständig diese Situation vor Augen: Sie schaut mich völlig geschockt aus ihrem Seitenfenster an und fängt im nächsten Moment hemmungslos an zu weinen. Das wäre das Schlimmste, was mir passieren könnte. Alles andere ist mir egal. Richtig egal.»

GOODBYE OHNE AMEN

Am Pulaski Highway 40, der nördlichen Ausfallstraße nach Aberdeen, soll es Autohändler ohne Ende geben, erzählte mir der Tankstellenwart, kurz nachdem ich mich von Bradley verabschiedet hatte. Ich will versuchen, mein Gefährt heute noch zum Bestpreis abzustoßen, damit ich spätestens morgen mit dem nächsten Transportmittel weiterkomme – einem Truck, mit dem ich mindestens bis Philadelphia rollen will.

Überall hängen Wimpelketten in den amerikanischen Flaggenfarben, große rote und blaue Ballons wackeln vor den «Sale!»-Schildern im Wind hin und her. Die Parkplätze links und rechts der Straße sind nicht zu übersehen, sie unterscheiden sich lediglich durch ihre Größe. Vollgestellt sind sie alle nicht, aber ich suche nach einem kleinen Autohändler. Frei nach dem Motto: Wer wenig Autos hat, der kauft auch teurer ein. Das verspricht einen besseren Preis für mich.

«Auto Mart of Aberdeen», das klingt schon mal nicht schlecht. Kaum Autos auf der Stellfläche, der Kollege braucht garantiert Nachschub. Ich schlage das Lenkrad ein und rolle gemächlich auf den Parkplatz. Als ich gerade den Zündschlüssel abziehen will, steht der Chef schon neben meiner Fahrertür.

«Hi, how are you?», werde ich kurz abgefragt. Ich bin anscheinend richtig. Hier will man noch ordentlich Umsatz machen und sucht gleich den direkten Kontakt zu seinen Kunden. Ich erkläre kurz, warum ich mein Auto versetzen will, und schon sind wir mitten drin im Verhandlungsgespräch.

«Der Motor summt wie ein Bienchen, der hat keine Macken und ist immer angesprungen!», preise ich das Hauptorgan meines geliebten Vierrades in den höchsten Tönen an.

Meinen Lobgesang hätte ich mir schenken können, denn

solche Sprüche hört er bestimmt nicht nur einmal am Tag. Philipp, ein Autohändler der alten Schule, hebt kurz seine Augenbrauen. Dann deutet er mir mit ausschweifender Handbewegung einen Fahrerwechsel an und schmeißt sich selbst auf den Sitz.

«Aha, über einhundertsechzigtausend Meilen auf der Uhr, das ist schon mal ganz schön viel für so eine Karre», tönt Philipp mit einem leicht deprimierten Blick, der wie in Zeitlupe durch den gesamten Autoinnenraum wandert. Klar, jetzt wird mein Auto erst mal lang und breit schlechtgeredet, um den Preis so tief wie möglich zu drücken.

Aber da hat er sich den Falschen ausgesucht.

Der Motor springt an wie ein Preishengst, er hat keine Argumente mehr. Jetzt werden Kleinigkeiten gesucht und gefunden: Die gesprungene Frontscheibe, das Schloss vom Handschuhfach, das nur mit Nachdruck hält, und die fehlende Abdeckung der Mittelkonsole. Aber komischerweise will er nicht einmal die Motorhaube öffnen, das finde ich schon etwas seltsam.

«Warum sollte ich da reinschauen? Ich habe doch gerade gehört, dass die Kiste läuft. Und für Motorenöl und Scheibenwasser ist der Käufer verantwortlich, nicht wir Verkäufer.»

Klingt für deutsche Ohren nicht unbedingt logisch, aber ich kann das nachvollziehen. Der nachfolgende Rundgang um das Objekt seiner langsam erwachenden Begierde stockt allerdings schon am rechten Kotflügel.

«Upps, was ist denn das?» Philipps Erstaunen mischt sich mit aufkeimendem Entsetzen. Bedächtig streicht er sich über seinen grauen Schnurrbart und holt tief Luft. Die herausgeschlagenen Beulen am Kotflügel sehen nicht wirklich perfekt aus, und begradigt sind sie auf keinen Fall.

Ich grinse ihn an. «This is European art, you know? Wir haben sogar eine andere Lampe eingebaut, schau mal, wie die passt!»

Über Philipps Gesicht huscht ein Ansatz von Lächeln, das Eis scheint gebrochen. Amerikaner sind oft praktisch orientiert, und das nutze ich jetzt aus.

«Hauptsache, es fährt!», führe ich das nächste Argument ins Feld. «Und wenn man drinsitzt, sieht man den Schaden sowieso nicht. Kann ich aus eigener Erfahrung berichten.»

Sympathiefaktor bei einer glatten Zehn. Ich werde zu Philipps Bürocontainer gelotst, wo er mir einen guten Preis machen will, wie er hoch und heilig verspricht. Die einzige Frage, die es jetzt noch zu klären gibt, ist, was er darunter versteht.

Auf dem Weg erzählt er mir, dass seine Firma auf dem Parkplatz noch vor ein paar Jahren über hundert Autos zum Verkauf stehen hatte. Jetzt sind es im Durchschnitt nur noch zwanzig Stück.

«Die Leute fahren mittlerweile ihre Kisten, bis die Räder abfallen. Und mit solchen Dingern mache ich kaum noch Umsatz.»

Philipp schüttelt im Gehen den Kopf. «Früher haben sie sich alle drei Jahre einen Neuwagen gekauft, das war einfach so üblich. Heute wird das Geld zusammengehalten für schlechte Zeiten. Denn man kann nicht mehr einschätzen, ob man seinen Job nächsten Monat überhaupt noch hat. Da wird jedes Risiko vermieden, und an einem Neuwagen kann man sofort und am effektivsten sparen.»

Im Büro berät sich Philipp in aller Ruhe mit seinem Kollegen, der sich nachdenklich immer wieder am Kinn kratzt. Als erste Amtshandlung wird der Verkäufer meines Wagens, John in Chicago, angerufen und sich versichert, dass ich auch tatsächlich der Eigentümer bin. Dann geht's ans Eingemachte.

«Also, wir müssen sechs Prozent Mehrwertsteuer draufschlagen, und für die Umschreibung der Papiere brauchen wir auch noch mal rund hundertfünfzig Dollar.»

Philipp fährt sich langsam über seine glatte Stirn und streicht sich über seine weißen, kurzen Haare. «Na ja, mit den ganzen Kosten, die wir noch mal runterrechnen müssten, das macht dann dieses und jenes und von dem Aufwand ganz zu schweigen. Die Kiste kriegen wir an einen Kunden mit Gewinn nicht mehr verkauft, da machen wir nur noch ein paar Dollar über den Schrotthandel.»

Mit einem tiefen Seufzer lässt er sich in seinen Bürostuhl zurückfallen. Dann schaut er mir mit durchdringendem Blick in die Augen. «Ich würde dir maximal dreihundert Dollar für das Auto geben.»

Meinen spontanen Freudenausbruch überspiele ich mit einer bitterernsten Miene. Wenn er solch einen Preis aufruft, ist noch Luft nach oben. Also Gegenangriff.

«O.k., damit könnte ich leben», entgegne ich langsam und bedächtig. «Aber ich schlage nur ein, wenn ihr mich dazu noch bis zum nächsten Trucker-Parkplatz fahrt, denn ein Taxi kostet mich ja wieder ein Vermögen. Und jetzt essen wir noch eine Pizza auf eure Rechnung!»

Zwanzig Minuten später ziehe ich die italienischen Salamistückchen aus dem geschmolzenen Käse heraus und lasse sie genüsslich in meinen Mund gleiten. Die restlichen Pizzastücke klappe ich übereinander und stopfe sie samt Karton in den Rucksack für mein Abendmahl. Ich fühle mich als der wahre Gewinner.

Philipp kutschiert mich mit meinem Chevy keine drei Meilen weiter zu seinem Kumpel, einem Schrotthändler. Ich muss mit den ganzen Kfz-Papieren auch bei ihm in persona nachweisen, dass ich der Eigentümer bin. Damit Philipp mit seinem Weiterverkauf auch sauber aus der Sache rauskommt.

Watson, mit seinen fünfundsiebzig Jahren eigentlich schon Pensionär, ist immer noch der Boss auf seinem Autofriedhof. Obwohl er die Geschäfte bereits vor Jahren an seine Tochter übergeben hat, stolziert er herum wie Napoleon in Waterloo. Mit einem «Guten Tag, der Herr!» begrüßt er mich auf seinem Schlachtfeld.

Philipp hat uns selbstverständlich per Telefon schon angekündigt und mich als Deutschen dazu. Der Autozerhäcksler erzählt mir daher sofort freudestrahlend, dass er 1955 für zwei Jahre als Soldat in Frankfurt am Main stationiert war, und versucht weiterhin, mit seinen rudimentären deutschen Wortspielen ein Gespräch in Gang zu bringen. Nach einem kurzen Plausch mit Philipp unter vorgehaltener Hand einigen sich die beiden auf einen guten Preis, den ich anhand des gegenseitigen Nickens für durchaus angemessen halten kann. Hätte ich die Adresse des Autofriedhofes vorher gekannt, dann wären vielleicht noch ein paar Dollar mehr für mich rausgesprungen. Schade eigentlich.

Watson kam mit seinen Eltern 1938 nach Maryland. Und die

erkannten damals die Zeichen der Zeit, nämlich dass man auch mit Autos, die nicht mehr rollen wollen, noch Geld verdienen kann. Der Schrottplatz ist seitdem in Familienbesitz. Vor vier Jahren verlor Watson seine Frau, sie kam am gleichen Tag wie er auf die Welt. Für ihn ein Zeichen Gottes. Seitdem wartet er voller Demut jedes Jahr aufs Neue auf seinen Geburtstag und hofft, dass er noch ein Jahr obendrauf geschenkt bekommt.

Sein automobiles Bestattungsinstitut läuft prächtig. «Früher kostete ein Neuwagen zwischen fünfzehn- und zwanzigtausend Dollar. Das kann sich heutzutage keiner mehr leisten, und das ist der simple Grund, warum die Leute einfach mehr Gebrauchtwagen kaufen.» Watson zündet sich genüsslich eine kubanische Zigarre an und bläst einen Ring in den Himmel von Aberdeen. «Und wenn die ersten teuren Reparaturen kommen, rollen sie mir ihre Kisten bis vor die Tür.»

Für ihn lohnt sich die Rezession in Amerika: Etwa fünfzehn Autos gehen bei ihm pro Tag in die Schrottpresse, je nach Größe zahlt er im Schnitt um die dreihundert Dollar für einen Wagen, wie er mir erzählt. Die Altmetallhändler reißen ihm regelrecht für ein Vielfaches die zu einem Rechteck gepressten Stahlblöcke aus den Händen und verschiffen sie nach China.

Eines weiß ich jetzt schon: Wenn ich wieder zu Hause bin, dann kaufe ich mir eine Schrottpresse.

Das Tagewerk hier zu beobachten, ist ein Paradies für Jungs: Es riecht nach Altöl und modrigem Boden, überall stehen zerbeulte Autos herum, für die man selbst in diesem Zustand in Deutschland noch ein paar tausend Euro hinblättern würde. Oldtimer, die man nur noch aus Schwarzweißfilmen kennt, Straßenkreuzer mit verdunkelten Scheiben oder Neuwagen mit zerdrückter Fronthaube. Alles, was noch irgendwie zu gebrauchen ist, wird vor dem Zusammenknietschen aus den Leibern herausgerissen: Lichtmaschinen, Batterien, Kühler, Anlasser, Auspuff-

anlagen und andere schnell greifbare Organe. Die stapeln sich hier zu einem riesigen Berg, bestimmt für die Ersatzteilkäufer von den Schrauberwerkstätten nebenan. Zuletzt wird mit einem Kompressor noch das restliche Benzin aus den Tanks gelutscht. Dann kommt der Schwiegersohn mit seinem Greifbagger angerollt und hievt ein Gefährt in die Presse, ein Ungetüm so lang wie das Opfer selbst. Mit einem ganz gemächlichen und unglaublich lauten Geknirsche senkt sich die hydraulische Guillotine und macht aus dem eben noch auf den Hof gefahrenen Auto innerhalb von dreißig Sekunden einen Metallquader, an dem man seine ursprüngliche Automarke danach nicht mehr ablesen kann. Das ist kein Tod mehr auf Raten, das ist Mord.

Und für meinen Wagen habe ich vor einer Stunde die Inquisition höchstselbst unterschrieben.

Philipp, der Autohändler, ist ein echter Kumpel und hält Wort. Er fährt mich mit meinem angehenden Schrottauto noch eine Viertelstunde die Interstate 95 nach Norden. Dort gibt es die bekannteste Trucker-Station der ganzen Gegend. Das verlängert unfreiwillig den Abschiedsschmerz für mich. Auch wenn es nur ein Auto ist, ein seelenloses Gefährt aus Blech, baut man über die gemeinsam verbrachte Zeit unweigerlich eine mentale Beziehung auf. Mein Wagen hat mich über tausendvierhundert Kilometer von Chicago Richtung Ostküste begleitet, das schweißt zusammen. Meine Zwiegespräche mit dem Auto müssen für Außenstehende wie die Szenen einer Ehe geklungen haben: Rollt das Vehikel ohne Murren, wird die Armatur gestreichelt, und ich verliere ein paar gutmütige Worte, wie toll es sich doch gerade anstrengt, mich voranzubringen. Muckt es herum und der Motor stottert, werde ich schnell mal laut und verfluche die Kiste, bis sie sich wieder eingekriegt hat. Und danach sind wir wieder die dicksten Freunde.

In Perryville angekommen, winke ich nicht Philipp hinterher, der sich wahrscheinlich immer noch über den durchaus unterhaltsamen Tag freut, sondern meinem todgeweihten Chevy.

Bis ich ihn nicht mehr sehen kann.

AUF DEM TRUCK NACH NEW JERSEY

An der Heather Lane stehen sie aufgereiht zu Dutzenden: riesige Monster, von der untergehenden Sonne angestrahlt wie auf einem überdimensionalen Werbeplakat für Chrom und Stahl, und das in allen Farben, die eine Palette so hergibt. Gelbe, grüne und rosa Laster, die in Europa nie die Straßenzulassung bekommen würden. Ein leidlicher Dieselgeruch liegt in der Luft, dazu ein Grundrauschen von den Motoren im Leerlaufmodus. Ein tiefes, schweres Brummen, als ob ein Pilot seinen Jet auf der Startpiste angehalten hat und ewig auf den Abflug warten muss. Trucker machen auch beim Parken die Motoren nie aus, die Ungetüme laufen ohne Unterlass. Und das alles nur wegen der Klimaanlage. Im Sommer, um in der Hitze ihrer Kabine überhaupt ein Auge zumachen zu können, und im Winter, um nach dem Nickerchen die Scheiben nicht von innen abkratzen zu müssen. Die reinste Luftverpestung, aber der Sprit ist in den USA immer noch zu billig, als dass sie sich darüber den Kopf zerbrechen müssten.

Als Erstes verpacke ich mein geliebtes gelbes Fahrrad transportgerecht und schiebe es samt Buggy in einen Busch, damit ich nicht gleich mit zu viel Gepäck die Jungs verschrecke. Am Ende des Parkplatzes, wo ich einen kompletten Überblick über das Geschehen habe, lege ich mich – nur noch mit meinem Rucksack bewaffnet – auf die Lauer. Hier stehen ungefähr hundert Trucks, da wird sich schon einer finden, der mich mitnimmt. Jeder, der aus der Tankstelle herauskommt, wird von mir mit einem kurzen Sprint direkt an seinem Vehikel gestellt.

Vier Stunden später bin ich leicht demotiviert, denn ich höre immer die gleichen kurzsilbigen Antworten: «It's forbidden!» oder «It's not allowed!». Manche versuchen zumindest, einigermaßen höflich zu sein. Sie fragen mich, wohin ich will, und erklären mir dann, dass sie mich gern mitgenommen hätten, aber leider in die andere Richtung müssen. Das ist taktisch clever. Aus ihrer Sicht.

Hat einer überhaupt keinen Bock, mit mir zu reden, gibt es ein kurzes, aber prägnantes «I have no time!» und die Lkw-Tür wird zackig von innen zugeschmissen. Auf Grundsatzdiskussionen oder spezielle Nachfragen verzichte ich freiwillig, denn die Jungs sind eine ganz eigene Klientel. Mit denen möchte man nicht seinen eigenen Geburtstag feiern.

Ich ändere meine Strategie und gehe in die Tankstelle rein. An der Kasse bezahlt gerade eine Truckerbraut, von ihr bekomme ich eine unmissverständliche Antwort: «Sorry, but I'll lose my job!» Und sie erklärt mir den Hintergrund kurz und bündig: Nimmt ein Fahrer einen Tramper mit, erlischt automatisch der Versicherungsschutz. Und bei den Summen, die so ein Gefährt allein ohne Ladung kostet, ist das bestimmt kein Pappenstiel. Wird er von der Polizei erwischt, ist er auch noch seinen Führerschein los. Und dazu seinen Job. Das ist ganz einfach ein existenzielles Problem.

Eine Stunde später rolle ich als Beifahrer in einem «Freightliner»-Truck vom Hof. Marty, ein bulliger Zwei-Meter-Schrank aus Baltimore mit schwarzem Piraten-Shirt, scheint über den Dingen zu stehen. Kurzerhand lässt er die Ladeklappe herunter und schiebt mein Fahrrad samt Buggy rein. Sein Ungetüm ist bis oben hin vollgestopft mit zusammengelegten Pappkartons, die er nach Boston kutschieren muss. Fünf Stunden lang hat er die Kiste selbst beladen, dafür hat er aber erstaunlich gute Laune. Er sieht aus wie in einen Tuschkasten gefallen, ist von oben bis unten tätowiert. Außer im Gesicht.

«Schnall dich an, dann kann es auch direkt losgehen!», sagt er zu mir.

Sein Fahrerhaus wirkt wie eine kleine Einzimmerwohnung.

Hinter den Sitzen – verdeckt durch eine große Flagge mit dem Harley-Davidson-Logo – gibt es ein Doppelstockbett, daneben einen Kühlschrank, darauf ein Regal mit seinen Sportsachen für die Lockerungsübungen in den Standpausen. Vorn im Cockpit hat Marty sein mobiles Büro installiert, auf dem Armaturenbrett liegen seine Fahrberichte und eine Kleenex-Box. Zwei Mobiltelefone bekommen ihren Strom aus einer selbstgebauten Halterung, auf einem Laptop laufen Verkehrsmeldungen ein, und von der Decke baumeln drei Funkgeräte, aus denen unverständliche Kommentare von seinen Kollegen zischen. In der Mitte neben dem Gangknüppel wurde eine Kühlbox kunstvoll in die Armatur hineingezimmert, darin jede Menge Eiswürfel und Saft in Tüten. Die Klimaanlage bläst angenehm gegen meine Stirn.

Hier lässt es sich gut leben.

Kurz vor Mitternacht ruft seine Frau an. Sein dreijähriger Sohn kann nicht einschlafen, sagt sie ihm. Marty erzählt ihm eine Gutenachtgeschichte, sie dauert keine fünf Minuten. Am Ende ist sein Sohn im Traumland und Marty happy. Und seine Frau wünscht ihm eine gute Fahrt durch die Nacht.

«Mein Sohn kann schon bis fünfzig zählen!», berichtet er mir voller Stolz. «Da lasse ich nicht locker, der muss schlauer sein als seine Altersgefährten. Sonst wird das nichts.»

Der Sechsundvierzigjährige hat seine Gene breit verteilt in den Staaten. Fünf Kinder mit unterschiedlichen Frauen, zu denen er aber keinen Kontakt mehr hat. Dann sollte alles anders werden.

«Als mir meine jetzige Frau sagte, dass sie schwanger sei, habe ich ihr auf der Stelle einen Heiratsantrag gemacht. Und sie hat tatsächlich ja gesagt. Du kannst dir nicht ausmalen, wie glücklich ich darüber war.»

Marty kann auf eine berüchtigte Vergangenheit verweisen. Warum er letztlich im Knast gelandet ist, will er mir nicht erzählen. Er war unschuldig aus seiner Sicht. Verurteilt zu fünf

Jahren, hat er wegen guter Führung letztlich drei Jahre und acht Monate absitzen müssen.

«Ich war nur von Schwerverbrechern umgeben. Geiselgangster, Bankräuber und Vergewaltiger. Und die Hälfte der Jungs war auf Drogen. Die haben sich in Gangs verbrüdert, mit so knackigen Namen wie ‹Gorillas›, ‹Skinheads› oder ‹Blood Gang›. Du hast keine Vorstellung davon, was das für nette Kerle waren.»

Die Geschichten dazu will ich eigentlich nicht hören, und Marty rundet das auch zum Glück ganz galant ab. «Auch wenn dort einige draufgegangen sind: Ich hatte keine Angst zu sterben. Ich genieße einfach jeden Tag. Und wenn ich sterben sollte, brauche ich mir selbst keinen Vorwurf zu machen. Ich habe in vollen Zügen gelebt.»

Vor vier Jahren kam Marty aus dem Knast, seine Freundin war ein Junkie. Es ist erst ihrer ungewollten Schwangerschaft zu verdanken gewesen, dass sie von der Nadel loskam.

«Ich fand im Gefängnis zu Gott, das hat mir die Augen geöffnet. Mein Leben konnte nicht mehr so weitergehen. Ständig auf der Flucht vor Verantwortung, und der einfachste Weg war immer das kleinere Übel. Ich hatte kein Ziel, für das es sich zu leben lohnte. Das ist jetzt alles ganz anders, und das ist auch gut so.»

Ex-Knackis stellt keiner gern ein. Aber die Trucker-Branche ist ein gutes Auffangbecken für gescheiterte Existenzen. Ein harter Job, den nicht viele freiwillig machen würden, dazu ganz allein tagelang unterwegs. Das ist nichts für Muttersöhnchen. Marty bekommt ein Festgehalt plus Prämien. Noch zwei Jahre rackern, dann will er mit seiner jungen Familie in ein eigenes Haus ziehen.

«Keine Angst, die ist nur zur Selbstverteidigung.»

Ihm ist mein leicht nervöser Blick auf seine abgesägte Schrotflinte aufgefallen, die neben seiner Fahrertür mit dem Lauf nach oben steht.

«Du musst auf alles vorbereitet sein. Es laufen so viele Verrückte durch die Gegend, und wir als Alleinfahrer müssen ständig mit der Gefahr leben, überfallen zu werden. Ich habe Storys gehört, da haben sie einen Kollegen wegen zwanzig Dollar umgenietet. Wegen zwanzig Dollar! Das wird mir definitiv nicht passieren, darauf kannst du wetten.»

Marty fährt wie eine gesengte Sau, konsequent mit siebzig Meilen die Stunde, ohne mit der Wimper zu zucken. Das sind immerhin fünf Meilen schneller als erlaubt. Und das mit einem Vierzigtonner. Überholt werden nicht nur Kollegen, sondern auch Pkws, die er mit seiner dröhnenden Hupe vorwarnt.

«Die Highway-Patrol meint es gut mit uns, ohne Frage. Solange wir nicht auffällig fahren, holt uns keiner raus. Die wissen, dass wir uns grundsätzlich an die Regeln halten», sagt er dazu.

Kurz vor New Jersey lässt mich Marty auf einem Trucker-Parkplatz raus. Zum Abschied haut er mir mit seiner Riesenpranke freundschaftlich auf die Schulter und schenkt mir noch einen Liter Saft.

LITTLE JOEY IN BIG APPLE

Die Indianer des Stammes der «Algonkin» wurden mit vierundzwanzig Dollar abgespeist, als ihnen ein paar niederländische Siedler im siebzehnten Jahrhundert ihre Insel Manahata, was übersetzt «hügeliges Land» bedeutet, abkauften. Da die Niederländer aber keine zwingende Idee hatten, wie sie das Eiland vor der Ostküste umbenennen sollten, machten sie kurzerhand aus dem indianischen Wort ein «Manhattan».

Mittlerweile merkt man nicht mehr, dass der berühmteste Stadtteil der Welt auf einer Insel liegt. Der Vorstadtzug fährt von Norden her als Hochbahn über dem Broadway noch auf dem Festland entlang, Manhattan selbst wird über eine unscheinbare Eisenbrücke erreicht, die über den schmalen Harlem River führt, der an dieser Stelle kaum so breit ist wie die Berliner Spree. Wer das nicht weiß, bekommt das nicht mit. Und als Tourist fährt man sowieso eine andere Strecke; entweder vom Flughafen Newark durch den Holland-Tunnel oder von dem «John F. Kennedy Airport» über die «Brooklyn Bridge» nach Manhattan, von der man schon die faszinierende Skyline sehen kann.

An der Raststätte an der Interstate 95 in New Jersey, wo mich Marty abgesetzt hatte, hatte ich mich, ohne lange herumzuhantieren, vor fremden Blicken geschützt hinter einem Trafo-Häuschen auf meine Matte gelegt und war auch sofort eingeschlafen. Wie ich vom Tankstellenwart erfahre, gibt es nur zwei Kilometer entfernt von hier eine Brücke über die Autobahn zur Woodbridge Train Station. Die «North Jersey Coast Line», die dort hält, fährt im Stundentakt direkt bis nach Downtown Manhattan. Damit kann ich mein letztes geplantes Transportmittel abhaken: Ich fahre mit dem Zug, einer Regionalbahn, nach Big Apple.

Für zehn Dollar löse ich ein One-Way-Ticket am Automaten auf dem Bahnsteig. Mein Fahrrad minimiere ich, so gut es geht, indem ich die Räder herausschraube und mit einem Strick an den Rahmen binde, denn ich will vermeiden, dass der Schaffner mir noch eine Gepäckgebühr abknöpft. Am Fenster genieße ich die blendende Aussicht, dazu knattert und quietscht der Zug in einem unregelmäßigen Takt. Die Vorstädte sehen durchaus gepflegt aus. Viele Einfamilienhäuser mit Vorgarten und Garage, wie man sie aus den amerikanischen Seifenopern kennt, reihen sich kilometerweit aneinander, abgelöst nur durch große, brachliegende Wiesenflächen mit Industrieanlagen bis zum Horizont.

Nach nicht mal einer Stunde bin ich schon in New York, in der größten Stadt der USA. Ab jetzt geht es per pedes zur Freiheitsstatue, dem Ziel meiner Reise. An der Pennsylvania Station steige ich aus. Über ein Labyrinth von unzähligen Rolltreppen gelange ich auf die Eingangsebene mit dem gigantischen «Madison Square Garden», eine der berühmtesten Sport- und

Konzerthallen der Welt mit zwanzigtausend Sitzplätzen. Mitten im Stadtteil Chelsea betrete ich endlich die Stadt, die angeblich niemals schläft.

Es empfängt mich ein Gewimmel wie in einem Bienenstock.

Die acht Millionen New Yorker sind wahrscheinlich die einzigen US-Bürger, die mindestens einmal am Tag zu Fuß unterwegs sind. Weil ihre Metropole nun mal in die Höhe und nicht in die Breite gebaut ist, sind die Wege vergleichsweise kurz. Hat man sich einmal in die menschliche Walze auf dem Gehweg eingereiht, muss man immer schön im Tempo mittraben und dabei aufpassen, dass man nicht stehen bleibt. Sonst wird man gnadenlos umgerannt. Um genau das zu vermeiden, laufe ich auf der Straße mit meinem Buggy neben der Bürgersteigkante. Auch bleibt der gehetzte Einheimische an einer roten Fußgängerampel nur so lange stehen, bis eine Lücke die Autokarawane durchbricht. Und die wird ohne Umschweife zum Überqueren der Straße genutzt. Dabei ist anscheinend auch völlig zu vernachlässigen, ob ein Fahrzeug mit vollem Karacho auf die Eisen gehen muss und sogar ob ein Polizist an der Ecke zuschaut. Für einen New Yorker ist es außerdem überlebenswichtig, auf einer Rolltreppe auf der rechten Seite zu stehen, denn links rauschen die Hektiker vorbei und werden schon mal laut, wenn man ihnen den Weg verstellt hat.

Hier ist ein jeder zu jeder Zeit in Eile. New York ist eine globale Ballung von stressgeplagten Menschen, die als Wahrnehmung nur im Zeitraffer zu erhaschen sind.

Am Ende der Church Street öffnet sich eine riesige Freifläche vor mir, eine Baustelle von der Größe eines Fußballstadions gibt den Himmel nach oben frei, keine schattenwerfenden Wolkenkratzer verdunkeln mehr die überfüllten Straßen, und das mitten in Manhattan. Hier auf dem «Ground Zero» wird das «One World Trade Center» hochgezogen, an der gleichen Stelle, wo die ehemaligen Twin Towers standen, nur noch größer und höher. Eine Gedenkstätte neben der Baustelle zieht Massen von Touristen an, die den Ort des schlimmsten Terroranschlages in der Geschichte Nordamerikas besuchen wollen. Fast zweitausendachthundert Menschen starben am 11. September 2001, als Terroristen zwei entführte Passagiermaschinen in die beiden Türme lenkten. Völlig fassungslos saß die ganze Welt vor den Fernsehern, keiner konnte die Bilder begreifen, die immer wieder den Einschlag der Flugzeuge in die Türme zeigten, in Zeitlupe das Einstürzen des Südturmes und ein paar Stunden später das des Nordturmes. Ich weiß wie jeder andere bis heute ganz genau, was ich an diesem Tag im September gemacht habe, als ich völlig schockiert die Bilder zu Hause im Fernsehen sah.

Solche Momente vergisst man sein ganzes Leben lang nicht.

Das Land hörte auf zu funktionieren, eine ganze Nation war geschockt. Bis zu diesem Tag waren die Staaten noch kein einziges Mal auf eigenem Territorium angegriffen worden, sie führten nur Kriege gegen andere Nationen auf anderen Kontinenten. Durch den elften September bekamen sie die schreckliche Bestätigung, dass der Terrorismus das eigene Land erreicht hat, völlig überraschend und brachial. Dieses Trauma haben die New Yorker bis heute nicht überwunden.

Ich stehe an der Ecke zum One Liberty Plaza vor dem «Ground Zero» und komme mir gerade so vor, als ob man mich in eine Zeitmaschine hineingesetzt hätte und mit Schwung aufs Gaspedal drücken würde. Vor über einem Vierteljahrhundert war ich das letzte Mal hier, mit unserer Kelly-Truppe haben wir vier Monate am Stück auf der Straße gespielt. Das lief nicht so geschmeidig, wie es klingt, denn eigentlich war es überall verboten. Und nach einer Genehmigung brauchten wir gar nicht erst zu fragen, weil wir sowieso illegal unterwegs waren. Dazu kam noch, dass die Stadt schon damals bis auf den letzten Zentimeter zugebaut war. Man hat kaum eine Fläche, um sich in ganzer Breite irgendwo aufzubauen. Die europäische Baukultur von

Fußgängerzonen ist in Amerika gänzlich unbekannt. Die Freiflächen einer US-Metropole sind allein Promenaden oder Parks, aber dort macht es wenig Sinn zu spielen, denn man steht mutterseelenallein herum und bekommt höchstens einen kurzen Blick von vereinzelten Joggern oder telefonierenden Managern ab. Und die werfen dir garantiert nicht einen Cent in die Mütze.

Es gab in Manhattan nur ein paar wenige passable Plätze, wo wir musizieren konnten: rund um den Central Park, an der First Avenue, unten am Time Square und eben hier am One Liberty Plaza vor dem «World Trade Center». Das war früher noch keine Touristenmeile. Es gab an jeder Ecke Crack zu kaufen, wie heutzutage den Kaffee im Pappbecher. Die Geschäftsleute aus den beiden «Twin Towers» haben sich am frühen Morgen vor Arbeitsbeginn und auf dem Weg nach Hause damit ordentlich eingedeckt. Am Trinity Place lungerten immer kleine Grüppchen mit eindeutigem Geschäftsinteresse herum. Manchmal standen wir keine zwei Meter von den Dealern entfernt und beobachteten das Treiben mit offenen Mündern. Aber selbst das hat sie nicht im Ansatz interessiert, die hatten überhaupt keine Hemmungen. Sie nahmen in aller Öffentlichkeit von den Kunden die Scheine, reichten die Tütchen rüber und gingen einfach weiter.

New York war unvorstellbar dreckig und galt als eine der gefährlichsten Städte weltweit. Unserer Familie ist glücklicherweise nie etwas passiert, weil wir stets in Kompaniestärke auftauchten. Wir hatten auch ein sensibles Auge für die brenzligen Momente. Wenn ich heute hier von der Fifth Avenue bis runter zur Freiheitsstatue laufe, komme ich mir dagegen vor wie in einer gigantischen, sauber aufgeräumten Shopping Mall. Die Stadt ist ein überdimensionaler bunter Souvenirladen geworden. Das hat auch damit zu tun, dass der ehemalige Bürgermeister Rudolph Giuliani in den 1990er Jahren mit seiner «Null-Toleranz-Strategie» die Verbrechensrate um die Hälfte herunterschraubte. Jeder, der auch nur ansatzweise so aussah, als ob er gleich einen Schokoriegel klauen will, wurde von der Straße weggefangen. Seitdem kann man wieder ohne Bedenken U-Bahn fahren und sich auch in der Dunkelheit noch durch die Straßen bewegen, ohne sich selbst gleich als potenzielles Opfer zu fühlen.

Der Ton auf den Straßen von Big Apple, der uns vor fünfundzwanzig Jahren entgegenknallte, war rau und direkt. Dialoge wurden ungern geführt, stattdessen bot man gleich mal Schläge an. Wir sind teilweise bis zu sechsmal pro Tag verjagt worden und mussten uns jedes Mal eine neue Stelle suchen. Irgendwelche Polizisten kamen immer vorbei oder auch private Sicherheitsleute, die in New York um jedes Gebäude herumschlichen und nichts Besseres zu tun hatten, als Obdachlose oder Straßenmusikanten zu schikanieren. Die erzählten uns stets dieselbe Leier, nämlich dass die ersten anderthalb Meter vom Gebäude weg den Eigentümern gehören, der Rest bis zum Bürgersteig der Stadt. Da dürften wir machen, was wir wollten. Wir haben teilweise unser Equipment nur einen Meter nach vorn zur Straßenkante verschoben, und schon war das kein Problem mehr. Wollten sie uns aber partout aus den Augen haben, endete eine Diskussion meistens ganz schnell mit einem: «Haut jetzt endlich ab!» oder dem gut gemeinten Rat: «Legt euch nicht mit uns an!» Manchmal hatten wir noch nicht mal einen Song gespielt und mussten wieder abrücken. Hatten wir Glück, blieben wir ein bis zwei Stunden und zogen dann weiter.

Unsere selbst auferlegte Arbeitszeit war klar umrissen: Spätestens früh um acht sicherten wir uns den ersten Platz, eine Stunde später standen wir verkabelt und aufgereiht wie die Orgelpfeifen und trällerten den ersten Song. Das ist es, was man verinnerlichen muss: Der Platz auf der Straße ist die halbe Miete und damit fünfzig Prozent des Erfolges. Wir spielten knallhart durch und nahmen jeden Cent mit, den wir kriegen konnten. Erst abends nach sechs Uhr, wenn die Läden dichtmachten und die letzten Passanten auf dem Weg nach Hause waren, packten wir die Klampfen ein. Dann fuhren wir raus nach New Jersey in ein beliebiges Motel, weil die Übernachtung dort um ein Vielfaches günstiger war als in New York. Obwohl sich unsere singende Großfamilie schon damals aus zehn Leuten rekrutierte, mieteten wir nur ein einziges Zimmer. Und das mit einem ganz simplen Trick: Unsere beiden ältesten Geschwister, Kathy und Johnny, gingen an die Rezeption, gaben sich als Pärchen aus und bezahlten ein Doppelzimmer für eine Woche im Voraus. Wichtig war dabei die Ansage, dass das Zimmer nicht gereinigt werden musste, damit keine Putzfrau mitbekommen konnte, wie viele Leute tatsächlich darin hockten. Der Rest der Familie fuhr in der Zwischenzeit zum Hintereingang und schlich sich heimlich in die Herberge. So schliefen wir für günstige vierzig Dollar alle zusammen in einem Zimmer. Wer keinen Platz in dem Doppelbett bekam, machte es sich mit ein paar Decken auf dem Fußboden bequem. Wenn die Besitzer das nach ein paar Tagen spitzkriegten, nahmen wir den Stress gern in Kauf und wechselten zum nächsten Motel. Und dort zogen wir die gleiche Masche wieder durch.

Im Schnitt haben wir auf den Straßen von New York zwischen dreihundert und siebenhundert Dollar am Tag verdient. Am besten lief es mit unseren Auftritten am One Liberty Plaza, die Zwillingstürme direkt vor der Nase. Hier haben wir fast täglich gespielt, weil wir einigermaßen in Ruhe gelassen wurden und immer den Massendurchlauf von den ganzen Büroleuten hatten. Der Platz sieht heute viel kleiner aus als damals. Nach dem Einsturz des «World Trade Center» durch den Terroranschlag 2001 hat man die Fläche komplett verändert, alles erscheint viel enger und gedrungener. An der Ecke Trinity gehen aber noch wie damals die Treppenstufen hoch auf den Platz. Auf dieser großen Ebene mit eingelassenen Bäumen haben wir die Technik aufgebaut, uns postiert und nach unten Richtung Bürgersteig geschrammelt. Das war wie eine kleine Open-Air-Bühne mit Woodstock-Feeling. Die Leute saßen in ihren Pausen da, ein Brötchen in der Hand und haben uns begeistert zugehört. Das lief richtig gut, bis dieser eine Komiker auftauchte.

Wie jeden Tag wuchteten wir unser ganzes Equipment aus der Limousine auf den Platz und stöpselten die Instrumente an. Kaum hatten die Leute unseren ersten Song beklatscht, kam der Typ mit seinem Handwagen auch schon um die Ecke gerauscht.

«Passt mal auf, ihr braucht hier gar nicht so einen großen Aufwand zu betreiben», schnauzte er uns an. «Das ist mein Platz, und ihr solltet zusehen, dass ihr schnellstens Land gewinnt!» Wir standen völlig perplex in unserer später berühmt gewordenen Altkleidersammlung da und wussten nicht, was der Scharlatan von uns wollte.

«Jetzt pass du mal auf, Kollege!», suchte mein Bruder Johnny das Zwiegespräch. «Wir musizieren schon seit der Erfindung der Tonleiter auf der Straße. Du solltest wissen, wer als Erster da ist, hat auch das erste Recht zu spielen! Und so ganz nebenbei für dein Verständnis: Wir sind mittlerweile schon beim zweiten Titel.»

Der Spaßvogel ließ aber nicht locker. «Das ist mir scheißegal. Das ist meine Stelle, und jetzt verzieht euch!»

Was wir nicht wussten, war, dass dieser Platz an jedem Mittwoch zur gleichen Uhrzeit von diesem Comedian bespielt wurde. Der hatte zwar die Fläche nicht offiziell gemietet, aber man konnte die Uhr nach seinem Erscheinen stellen. Die ganzen Leute waren nicht wegen uns stehen geblieben, sondern warteten bereits ungeduldig auf diesen Witzereißer. Der war augenscheinlich so ein bisschen der Local Hero von South Manhattan. Zwei Meter neben uns packte er sein Zeug aus und streifte sich sein Clowns-Kostüm über. Auf der Straße gilt das eigentlich schon als persönlicher Übergriff. So etwas macht man nicht, das zeugt von null Respekt gegenüber seinen Kollegen.

Er spielte gegen uns.

Mit seinen pantomimischen Verrenkungen rannte er auf dem Bürgersteig hinter ahnungslosen Passanten her und machte ihre Bewegungen nach. Und die hatten überhaupt keinen Plan, dass sie einer auf die Schippe nahm. Bis er ihnen auf die Schulter tippte und sich damit zu erkennen gab. Das sorgte für große Lacher und kam bei der Allgemeinheit gut an. Die bestand aus ungefähr vierzig Bauarbeitern, die sich jedes Mal auf die Schenkel klopften, wenn der Comedian wieder einen Fußgänger final veralbert hatte. Ich muss zugeben, wir haben auch leicht schmunzeln müssen, obwohl der Typ uns die Show stahl. Er schaffte es innerhalb von fünf Minuten, das ganze Publikum, welches vor der Treppe stand, auf seine Seite zu ziehen. Mit dem Effekt, dass die Zuschauer uns ausgepfiffen haben, während wir noch sangen. Da wir aber Kellys sind, spielten wir einfach weiter. Das war aber die falsche Entscheidung, denn es wurde sofort richtig garstig. Wir sollten unsere Scheiße einpacken und abhauen, brüllte uns die aufgebrachte Masse entgegen, und der Comedian selbst grinste uns dazu noch hämisch an. Wir dachten voller Optimismus, dass wir die Geschichte noch zu unseren Gunsten kippen könnten, aber nachdem wir auch noch lautstark ausgebuht wurden, hatten wir die Nase endgültig gestrichen voll und bauten unseren Kram ab.

Auf den Stufen am One Liberty Plaza sitzend denke ich, welchen Wahnsinn das alles nach sich gezogen hat. Dieser Moment, in dem wir völlig hilflos hier auf dieser Treppe standen und ausgepfiffen wurden, hat der Familie den entscheidenden Knacks gegeben. Da kommt so ein Clown angelatscht und schmeißt innerhalb von ein paar Minuten unsere ganze Show und dreht die Leute im Handumdrehen für sich um. Das ging uns richtig an die Nieren. An diesem Abend im Motel, wo wir alle völlig konsterniert auf einem Haufen hockten und von Selbstzweifeln ge-

peinigt wurden, predigte uns unser Vater, dass wir uns niemals unterkriegen lassen sollten. «Dass ihr das nie vergesst: Wir lassen uns von keinem verarschen! Wir marschieren immer weiter. Und wir glauben an uns!»

Wenn mein Vater etwas richtig gut konnte, dann die ganze Sippe bis in die letzten Haarspitzen zu motivieren, er schwor uns regelrecht ein: «Wir kämpfen weiter, immer nach vorn. Das werden wir uns nicht mehr bieten lassen, uns von irgendwelchen Pennern und Idioten die Show stehlen zu lassen. Entweder nehmen wir das jetzt persönlich oder die Herausforderung einfach an. Wir sind Leute, die frei und ohne Angst leben, wir sind Menschen, die anders denken, und wir passen uns nicht an. Wir gehen nicht in die Schule, wir verkaufen uns nicht. Wir sind keine Amerikaner, sondern Europäer. Wir sind Iren, richtige Kelten, darauf könnt ihr stolz sein! Und das will ich ab morgen von euch allen sehen!»

Wenn man Niederlagen durchlebt und wieder aufsteht, wird man automatisch stärker. Mit dieser knackigen Marschroute gewappnet, waren wir ab sofort völlig anders drauf. Wir hatten auf einmal eine ganz andere Präsenz.

Am nächsten Tag kehrten wir wieder zurück zum One Liberty Plaza und drehten die Regler doppelt so laut auf.

Schlenderte in den nächsten Jahren irgendein Straßenkünstler an unserer Show vorbei und machte ein langes Gesicht, gingen mindestens zwei Brüder gleichzeitig von der Bühne und klärten das Problem unter sechs Augen. Wir waren zwar nicht die Stärksten, aber immer in der Überzahl. So war es lediglich eine Frage der Zeit, bis wir gewonnen hatten.

Und als ich größer wurde, war ich auch dabei.

Unser größter Vorteil über die Jahre: Wir waren keine «Sunshine buskers», die sich nur ins Freie trauen, wenn die Sonne scheint. Wir waren komplett schmerzfrei, haben bei Wind und Wetter unsere Instrumente bearbeitet. Ob es minus zehn Grad waren, ob es regnete oder Tropenhitze gab – total egal, wir haben immer gespielt.

Wir hatten einfach nur eines: sehr viel Ausdauer. Wir haben so lange unser Potpourri geschmettert, bis die Nachbarn gerufen haben: «Hört auf, bitte hört auf, ihr seid so toll, aber geht jetzt bitte woandershin!»

Wir haben alle anderen an die Wand gespielt. In New York verinnerlichten wir auch die wichtigste Regel für Straßen-Entertainer, nämlich: «Don't burn out the places!» Man darf auf keinen Fall die Plätze verbrennen, man darf selbst seinen umsatzstärksten Platz nicht überstrapazieren. Es tummeln sich in einer Stadt wie dieser Millionen von Menschen, die du kein zweites Mal wiedersiehst, mit denen hat man keinen Stress, die freuen sich über die kleinste musikalische Ablenkung und rennen weiter. Anwohner und Geschäftsinhaber, die sind das Problem. Wenn die sich von dir genervt fühlen, weil du ohne Unterlass dieselben Songs spielst, rufen sie irgendwann die Polizei. Und sobald du das nächste Mal wieder auftauchst, geht das Spielchen munter weiter: Wenn sie dich nur deine Technik aufbauen sehen, greifen sie gleich zum Telefon, und die Ordnungsmacht steht dir kurz danach schon auf dem Schlips. Das sind «Burn out places». Da geht dann nichts mehr.

Deshalb muss man immer in Bewegung bleiben und die Plätze wechseln, damit man sich sein goldenes Straßenpflaster nicht verbrennt. Man ändert ständig den Standort, aber nie das Repertoire, denn das ist entscheidend für die Kohle. Am besten gehen immer emotionale Songs, die die Menschen packen. Dann bleiben sie auch stehen und haben das Gefühl, dass sie etwas ganz Besonderes hören, und das schlägt sich auch unmittelbar im Klingelbeutel nieder. Wir wechselten die Plätze mit System, einmal durch die Stadt im Uhrzeigersinn. Die besten Stellen aber hebt man sich für die Tage auf, an denen die meisten Menschen dort aufkreuzen. So spielten wir ausschließlich sonntags im Central Park und auf dem One Liberty Plaza am Mittwoch.

Der Kampf auf den Plätzen in Manhattan hat uns stark gemacht. Das Erfolgsrezept nahmen wir mit zurück nach Europa, frei nach unserem großen Idol Frank Sinatra: «If we can make it there, we will make it anywhere.» Die Szene verpasste uns den Spitznamen «The kings of the buskers», weil wir die Straße regiert haben. An uns kam einfach keiner mehr vorbei. Wir hatten ein Konzept, dazu eiserne Disziplin und bombastische Einnahmen. Kurz bevor wir es mit unseren Hits in die Fußballstadien geschafft haben, machten wir auf der Straße im Jahr über eine Million Mark Umsatz.

Wir haben zwar nur Volksmusik gespielt, aber wir waren härter drauf als jede Hard-Rock-Combo.

MEIN WEG DURCH EIN ANDERES LAND

Vom One Liberty Plaza ist es nur noch ein Kilometer bis zum Battery Park. Hier geht die Fähre hinüber zum «Statue of Liberty Monument», der Freiheitsstatue, die für Millionen Europäer den erhofften Heiland bedeutete. Durch den Wind knallt die US-Flagge am Heck wie ein knarrendes Brett, die salzige Gischt verströmt ein Gefühl von abenteuerlicher Freiheit. Die Menschen an Bord scheinen sich in ihrem sommerlichen Übermut mit mir zu freuen, dass ich es gleich geschafft habe. Mein Ziel ist erreicht, nach siebzehn Tagen und über fünftausenddreihundert Kilometern habe ich die steinerne Dame mit Fackel in der Hand in Sichtweite. Es sind nur noch Momente, bis ich am Ende meiner Tour angekommen bin.

Ich feiere diesen Augenblick an Deck mit einer ordentlichen Portion Pommes und einer großen Cola. In der gleißenden Mittagssonne mache ich auf der Überfahrt den großen Kassensturz: Ich werde mit dreihundertachtundsechzig Dollar nach Hause fahren, dazu noch ein paar Cent Kleingeld und ein Fünf-Euro-Schein. Und mit einem alten gelben Rennrad.

Nie im Leben hätte ich vor dem Trip gedacht, dass ich das alles so geregelt bekommen würde. Die positive Spenderlaune hat mich wirklich überrascht. Dazu die Gastfreundlichkeit mir gegenüber, einem deutschen Iren, der alle hier auf diesem Kontinent mit seiner verrückten Idee überrumpelte und dennoch mit offenen Armen empfangen wurde.

Ich werde das nicht vergessen.

Ich bin durch ein Land gereist, voller Widersprüche, voller Schönheit und auch ohne Glanz. Es gibt nicht viele Gegenden auf der Welt, wo sich so viel und so wenig auf einem einzigen Fleck zusammenballt: Größenwahn und Biederkeit, Reichtum und Armut, Geben und Nehmen, Verdrängen und Vergessen, Liebe und Hass.

Die Amerikaner haben alles erreicht, aber jetzt haben sie eigentlich nichts mehr. Sie wissen, dass sie sich mit ihren geführten Kriegen hoffnungslos überfordert und Hunderte Milliarden Dollar verschwendet haben, die den nächsten Generationen fehlen werden. Fast jeder zweite Amerikaner sagt, dass die besten Tage seiner einst so hochgelobten Heimat vorbei sind. Und die Perspektive sieht alles andere als rosig aus. Ganze Industrieregionen liegen brach, die Krise macht vor keinem mehr halt. Die USA haben sich in ein Land der begrenzten Möglichkeiten verwandelt. Aber mit Kritik hält man sich vornehm zurück, das gilt als Verrat an Amerikas Größe.

Es ist die Eigenmotivation, die ihnen in die Wiege gelegt wurde, die sie immer noch an eine bessere Zukunft glauben lässt.

Amerikaner, die hoch hinauswollen, werden von ihresgleichen nicht als Spinner abgetan, man ermutigt sie eher noch von allen Seiten, richtig Gas zu geben. Hier wird Erfolg nicht argwöhnisch betrachtet, sondern man freut sich für seinen Nebenmann. Neid und Missgunst sind den meisten fremd; ob mein Nachbar nun eine Luxuskarosse hat und ich nur ein klappriges Fahrrad, ist völlig egal. Auch in Sachen Kohle wird offen miteinander kommuniziert. Die direkte Frage, wie viel man denn pro Jahr in seinem Job verdient, wirkt bei uns anmaßend, in den USA ist sie ganz selbstverständlich und wird auch sofort offen und ehrlich beantwortet. Wer Geld hat, muss es sich irgendwie erarbeitet haben, ob nun durch einen ehrlichen Job oder zweifelhafte Geschäfte, das macht am Ende keinen Unterschied. Es kommt darauf an, etwas zu machen, sich zu bewegen, um etwas zu bewegen, und das hört mit der alltäglichen Arbeit nicht auf. Fast jeder Amerikaner ist auch noch ehrenamtlich unterwegs, um etwas voranzubringen: den Golfverein, die High School, das Tierheim, die Obdachlosenunterkunft oder seine eigene Schmetterlingszucht. Gewinnt ausgerechnet einer von ihnen bei der nächsten Landesausstellung einen Preis für den schönsten gelben Zitronenfalter, dann feiert das ganze Dorf. Weil es ihr gemeinsamer Sieg ist und nicht nur der eines Einzelnen.

Die Amerikaner sind einfach pragmatisch: Wenn es losgehen soll, muss man auch mal anfangen. Egal, wie das Ergebnis wird. Und geht das mörderisch in die Hose, dann beginnt man einfach wieder von vorn und findet eine schnellere, bessere Variante. Das ist eisenharter Optimismus.

Wir Deutschen neigen eher dazu, vom Ende her zu planen. Wir wollen erst mal wissen, was das Ergebnis sein soll, und dadurch ergibt sich dann automatisch die Startposition. Eigentlich totaler Quatsch. Man muss beginnen, um zu gewinnen. Das ist wie im Sport. Der Weg ist das Ziel.

Dafür liebe ich die Staaten: Für die spontanen Begegnungen, die unglaubliche Offenheit, die charmante Oberflächlichkeit, die fraglose Hilfsbereitschaft, das optimistische Denken, den familienfreundlichen Alltag und die multikulturelle Gemeinschaft. Man arrangiert sich mit dem anderen, weil es ganz einfach zu einem gelebten Miteinander gehört.

Die US-Amerikaner brauchen kein staatlich reguliertes Sozialgefühl, denn sie helfen sich selbst. Das steckt ihnen im Blut, seitdem sie auf dem Kontinent angekommen sind und sich durch jegliche Unwägbarkeiten kämpfen mussten. Für sich selbst, für ihre Familien, über Generationen hinweg. Und genau das macht sie stärker, als wir jemals begreifen werden.

Eines steht fest: Ich werde wiederkommen.

Die Menschen, die ich auf meiner Reise getroffen habe und die mich dankenswerterweise unterstützt haben:

Amaya, Mariana
Amaya, Sergio
Bahill, Larry
Bauer, Andreas
Bazin, Jean-François
Behler, Frank
Beibl, Bernhard
Bergmann, André
Bergmann, Cornelia
Bergmann, Eric
Bergmann, John
Bertele, Florian
Bettendorf, Flynn
Bettendorf, Martina
Bettendorf, Peer
Beyer, Rico
Blackiston, Philipp
Blasius, Michael
Bodeit, Tim
Bogenschütz, Manja
Bolkart, Katrin
Boylan, Karen
Brockmann, Henrik
Brucker, Kevin
Brucker, Nicole
Burtz, Ben
Bussart, BeaCamaa, Iris
Cameron, Mary
Careola, Claudio
Ciba, Andre
Czerny, Birgit
Dannacher, Benjamin
Dannacher, Janine

David, John
Davis, Kevin
Dehmann, Sabrina
Duman, Bülant
Dumpelmann, Kim
Eggenberger, Ester
Essenhaji, Chaibs
Ewald, Philipp
Fahy, Larry Bernard
Farrell, Erin
Faust, Steffen
Fink, Andreas
Fleck, Rosemarie
Fletcher, Lizzy
Flohr, Jorik
Flohr, Thore
Ford, Bud
Ford, Carmon
Ford, Ronald L. junior
Ford III, Ronald
Founas, Brigitte
Froese, Bianca
Froese, Edgar
Gardenhire, Ben
Gerards, Danilo
Golden, Mara
Görlich, Ralph
Grenz, Ralf
Haberhauer, Florian
Haberhauer, Sepp
Haberhauer, Susi
Häbe, Jürgen
Haider, Stefan

Hanemann, Mai
Helmig, Jan-Philipp
Hepperle, Albert
Herrera, Mike
Herrera, Vanessa
Hinke, Matthias
J-Bear
Jahnke, Marco
Jahnke, Tanja
Jansen, Inga
Jansen, Merrit
Johnson, Karin
Johnson, Tom
Kainer, Freddy
Keim, Johannes
Keim, Nicole
Kempf, Harry
Klar, Franz Josef
Klatt, Stephan
Klose, Doreen
Knight, Barry
Knish, Oliver
Kohlbecker, Erich
Koller, Marcel
Koschorreck, Michael
Kratohwill, Marty
Kudick, Tom
Kudla, Daniela
Kunze, Matthias
Lamborelle, Steve
Lang-Klar, Gabriele
Leist, Florian
Leist, Maria

Lenhart, Monika
Lenhart, Peter
Lewis, Tiffany
Liebelt, Torsten
Lindner, Bernd
Looks, Claudia
Looks, Maria-Sophie
Loth, Torsten
Lüttges, Michael
Malunat, Jolia Bianca
Mayhak, Pete
Meyer, Jenne
Michel, Sabrina
Miner, Robert
Mohammed, Robert
Morris, Geoff
Morris, Kris
Neumann, Irene
Neumann, Michael
Norman, Watson
Onaolapo, Ade
Opfergeld, Monique
Orwig, Bradley
Ostermann, Silke
Özkan, Mike
Ozzy, Amado und Shonni
Paar, Georg
Paparone, Adriana
Pedd, Korinna
Pedd, Uwe
Pfeiffer, Dirk
Planz, Dominik
Planz, Hedwig

Planz, Matthias
Planz, Rainer
Praekel, Marco
Predl, Horst
Prinoth, Susanne
Püttger, Marcel
Quaeschming, Torsten
Reichelt, Kevin
Reichelt, Petra
Reichelt, Ralf
Reichelt, Timo
Reiland, Bianca
Rempen, Hansjoerg
Renert, Alessandro
Riess, Johann
Riveras, Ruben
Robinette, Belden
Rodriquez, Richie
Rühl, Meike
Rummenigge, Marco
Rushmore, Raisins
Safai, Frank
Scattolon, Giampléra
Scheunpflug, Luca
Schmidt, Eugen
Schmidt, Samuel
Schmitz, Justus
Schmitz, Magdalena
Schneider, Lilija
Schneider, Ralf
Schöpf, Christian
Schreiner, Joseph
Schulz, Florian

Schwartz, Henri
Scott, Patrick
Siebert, Patricia
Sommer, Beanka
Sommer, Steffen
Sommer, Torben
Sommerfeld, Alida
Sommerfeld, Birgit
Sönmez, Ilhan
Stadler, Fred
Steinbert, Philipp
Steingruber, Philipp
Stock, Melanie
Strauch, Jürgen
Stuff, Detlef
Tasch, Oliver
Vivas, Andrew
Wachtendorf, Sascha
Walker, Mark
Webb, Freddie
Weißt, Daniel
Weißt, Marcel
Weißt, Petra
Wilke, Michal
Williams, Dave
Williams, Steffen
Wittels, Barb
Yorke, Cameron
Zarlengo, Paul

Die Tour-Ausrüstung

1 Buggy mit Wetterschutz
1 Gestänge für die Fahrrad-
  befestigung
1 Deutschland-Flagge
1 USA-Flagge
2 Alu-Teleskopstangen für die
  beiden Flaggen
1 alpines Kuppelzelt
2 Basecaps
1 Kopfmaske aus Fleece
2 Nylon-Trikots
1 Regenjacke
1 Fleece-Pullover
3 T-Shirts aus Baumwolle als
  Schlafhemden
3 Paar Boxershorts
2 Laufhosen
1 Fahrradhose
5 Paar Laufsocken
1 Paar Laufschuhe
1 Paar Laufschuhe mit
  Trekking-Sohle
1 Armbanduhr mit Gummiband
1 Smartphone mit Netzadapter

1 Bauchgurt für Geld,
  Reisepass und Führerschein
1 Ukulele mit Gitarrenkoffer
1 Sommerdaunen-Schlafsack
1 Iso-Matte aus Schaumstoff,
  63 × 196 cm
1 Trekkingkissen
1 Rucksack, 20 l
2 Camping-Säcke, je 30 l
1 Abdeckplane aus dem Baumarkt,
  2 × 1,5 m mit Metallösen
1 Fahrradhelm
1 Spiralkabelschloss mit
  Zahlencode
1 Mini-Luftpumpe
2 mobile Fahrradlichter, batterie-
  betrieben
1 Stirnlampe mit Ersatzbatterien
1 Signalweste
1 Schild: «Help me! I'm from Ireland»
1 selbstgemachtes Ringbuch
  «My New Challenge USA –
  from L.A. to New York»
1 Sonnencreme-Tube SF 20, 250 ml
1 Tube After Sun Lotion, 100 ml
1 Dose Melkfett (mit Ringelblume,
  ohne Konservierungsstoffe)
1 Haarbürste
1 Handtuch
1 wasserdichter Kulturbeutel mit:
  – 1 Tube Shampoo
  – 3 Haargummis
  – 1 Dose Rasierschaum

- 1 Rasierer mit 5 Ersatzklingen
- 1 Zahnbürste
- 1 Zahncreme
- 1 Zahnseide
- 1 Packung Wattestäbchen
- 1 Packung Feuchttücher
- 1 Nagelschere

2 Sonnenbrillen aus Plastik

1 Notizblock, A5

1 Schreibheft als Spenderalbum, A4

1 Kugelschreiber

1 schwarzer Filzstift, wasserfest

1 Rolle graues Gaffa-Tape

1 Müllbeutelrolle, 50 × 20 Liter

500 laminierte Kleeblätter

250 Visitenkarten

1 Taschenmesser im Lederetui

1 wasserdichte Tupperdose mit:
- 1 MP3-Player mit In-Ear-Kopfhörern
- 1 Klapptaschenmesser
- 1 Packung Streichhölzer
- 1 Mini-Gasfeuerzeug
- 2 Elektrokabel für Fahrradbeleuchtung
- 1 Inbusschlüssel
- 2 Fahrradflicken
- 2 Ventile
- 10 unterschiedlich große Pflaster

4 Reisekarten:
- «Central USA – Mississippi River»
- «USA East Coast & Manhattan»
- «USA Pacific Coast»
- «USA» (gesamt)

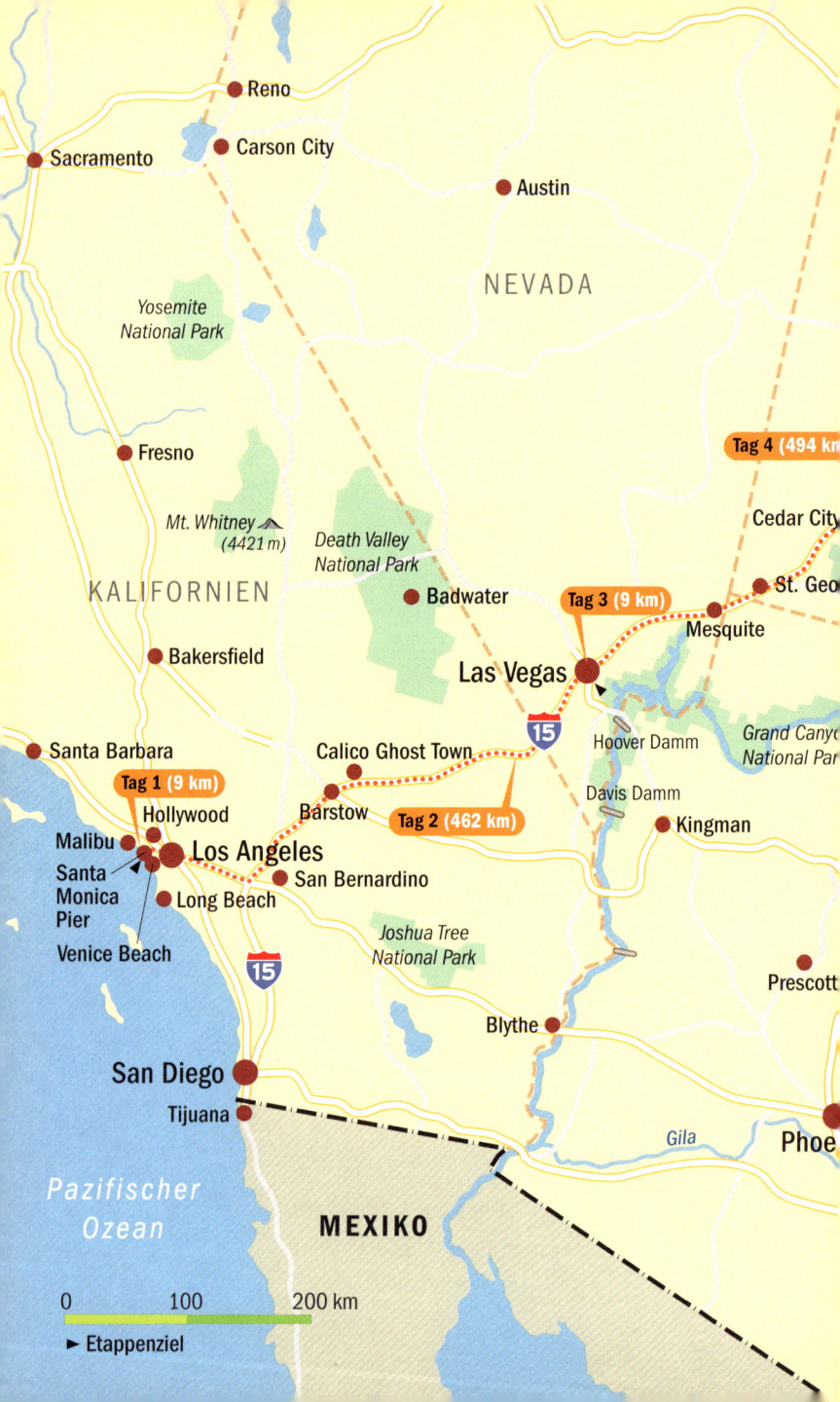

Reno

Carson City

Sacramento

Austin

NEVADA

Yosemite
National Park

Tag 4 (494 km)

Fresno

Cedar City

Mt. Whitney
(4421 m)

Death Valley
National Park

St. George

KALIFORNIEN

Badwater

Tag 3 (9 km)

Mesquite

Bakersfield

Las Vegas

Grand Canyon
National Park

Santa Barbara

Calico Ghost Town

Hoover Damm

Tag 1 (9 km)

Hollywood

Barstow

Tag 2 (462 km)

Davis Damm

Malibu

Los Angeles

Kingman

Santa
Monica
Pier

Long Beach

San Bernardino

Venice Beach

Joshua Tree
National Park

Prescott

Blythe

San Diego

Tijuana

Phoenix

Gila

Pazifischer
Ozean

MEXIKO

0   100   200 km

► Etappenziel

Tag 17

Pennsylvania Station
8th Ave.
HOBOKEN
Lincoln Hy.
95
NEWARK
Washington
Square Park
MANHATTAN
NEW JERSEY
New Jersey Tpk. Ext.
JERSEY CITY
Ground Zero
78
Battery Park
Newark Liberty
Int. Airport
Newark
Bay
New York
Freiheitsstatue
Hudson-
see
ELIZABETH
Bayonne
Upper Bay
Prospect Expwy.
Bayonne
Bridge
NEW YORK
London
Staten Island Expwy.
BROOKLYN
Eries
STATEN ISLAND
Lower Bay
Atlantischer
Ozean
0   2   4 km
Woodbridge

Milwaukee   *Michigansee*   MICHIGAN   Detroit
Tag 12 (17 km)   Toledo
Chicago   90   Clevela
Frankfort   South   Tag 13 (323 km)   OHIO
                 Bend   Ft. Wayne   Tag 14 (576 km
ROUTE 30   Delaware Camb
Tag 11 (116 km) Ligonier Van Wert
57   70   Zanesvil
Kankakee   Columbus
Tag 10 (207 km)   Dayton
Bloomington Onarga City INDIANA
Gibson City
Clinton   Farmer City   Indianapolis
Mount Pulaski
Springfield 57   Cincinnati
55   Hunting
ILLINOIS   Ohio
                  Wabash
                                 Lexington
Evansville   Louisville
         Mississippi   KENTUCKY

0   100   200 km
► Etappenziel

Das für dieses Buch verwendete Papier ist FSC®-zertifiziert.